JN246582

生活困窮者支援で社会を変える

五石敬路
岩間伸之
西岡正次
有田　朗
編

法律文化社

本書の出版直前に岩間伸之先生が逝去されました。謹んでご冥福をお祈りいたします。

本書の刊行に寄せて

　ワクワクさせる本である。生活困窮者自立支援制度の立案に関わった私はもちろんのこと，この制度の本質を知りたいと思っている人は，こんな本が欲しかったのではなかろうか。

　生活困窮者自立支援制度が，並みの制度ではないことは，この本の著者陣が最もよく理解している。文中に何度も出てくる記述が，「生活困窮者自立支援法には，詳しいことは規定されていない」である。まさにそのとおり。この法律は大きな枠組みだけを決め，具体的な手法は現場に任せている。法律全体がたった23条である。私は，2016年6月に退官したが，在職中に多くの立法に関わった。その中で，自分自身としては，「最も発展性がある制度」であると思っている。

　他に深く関わった法律として，介護保険法がある。この法律は215条にも及ぶし，それ以外にも，辞書ぐらいの厚さになる基準や介護報酬といった膨大な定めがある。私は，介護の現場は本当に頑張っていると思うが，最近，こんな光景をよく見聞きする。現場スタッフが，困っている利用者のために何とかしようと考え，介護保険法の規定が適用されるよう，一生懸命，自治体の担当者にかけあう。担当者もその熱意に応えようと，いろいろな書類を必死に読み込み，検討する。しかし，最後にその担当者が言う。「やっぱり，法令上は読めませんね。私はいい提案だと思うのですが，無理ですね。」

　こんなことでいいのかなと，私は違和感をもつのである。本来は，「現場の事例を法令にあてはめる」のでなくて，「法令の方が現場に近づいていく」べきではないかと。「そんな曖昧な運用では，行政は執行できない」という反論がすぐ出そうである。その指摘は，決して間違いではない。とくに給付行政で

ある介護保険制度では，そうなのかも知れない（それにしても，箸の上げ下ろしまで規制しなくてもいいと思うが）。

　しかし，私は，少なくとも生活困窮者自立支援制度は，そうあってはならないし，そうあって欲しくないと思っている。考えてもみてほしい。生活困窮者は，いろいろな制度の要件に当てはまらず，「制度の狭間」に落ち込んでしまっている人たちなのである。この人たちを，「規定にあてはまらない」と言って，また排除することでいいのか。そんなはずはない。縦割りでない総合的な支援，包括的で伴走型の支援とは，いろいろな人たちを広く受け止めることから，すべてが始まるのである。だからこそ，この制度は，制度の方が現場の事例に近づいていく以外にないのである。その点で，この制度は，現場の人たちの考えを最大限許容しようとしている，と言ってよい。

　とは言っても，もちろん，身勝手に運用していい訳ではない。私が最も理想として描いているのは，この制度の担当者や生活困窮者の問題に関心をもつ人たちが，オープンかつフラットな場で，「これはこう運用した方が，利用者のためになる」，「いや，この問題を解決するためには，制度はこう利用した方がいい」，「もっと別の角度で考えたらどうか」など，侃々諤々議論をして，その中で現時点で，よいと思われる結論を見出して，それで運用することである。それも結論は複数あってよい。今は不都合があっても，将来は正しいことも，ままあるからである。

　だからこそ，この本はワクワクするのである。著者たちは，相談支援や就労支援，子どもの貧困問題，住まい，精神障害者福祉などの専門家である。だが，法律の解釈など念頭にない。自分自身の経験と頭脳と感性によって，この制度はこうあるべきだ，と自説を読者に問いかけているのである。この本を読んだ人には，是非この問いかけに対して，自分なりの答えを考えてほしいと思う。そうすることによって，この本が踏み台となって，生活困窮者自立支援制度はもっともっと，よい制度に発展していくからである。

　そうなると，最後に，私も自分自身の考えを書かないといけなくなる。私は，この制度は，現在の日本，いや世界が突きつけられている最も深刻な課題，すなわち「孤立と分断」に対する一つの打開策である，と考えている。そ

の点で言えば，福祉も地域も経済も，いや，社会に関わるすべての政策が進む
べき方向を示しているし，そういう風に，この制度を最大限活用してほしいと
願っているのである。

　　2017年 2 月

山崎 史郎

目　次

第Ⅲ部　経済を拓く

生活困窮者支援制度の可能性

五石　敬路

1　地域社会のあり方と生活困窮は密接に関係している

　現在，日本のあちこちで，老朽化した住宅が目立ち，空き家が多く，そこに住む住民の多くが一人暮らしの高齢者で，生活困窮に陥った人や社会的に孤立してしまった人がポツポツと住む，そういった光景を見ることができる。また，介護が必要になった高齢者の世帯には，その高齢者の子が同居し，離職して親の年金で生活しているという場合が非常に多い。子と言っても，年齢は40代から50代ということもざらである。親の年金があるうちは何とか生活ができるが，突然の入院や入所，あるいは亡くなった場合，たちまちのうちに生活に困ることになる。しかし，長年親の収入や身の回りの世話に頼っていたために，突然一人で暮らしていくとなると切羽詰まった局面に直面する。そんなリスクを抱えた世帯が日本全国でかなりの数あることが推測される。しかし，個々の支援現場で口々にそうした事態が訴えられるのみで，正確な実態はいまだ明らかになっていない。

　こうした現場の感覚は，全国的な統計によって確認することができる。つまり，空き家，人口減少，生活困窮，高齢化といった現代を特徴づける課題が相伴って見られるという現象である。図表 0 - 1，図表 0 - 2 は，首都圏（一都三県）の市区町村について，全住宅に占める空き家の割合と全世帯に占める低所得世帯の割合を地図上におとしたものである。ふたつの地図における色の分布は実によく似ている。これは，空き家が多い地域には低所得世帯が多いことを示している。また図表 0 - 3 は，全国の自治体を人口増減率の水準によって分類し，それぞれの自治体の高齢化率，低所得世帯の割合，空き家の割合の平均値を比較している。人口の減少が激しい自治体ほど，高齢化率が高く，低所得世帯が多く，空き家が増えている実態が明らかである。

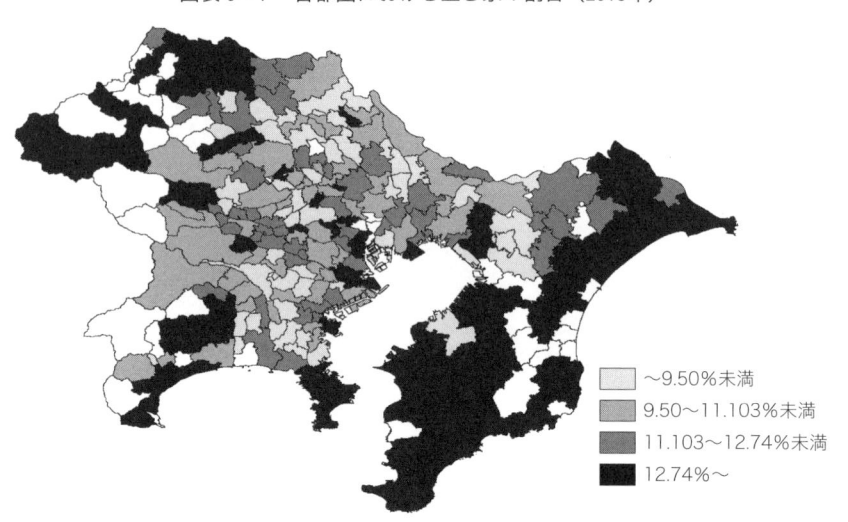

図表 0-1　首都圏における空き家の割合（2013年）

～9.50％未満
9.50～11.103％未満
11.103～12.74％未満
12.74％～

出典：総務省統計局『平成25年　住宅土地統計調査』，総務省統計局『平成27年　国勢調査』より筆者作成

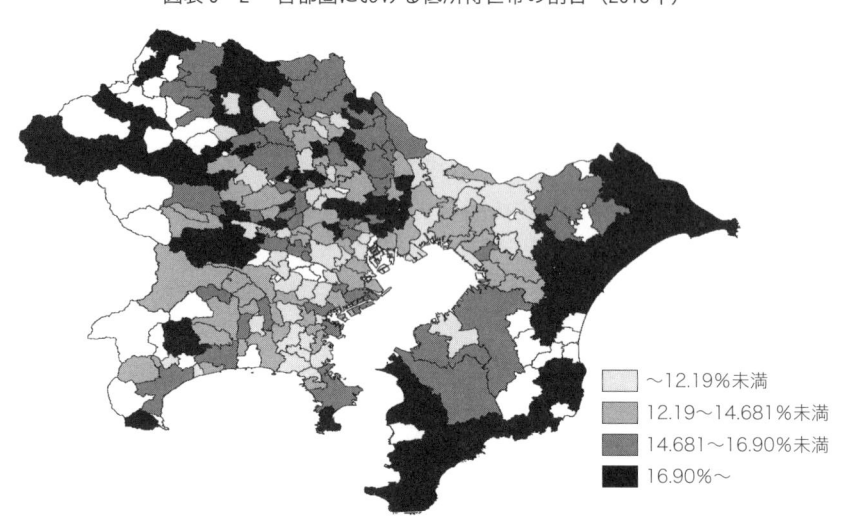

図表 0-2　首都圏における低所得世帯の割合（2013年）

～12.19％未満
12.19～14.681％未満
14.681～16.90％未満
16.90％～

※低所得世帯は世帯所得200万円未満と定義。
出典：総務省統計局『平成25年　住宅土地統計調査』，総務省統計局『平成27年　国勢調査』より筆者作成

図表 0 - 3　人口増減率（2010〜2015年）の水準別に
見た各自治体の社会指標

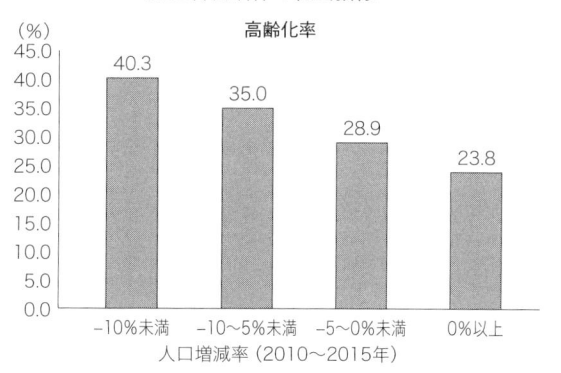

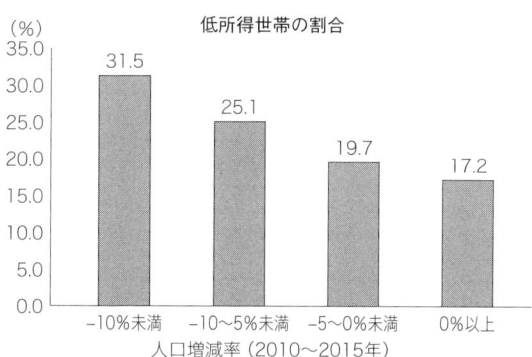

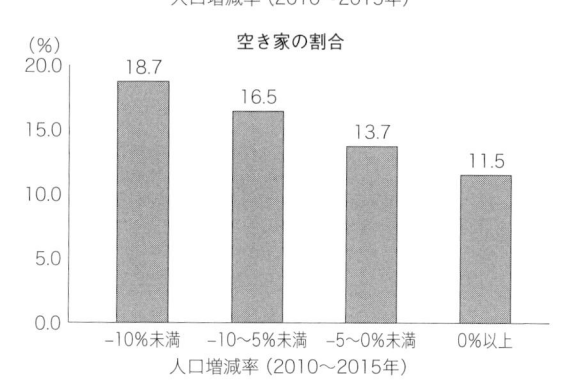

※高齢化率は2015年，低所得世帯の割合および空き家の割合
は2013年。なお，低所得世帯は世帯所得200万円未満。
出典：総務省統計局『平成25年　住宅土地統計調査』，総務
省統計局『平成27年　国勢調査』より筆者作成

これらのデータは，生活困窮という個人や世帯の現象が地域社会のあり方と密接に関していることを示唆している。激しく人口が減少している地域では，空き家が増え，地域の活気が失われ，生活困窮者が増え，そのことが同時に地域の雰囲気，治安，教育水準，給与水準を悪くし，一層人口が減少する。これらのデータはそうした悪循環が起きる可能性を想起させる。今後，人口減少が本格化する日本においては，これは大都市と地方という二極化現象を意味しているのではない。むしろ，今後，首都圏においても人口減少が始まることが確実視されている状況下においては，こうした悪循環が日本のあらゆる地域で発生するリスクを否定できない。

　では，どうすれば良いのか。本書は生活困窮者支援の体制を整備することと同時に，これらの地域全体のリスクに対応する方策のアイディアを提示したいと考えている。これを生活困窮者支援の視点から見れば，支援の方法として，生活困窮者という個人や世帯に対する支援だけでなく，地域全体，そして地域と個人の対応関係を改善するための支援が求められていることを意味する。また，地域の活性化という視点から見れば，工場誘致等の一点突破の政策よりも，地域全体を底上げするような政策こそが求められることを意味している。

2　なぜ従来の福祉のままではダメなのか

■複合的な課題

　しかし，現代の生活困窮に対し既存の社会保障や福祉では十分に対応できない。この点を理解頂くために具体的な事例を紹介したい。読者の皆さんは，たとえば次のような人物が相談に訪れた際，どのような支援をすれば良いかを一緒に考えて頂きたい。

　　相談者は24歳男性である。現在は無職で仕事を探している。就職先の希望としては，地元で自動車関連の仕事に就きたいと思っている。雇用形態は正規でなくても派遣でも良いし，場所は県外でも良い。相談者は，自動車関連の短期大学を卒業しているが，大学の寮でトラブルを起こしてしまい，自動車整備資格はとれなかった。これまでの職歴としては，全国各地を転々としてきた。仕事内容は警備会社，自動車メーカーの工場，住宅関

連の部品製造工場等であった。3年前に自動車免許を取得し，トラック運転手をしていたこともある。その時は働き始めてしばらくして，正社員に抜擢された。しかし，どの仕事も1年から1年半で辞めた。

彼はジョブカフェと呼ばれる若年者向けの就職支援機関を訪れた。ジョブカフェは就職支援を行う場所であるので，支援者は当然に就職に関する相談を行おうとするだろう。実際，彼は正社員として働いた経歴があり，自動車免許も持っている。職を転々としているものの，年齢もまだ若いので就職先を探すのにはさほど困難はないように思われる。

しかし，次のような追加情報があればどうだろうか。これまでの居住先は基本的に会社寮で，会社を辞めた際には友達の家に転がりこんだりしていた。彼以外にも，リーマンショックの際には，会社寮に住んでいたり，住み込みをしたりしていた非正規の労働者が職を失うと同時に居住先を失うというケースが多く見られたが，彼もその一人である。また，実は彼の両親は離婚したばかりで，来所した時には一人暮らしをしていた。

彼の話はまだある。彼は自動車を購入した際に消費者金融でお金を借りたが，前年に返せなくなってしまっていた。それでどうしようもなくなって，返済期日に自殺未遂で事故を起こしたこともあったと言うのである。

話がここに至って，とうていジョブカフェのみでは彼の課題には対応できないことがわかる。彼は実在の人物であり，2007年，ある地域のジョブカフェに実際に来所している。ジョブカフェの支援員が彼の悩みをどこまで聞き出せていたかはわからない。しかし，一般的にジョブカフェは就職相談をする場所であり，来所者もそれを期待して来所するので，支援員も生活面まで細かく聞き出そうとはしないし，難しい。

彼はジョブカフェを訪れた1年後に大きな事件を起こした。2008年6月，秋葉原で死傷者17名をだした無差別殺傷事件である[1]。ここで確認したいのは，彼が抱える課題が，単に非正規職を転々としており長続きしないということだけでなく，住居，借金，メンタル，家族，人間関係等が複雑に絡み合っていたということである。どのようにしたら彼をくい止めることができただろうか。

	国	都道府県	市町村	民間（法定事業）
福祉全般		福祉事務所(郡部), 生活困窮者自立支援相談支援（郡部）	福祉事務所, 生活困窮者自立支援相談支援	社会福祉協議会, 民生委員・児童委員
就　労	ハローワーク	無料職業紹介[1]	無料職業紹介[1]	民間職業紹介
医　療		保健所[2]	保健所[2], 市町村保健センター	
高齢者			地域包括支援センター	地域包括支援センター, 居宅介護支援事業所
子ども		児童相談所[3]	児童相談所[3]	児童家庭支援センター
障害者		身体障害者更生相談所, 知的障害者更生相談所, 精神保健福祉センター[4]	相談支援センター, 精神保健福祉センター[4]	相談支援センター, 障害者就業・生活支援センター

※1　自治体は厚生労働大臣への届出により無料職業紹介事業を行うことができる。
※2　保健所は，都道府県，政令指定都市，中核市，その他政令で定める市，特別区が設置する。
※3　児童相談所は，都道府県，政令指定都市，中核市が設置する。
※4　精神保健福祉センターは，都道府県，政令指定都市が設置する。
出典：北海道総合研究調査会（2014）『生活困窮者自立相談支援機関の設置・運営の手引き』18～19頁をもとに筆者作成

■分断された窓口

　彼はたまたまジョブカフェを訪れたが，既存の他の行政窓口を訪ねたとしても彼の悩みを十分に聞くことは難しかっただろう。図表0-4では，地域における主な相談支援機関を分野別・設置者別に概観している。生活費に困っていれば生活保護の申請ができる生活保護か，貸付けをしている社会福祉協議会がある。しかし，当時彼の主訴は仕事であり，お金を工面することではなかった。お金の面では消費者金融からの借金があり，まずはそれを解決する必要があった。仕事の相談であれば，国が所管するハローワークがあり，近年では自治体が無料職業紹介を行っている場合もある。彼は，個別相談ができるジョブカフェを選んでいるが，いずれにせよ，そこは就職相談の場であり，生活上の悩みを聞く場ではない。このほか，高齢者であれば地域包括支援センターや居宅介護支援事業所，子どもであれば児童相談所や児童家庭支援センター，障害者であれば障害者就業・生活支援センターや相談支援センター等があるが，当

時の彼とは直ちに関係がない。

　結局のところ行くところはないのである。専門分化された相談支援機関が整備されてきた一方で，彼のように，既存の制度の狭間に陥り，頼る先のない孤立した人びとが大勢いる。また，専門分化された各相談支援機関は設置者が国・広域自治体・基礎自治体・民間事業者と別々なので連携がスムーズにいかない場合も多い。こうした状況下で行き場のない人びとを包括的，個別的，継続的に支援するためにつくられたのが，本書のテーマである生活困窮者自立支援制度なのである。生活困窮者自立支援法は2013年12月に制定，2015年4月に施行された。同法により，全国の福祉事務所設置自治体では，相談支援センターを設置することが義務化された。なお，同センターの所管は福祉事務所設置自治体だが，民間事業者に委託することも認められている。

3　本書の概要

　本書は，生活困窮者支援を通じて，現在のさまざまな課題に対応できるよう地域社会のあり方を変えるべきであるし，また変えることができるということを示したいと考えている。ここで生活困窮者支援とは，生活困窮者自立支援制度を中心としつつも，生活保護を始めたとした各種福祉関連制度だけでなく，雇用，住宅，教育等の関連する制度をすべて包括した概念として用いている。各章は，福祉，地域，経済の視点から，生活困窮者支援により地域社会を変えるための基本的な考え方や方法を提示する。図表0－5で，各章のキーワードもしくはキーコンセプトを概観している。

■福祉を変える

　まず，第1章から第4章では「福祉を変える」ための方向性と方法を論じる。「福祉を変える」と言っても，福祉の内部にあった壁を取り払うだけではない。従来の福祉の枠内にとどまらず，雇用，住宅，教育等，他の政策分野と積極的に連携し，従来の福祉のあり方を抜本的に変えるべき時が来ている。

　従来の福祉は，高齢者，母子，子ども，障害者等，対象者の年齢別，類型別に制度や窓口が分かれており，研究者の専門領域やNPOの活動領域でさえ，

図表 0-5　本書の全体像

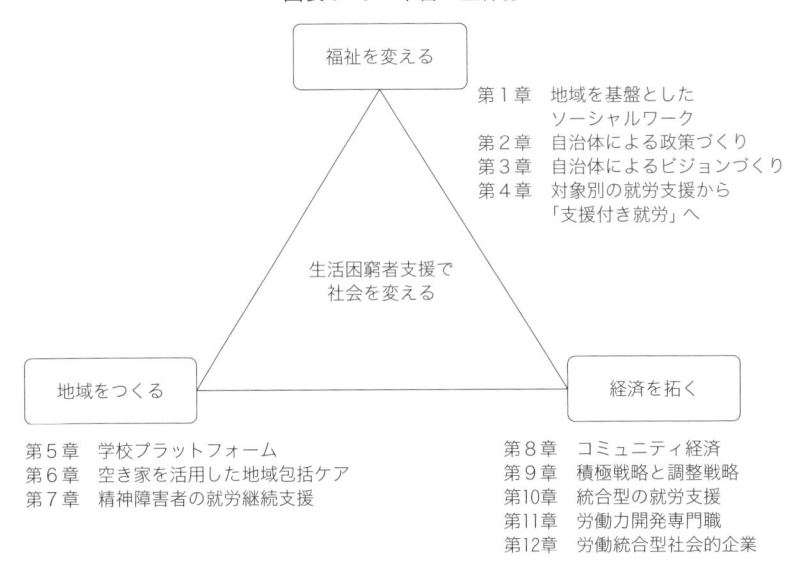

福祉を変える

第1章　地域を基盤とした
　　　　ソーシャルワーク
第2章　自治体による政策づくり
第3章　自治体によるビジョンづくり
第4章　対象別の就労支援から
　　　　「支援付き就労」へ

生活困窮者支援で
社会を変える

地域をつくる

第5章　学校プラットフォーム
第6章　空き家を活用した地域包括ケア
第7章　精神障害者の就労継続支援

経済を拓く

第8章　コミュニティ経済
第9章　積極戦略と調整戦略
第10章　統合型の就労支援
第11章　労働力開発専門職
第12章　労働統合型社会的企業

同様に縦割りになっていた。そこで第1章は，包括的，継続的，個別的な支援としての総合相談に関する基本的な考え方を整理している。総合相談の基礎理論は「ジェネラリスト・ソーシャルワーク」と呼ばれるものだが，この実践概念は「地域を基盤としたソーシャルワーク」であり，それは，個を地域で支える援助と個を支える地域をつくる援助を一体的に推進することを基調としている。強調されているのは，これが小地域（小学校区や中学校区）で実践されるものだという点である。国の行政が縦割りであっても，小地域における総合相談は包括的にすることが可能である。

　では，こうした総合相談を実施するために，自治体は何をどのようにすべきか。この点に関し，第2章では自治体による政策づくりの要諦が説かれ，第3章では自治体によるビジョンづくりの重要性が指摘されている。ここで問われているのは，生活困窮者自立支援制度は総合相談をはじめ各事業が委託できることとされているが，この民間への事業委託をどのようにするかという点である。しばしば見られるのは，事業を委託した後は事業者任せで，自治体は結果

を監督するだけという姿である。通常，自治体は委託事業者をしっかりと監督しようとするが，委託事業者への指揮命令は「偽装請負」となる可能性があるため，熱心な自治体職員はこの矛盾に悩む。しかし，自治体のすべき仕事は事業者に指揮命令することだけだろうか。第2章では，佐賀市の事例をもとに，自治体における政策立案について，地域における資源の発見や開拓，事業者の支援，各事業の成果を他の事業に活用する体制の整備等を勧めている。その考えは指揮命令に基づく行政管理よりも行政による地域経営と言った方が感覚に近い。また第3章では，「困窮」という概念をどのように捉えるのか，またそれに対しどのような姿勢や方策をもって取り組むのか，自治体がビジョンを示すことの重要性を説く。

　生活困窮者自立支援制度において，相談支援窓口は就労支援もまた実施することとされている。就労支援は，明らかに従来の「福祉」の領域からはみ出しており，これが相談支援窓口に配置された多くのソーシャルワーカーの悩みの種となっている。他の多くの国と同様，日本では職業紹介事業を始めとした雇用施策は国の所管であり，基礎自治体は福祉サービスを得意とするものの，就労支援には十分な経験もスキルもないのが一般的であった。しかし，ホームレスや生活保護受給者の急増に直面し，国は福祉受給者に対する就労自立支援の実施を基礎自治体に求めてきた。第4章は，こうした従来の対象別（生活保護受給者の就労支援，母子自立支援，ホームレス自立支援等）の就労支援からの転換が必要だとし，働き続けることを可能にする「支援付き就労」という新たな働き方を提言している。

■地域をつくる

　近年における多くの社会問題は地域で起こっている。児童虐待，高齢者の孤独死，ドメスティックバイオレンス，引きこもり等がそれであり，多くの場合，生活困窮がその背景にある。しかし，事件になれば，その結末だけが大きく報道され，日常に潜んでいた生活困窮の実態は見えにくい。こうした事件を防ぐためにも，生活困窮を支援し防ぐための地域での取組みが求められる。第5章から第7章では，こうした「地域をつくる」ためのアイディアを提供する。

児童虐待，不登校，いじめ，こういった子どもの問題にも生活困窮が背景にあることが少なくない。そこで第5章では，学校＝教員という従来の学校概念をとらえ直し，学校運営にコミュニティが積極的に関わり，学校では教員だけでなくスクールソーシャルワーカーやスクールカウンセラーといった多様な職種の人びとが関わる「学校プラットフォーム」という制度的枠組みを提案している。

また，2025年には団塊の世代が75歳以上となる。75歳以上になれば体力が急激に低下し病院にかかる頻度も増え，行政の立場から見れば医療費が急激に増大するため財政がさらに苦しくなる。残された時間は10年もなく，改革は待ったなしである。しかし，現状の地域社会では，「認知症になっても，がんになっても，障害があっても，家族やお金がなくても，地域で孤立せず最期まで暮らせる」だろうか。第6章では，こうした地域づくりを目標にした東京のふるさとの会を事例に，空き家の活用を通じて地域包括ケアを構築するという画期的なアイディアを提示している。ともすれば，空き家対策は建築行政のみの所管と考えられがちであるが，そこに住む人びとにも配慮した対応が求められる。

また，日本の地域社会は，精神障害者が地域で安心して暮らし，継続して働くことができるほどにはまだ成熟していない。障害者総合支援法における障害福祉サービスにつながっていない人びとも相当数にのぼっている。第7章では，こうした人びとを良質な福祉サービスにつなぎ，生活困窮に陥ることを防ぐため，病院，保健所，福祉のさらに積極的な連携を求めている。

■ 経済を拓く

生活困窮者支援では，福祉だけでなく経済も重要な領域である。生活困窮に陥った人びとが安心して働ける場，あるいは，一般企業で就職するための準備や訓練を行う場が必要だからである。ここで「拓く」としたのは，従来の産業のあり方にとどまらず，新しい地域経済のあり方を開拓するという意味を込めている。新しい地域経済のあり方として本書で提案したいのは，従来の株式会社をはじめとした企業組織とは違った組織原理や組織体制をもつ事業体（社会的企業等やコミュニティ経済），人口増加を前提とした従来の考え方を転換し人口

減少に対応した経済戦略（積極戦略と調整戦略），そして，労働行政のあり方として，従来型のマッチングのみでなく，生活支援や企業支援等を含めた包括的な支援（統合型の就労支援）やそれを担う支援員（労働力開発専門職）等である。

　生活困窮者自立支援事業では，任意事業として就労準備支援事業（直営も委託も可能），都道府県知事や政令市長が民間事業者を認定する就労訓練事業といった就労支援が法定化されている。現在，全国で課題となっているのは，こうした事業を実施する事業者が日本の全国でまだまだ不足しているという点である。委託や認定を行う行政の側では支援に協力できる事業者をさがしだすことに困難を抱え，民間事業者の側ではそもそも制度が認知されていないのが実情であり，たとえ認知されていても，民間事業主は支援に協力するスキルや経験，財政力，人材に不安を抱え，そもそも参加するメリットを見いだせない。一方で，地域に貢献したいと思っている地域住民や企業主が多くいることも事実であるし，地域には営利事業者では十分に提供できていない潜在的な生活上のニーズがあることもまた事実なのである。

　就労支援事業の担い手として，第8章は，横浜市の先駆的な取組みである「ローカルグッドヨコハマ」を事例に，コミュニティ経済を提案している。地域ではこれまでも住民，町内会，NPO，企業等の多様な主体がコミュニティ活動を行ってきた。コミュニティ経済は，こうした従来からのコミュニティ活動が市場経済と結びつくことによって誕生してきたものである。そこでは，クラウドファンディング，プロボノ，3Dマップ等，ICT等の新しい技術を活用したさまざまなツールが用いられている。また，第12章では，さまざまな問題を抱え，社会的に孤立した人びとに対して，就労と社会参加に向けた道を開くことを目的とした社会的アクティベーションの担い手としての社会的企業を提案している。社会的企業の事業領域は多様だが，ここで注目されているのは，生産活動を通じて，生活困窮者の社会的・経済的自立を支援する労働統合型社会的企業というアイディアである。

　一方，行政の立場から見た場合，人口減少という厳しい現実にも直面せざるを得ない。納税者が少なくなる一方で，社会保障を中心とした財政需要が拡大するのは必然である。また，地域のさまざまなインフラが老朽化し，また住民数が少なくなることによって遊休資産も増大しコストがかさむ。そこで第9

章が提案しているのが調整戦略と積極戦略であり，これらは生活困窮者支援にも関連している。調整戦略は人口が減少していく地域社会に即した効率的なまちづくりを目的とし，積極戦略は定住人口・交流人口を積極的に増加させていくことを目的としている。たとえば，生活困窮者支援は人口減少にともなう福祉機能の低下に対し包括的な支援を提供することができるし（調整戦略），また，人材育成を通じ地域の労働市場を多様化することもできる（積極戦略）。

　しかし，従来の福祉行政においては，高齢者の就労支援，ひとり親の就労支援，生活保護受給者の就労支援といったように，就労支援は年代別世帯類型別の福祉サービスや現金給付に付随して取り組まれており，雇用労働政策への自治体の関与は限定的であった。そこで，第10章では，豊中市の事例を参考にし，統合型の就労支援を提案している。統合型の就労支援とは，人材・労働力をめぐる企業の支援ニーズが拡大するなかで，地元の中小企業が抱える人材の確保難や労働生産性の向上等に応えることにより，単なる求人と求職のマッチングにとどまらない豊富な就労の機会を提供しようとするものである。

　また，第11章も，「就労支援＝労働供給側へのテコ入れ＝カウンセラーの仕事」という実態より狭く，かつ心理主義的色彩の強い捉え方が蔓延していることに警鐘を鳴らす。ここで就労支援とは，就労困難者への支援とともに，地域の企業への働きかける支援として改めて定義される。そして，米国の事例に基づき，就労支援の担い手を体系的に育成するための方策について示唆を与えている。

4　何をどのように改革するか

　本書が全体として提案したいのは，福祉，雇用，教育，住宅等に関連した既存の制度や政策の全般的な不全に対し，生活困窮者自立支援制度を中心とした生活困窮者支援を通じて地域社会を変える必要性と，それを可能にするアイディアである。最後に，とくに行政の視点から見たポイントを以下の2点に整理する。

■自治体行政の制度と仕組みを変える

　生活困窮者自立支援法および施行令・施行規則の条文を読むと，その規定が大まかであり，多くの部分が自治体の裁量に委ねられていることがわかる。論者によっては，この点を非難し，国が基準を示さないことには自治体が動けないことを訴える。一方，厚生労働省は，相談支援や就労準備等の各事業に関するガイドライン等を用意し，制度の趣旨や考え方，支援の実施方法等に関する細かい説明も与えている。ある論者は，その内容が地域の実情に合っていないことを非難する。

　しかし，同制度は地方自治法上の自治事務であり，法令以外に厚生労働省が提供している手引き，マニュアル，ガイドライン等はあくまでも助言・勧告に過ぎず，法的拘束力をもっていない。また，厚生労働省は，新規相談受付件数やプラン作成件数等について目安値を設定しており[2]，各自治体の実績を定期的に公表しているが，これはあくまでも「目安値」であり，その達成は義務ではない。また，法令上の規定に関しても，自治体の裁量が一定程度認められている。たとえば，就労準備支援事業を利用するには資産収入要件が設けられ，この規定により同事業への利用が限られてしまっていることがしばしば指摘されている。しかし，同法の施行規則には資産収入要件に準ずる者を都道府県等が独自に認めることができるよう規定されていることから（第4条2項），これを積極的に利用しようとする自治体と，利用しない自治体とで利用者数に差が生じている。厚生労働省の手引きや目安値は，あくまで生活困窮者支援にはじめて取り組もうとする自治体を政策的に誘導するためのものと解釈すべきであって（厚生労働省はそう考えていないかもしれないが），支援内容を全国的に画一化し自治体をしばるものではあってはならないし，地方分権改革が進展した現在にあっては，それが地方自治制度の趣旨でもある。

　したがって，各自治体は同制度の手引きやマニュアル等を読み込み，そこから支援内容を考えるよりも（たとえば，就労準備支援や就労訓練のガイドラインに沿った支援のできる事業者を探そうとする等），あくまで地域や生活困窮者のニーズをとらえ，それに沿った支援内容を考えていくべきである。目安値はそうした活動により結果的に達成するものであって，数字の達成自体を目的とすべきではない。たとえば，就労支援による就労率の達成を厳しく課すことにより，

事業者が就労の困難な生活困窮者を後回しにするリスクも生じる（これをクリームスキミングと言う）。これからの自治体行政の官民連携においては，民間事業者に対する指揮命令よりも，民間事業者が地域で活動しやすい環境整備が求められるのである。

■ 人材育成を促進する

　自治体行政の役割としてもう一つ指摘したいのは人材育成である。人材育成には2つの意味がある。ひとつは生活困窮者の人材育成であり，もうひとつは支援者の人材育成である。

　まず，生活困窮者の人材育成として，生活困窮世帯の子ども達への支援は，本人や家族にとってのみではなく，将来の社会への寄与も大きい。本書では，第2章で佐賀市における先駆的な取組みが紹介され，第5章で「学校プラットフォーム」が論じられる。また，職業教育や就労支援も人材育成のひとつとして考えられ，第10章では統合型の就労支援が提案される。

　生活困窮者自立支援制度においては，貧困の連鎖を防ぐことを目的として，中学生を主な対象にした学習支援事業が実施されている。子ども達の多くは家庭での学習時間が限られていることから，こうした支援によって高校への合格率が上がる成果が実際にあがっている。

　しかし，子どもへの支援という意味では，事業内容が学習支援にやや偏っていないだろうか。机に向かった勉強だけでなく，音楽，演劇，料理，ものづくり等も有効な教育のひとつである。子どもの背中を無理に押すよりも，子どもが興味をもち，進んで参加し，楽しみながら将来に向けての希望や夢をもつことができる，そんな教育が求められているのではないか。また，海外の研究によれば，子どもへの支援は就学前が将来の成績や所得に最も効果が顕著であることがよく知られている。ひとり親家庭の子どもの就園率（保育所・幼稚園）は72.3％であり（2011年度全国母子世帯等調査），3割近い子が保育所にも幼稚園にも通っていない。こうした状態が子どもの将来にどのような影響があるのかを知るためにはデータに基づいた分析が必要だが，実は日本にはその分析を可能にする貴重な資源がある。全国学力テストである。しかし，全国学力テストから得られた膨大なデータはほとんど有効に活用されておらず，宝の持ち腐れ状

態になっている。

　次に，支援者の人材育成は，今後の生活困窮者支援にとって死活的に重要な課題である。そもそも，先述したように，生活困窮者支援では従来の福祉を超えた広範囲の領域をカバーすることが求められる。生活困窮者自立支援に携わる相談支援員は社会福祉士が多く，同制度のもとでは就労支援や企業開拓まで要請されることに戸惑いを覚えている。第 11 章では労働力開発専門職の職能団体化が提案されているが，これは，就労支援に従事する者の雇用の安定，支援スキルの向上，キャリア形成等を目的としている。生活困窮者自立支援において，委託事業で働く相談支援員や就労支援員の給与は満足なものとはとても言えず，また委託契約も単年度であることが多いので，身分も不安定にならざるを得ない。これでは良質な支援員は育たないし，人材を確保することも難しい。

　そもそも，日本の行政窓口で働く職員は非正規が多く，総じて身分は不安定である。保育士，生活保護のケースワーカー，介護ヘルパー，ハローワークの支援員等がそうである。これを労働者としての側面から見れば官制ワーキングプアということになる。支援員としての側面から見れば，求められる専門性やスキルの高さにもかかわらず，十分な研修や訓練は実施されていない。一方，国や自治体の財政の健全性を回復しようとする立場から見れば，行政の定員管理を維持し，人件費を抑制しなければならない。また，官僚，役人をたたく論調からすれば，少しでも人件費を増やそうとすれば，恰好の批判の標的になるに違いない。

　生活困窮者支援において，支援者のスキル向上はきわめて重要な課題である。同じことは，他の多くの行政窓口において言えるのではないか。昨今の公務員たたきの風潮は，窓口職員や支援員の人材育成を難しくすることにより，かえって市民自らの首を締めることにつながりかねない。生活困窮者自立支援制度において行政が事業を委託する際，支援員への研修費用は委託費のなかに含めているケースが大半と思われる。これを理由に，支援員のスキルアップは事業者まかせになっていないだろうか。厚生労働省は全国社会福祉協議会等に事業を委託し，全国規模での支援員への研修を実施しているものの，実際の現場に役に立つスキルやノウハウを得るためには，自治体レベルでの支援員の交

流や研修の実施が有効である。

　第2章では，事業委託や補助といったスキームで進められる場合，新しい政策や事業を協働で開発，推進する投資的な行動という側面が薄れてしまう恐れが指摘され，自治体と事業主体がお互いに投資的な関わりができる関係性を構築する必要性が論じられている。事業委託を締結した後は，契約事項が守られているかどうかを監督することだけが行政の仕事ではないのではないか。自治体にも地域や人材に積極的な投資を行い，成果を増大させる創造的な役割が求められている。

1）　事実の経過は中島岳志 2013『秋葉原事件——加藤智大の軌跡』朝日新聞出版を参照した。
2）　2016年度の目安値は以下の通り。人口10万人，1ヶ月あたり，新規相談受付件数22件，プラン作成件数11件，就労支援対象者数7件，就労・増収率42％。

福祉を変える

第Ⅰ部

第 1 章

生活困窮者は誰が支えるのか？

地域に新しい支え合いのかたちを創造する

岩間 伸之

1 はじめに

2015（平成27）年 4 月に生活困窮者自立支援法が施行され，901の福祉事務所設置自治体では，必須事業である生活困窮者自立相談支援事業（以下，「自立相談支援事業」）の取組みが始まった。厚生労働省の集計によれば，初年度の全国の新規相談受付件数は22.6万件ということであるが，法施行をもってこの制度が完成することなどなく，単にスタートを切っただけに過ぎない。重要なことは，生活困窮者自立支援制度の到達点をどこに設定するか，つまり目指すべき旗印を関係者が共有することが何よりも重要となる。

生活困窮者自立支援制度がもたらす波及的な可能性は広範にわたるが，本章では，地域における相談支援をめぐる可能性に焦点を当てる。それは，「生活困窮者は誰が支えるのか」という問いに答えることにつながる。さらには，本書が示す「生活困窮者支援で社会を変える」というキーコンセプトに沿うならば，地域における相談支援のかたち，さらにいえば，地域における支え合いのあり方を変えようとするものである。

まず，生活困窮者自立支援制度における理念について概観したうえで，新しい支え合いのかたちを創造するための下地となる基本概念として「地域を基盤としたソーシャルワーク」の全体像および総合相談をとりあげる。さらに，それを推進するための地方自治体の役割についても指摘することにしたい。

2 生活困窮者自立支援制度の理念の概観

生活困窮者自立支援制度の推進にあたっては，関係者が理念を共有し，そこを基点として取り組む必要がある。本制度の中核事業である自立相談支援事業

図表 1-1　生活困窮者自立支援制度における 3 つの理念枠組み

  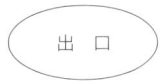

○ 生活困窮者＝経済的困窮＋
　社会的孤立
○「制度の狭間」へのアプローチ
○「就労自立まで距離のある
　人たち」への広範な支援
○ 予防的支援としての早期把
　握・早期対応
○ アウトリーチの推進

○ 包括的・継続的・個別的支援
○「伴走型支援」の重視
○ 小地域における総合相談体
　制の整備
○「個と地域の一体的支援」の
　蓄積
○ 家計相談から生活支援への
　展開
○ 住居確保＋生活支援
○ 多層のネットワークによる
　支援

○ 多様な就労機会の創造
○ 多様な居場所づくり
○ 就労支援＋生活支援
○ 地域に根ざした就労訓練事
　業（中間的就労）の創造
○ 社会的企業，コミュニティ
　ビジネス等とのリンク
○ 社会福祉法人による多様な
　地域貢献

地域における新しい「つながり」（社会参加）の構築

出典：筆者作成

には，その理念が色濃く反映される。

　図表 1-1 においては，その理念枠組みとして，「入口」と「出口」，そして
その間をつなぐ「プロセス」という 3 つに整理して示した。この図は，中核事
業である自立相談支援事業の展開を基盤として下地に置き，理念については，
生活困窮者自立支援法（附帯決議を含む）および『生活困窮者自立支援法自立相
談支援事業従事者養成研修テキスト』（2014年 7 月）[1]，『自立相談支援事業の手引
き』（2015年 3 月）[2]，『自立相談支援機関における使用標準様式の実用化に向けた
調査研究報告書』（2015年 3 月）[3] を基礎資料としつつ，生活困窮者自立支援法の
成立過程における議論，とりわけ社会保障審議会の「生活困窮者の生活支援の
在り方に関する特別部会」の中間まとめ（2012年 7 月），同部会最終報告書
（2013年 1 月）から導き出した。

　生活困窮者自立支援制度の理念的なゴールは，地域における新しい「つなが
り」（社会参加）の構築にある。それは，地域における「支え合い」の新たなか
たちを創造することにつながるものである。

　以下，「入口」「出口」「プロセス」の 3 つの枠組みから，生活困窮者自立支
援制度が内包する理念について整理する。

■「入口」

　自立相談支援事業においては，まず「入口」部分，つまりこの制度の対象を誰にするかが問われることになる。このテーマは，本制度における主要な論点として取り扱われてきた。従前の福祉制度との相違を象徴するものであり，「入口」のあり方は，その後の「出口」のあり方にも大きな影響を与えることになる。

　生活困窮者自立支援法第2条においては，「『生活困窮者』とは，現に経済的に困窮し，最低限度の生活を維持することができなくなるおそれのある者をいう」と規定されている。この条文から素直に読み取れば，生活困窮者とは，「すでに経済的に困窮した状態にあり，生活保護の手前にある人」ということになろう。しかしながら，同法の成立過程においては，生活困窮者とは，経済的困窮のみならず社会的孤立を含むものとして議論してきた経緯がある。実際，経済的困窮と社会的孤立とは深く重なり合っている。経済的困窮に至る背景には多様な要因があり，金銭的な支援によって問題が解決するわけではない。

　実際，経済的困窮者の多くは，複合的な生活上の課題を抱えている。そうした場合には，表面的な経済的課題のみに対応しても本質的な解決に至ることはない。社会的孤立と経済的困窮に至る問題構造は深く重なり合っている。長期のひきこもり，ホームレス，自殺企図，自己破産，ゴミ屋敷等に至る課題は，個別に複雑で深刻である。さらに，そうした社会的孤立は，社会的排除の問題とも通底する。「生活困窮者」をどのように捉えるかによって，その取組みの内容は大きく変わることになる。

　厚生労働省は，『自立相談支援事業の手引き』において，本法の対象となる「生活困窮者」については，「できる限り対象を広く捉え，排除のない対応を行うことが必要である[4]」という見解を示している。この限定せず広く捉えるという対象設定は，福祉制度においては基本的に他に例を見ないものである。この対象設定の背景には，地域における生活課題が多様化し，現行の制度枠組みでは対応できない傾向が顕著となっていることが挙げられる。制度の枠内で対応できる課題を対象とするだけでなく，現実の課題に合わせた制度設計が求められるようになっている。その意味で，「入口」において対象を限定しないとい

うのはきわめて意義のあることといえる。

　このことは，いわゆる「制度の狭間」にある人たちも本制度で対応する根拠となる。本制度で「生活のしづらさ」を抱えた人たちを広く対象とすることは，制度が個々の多様な生活に合わせることができることを意味するものである。

　また，本制度における取組みの大きな柱となる就労支援においても，「就労自立まで距離のある人たち」をその対象として視野に入れることとなる。ここでいう「自立」とは，「就労自立」のみならず，「日常生活自立」や「社会的自立」も含むものとされる。「自立」の概念を広く捉えることによって，多様な就労訓練や社会的居場所づくり等，就労支援の対象やあり方も広範にわたることになる。

　さらに，「入口」の理念的枠組みにおいて重要となるのは，予防的支援としての早期把握・早期対応である。生活保護に至る前の層にアプローチするということは，その背景にある課題が深刻になる前にアプローチするということである。近年，「事後対応型福祉」からの脱却を図り，「事前対応型福祉」への転換を視野に入れた予防的アプローチの推進が求められている。早期把握・早期対応によって，深刻な事態に陥ることを未然に防ぐというアプローチは，権利擁護の推進や社会的孤立の防止という視座からも重要な意味をもつ。子どもや高齢者，障害者等への虐待に対して適切に対応するだけでなく，その虐待自体を未然に防ぐという働きかけは，優れた権利擁護の取組みとなる。ひきこもり等の社会的孤立やゴミ屋敷等の地域における支援困難事例においても予防的アプローチの効果は大きい。深刻な事態に陥ってしまえば，本人へのダメージが深くなり，リカバリーに時間がかかることに加え，援助者も多くの労力を要し，採りうる援助の幅も狭くなる。そして，予防的支援の推進には，専門職のアウトリーチによる援助と地域を基盤とした実践が必要となる。

　予防的支援がよりその効果を上げる事例にまで「入口」の段階で間口を広げることで，「出口」のあり方も，そこまでの「プロセス」も大きく変わることになる。予防的支援においては，地域住民を含めたインフォーマルサポートの積極的な関与が想定されている。専門職も眼前のクライエントへの個別支援に終始するだけでなく，そこを起点として近隣住民の気づきを促進し，地域の福

祉力の向上に向けた取組みが重要となる。また，同時並行で，個別支援を視野に入れた，発見と見守りの機能を有する地域住民の参画，地域住民と専門職が協働できる体制づくりが不可欠である。これによって専門職のアウトリーチによる援助が可能となる。

■「出口」

生活困窮者自立支援制度の「入口」を広げることは，必然的に「出口」を広げることになる。この「出口」の拡大は，地域における新しい「つながり」の拡大を意味するものであり，具体的には社会的孤立の状態にある人たちの社会的接点を増やすことといえる。

本制度における就労支援とは，一般就労のみならず，多様な「自立」のあり方を模索しながら多様な就労機会を創造することである。そこには多様な「居場所づくり」も含まれる。さらに，この就労支援を生活支援と一体的に提供することによって，生活困窮者自立支援における新たな「就労支援」を創造することになる。

生活困窮者自立支援法に規定された就労訓練事業（いわゆる中間的就労）は，生活困窮者自立支援制度の理念が色濃く反映されている。それは，就労機会の拡大に際し，地域特性を活かした，また地域に根ざした社会的企業やコミュニティビジネス，ソーシャルファーム等の立ち上げを視野に入れることになる。

現在，社会福祉法人改革の一環として社会福祉法人の地域貢献のあり方が議論されている。多様な就労機会の確保や居場所づくりにおいては，社会福祉法人と地域の多様な諸資源との協働によって新たな機会を開拓していくことが期待されている。

■「プロセス」

「入口」と「出口」をつなぐ「プロセス」が十分に機能しなければ，「入口」の間口を広げても多様な「出口」に至ることはない。この「プロセス」にこそ「相談支援」の本質が反映されることになる。

生活困窮者自立支援法の附帯決議に，「生活困窮者は心身の不調，家族の問題等多様な問題を抱えている場合が多く，また，問題解決のためには時間を要

することから，個々の生活困窮者の事情，状況等に合わせ，包括的・継続的に支えていく伴走型の個別的な支援のための体制を整備すること」（平成25年12月4日／衆議院厚生労働委員会）という項目が盛り込まれている。つまり，本法に基づく自立相談支援事業の理念として位置づけられる「包括的・継続的・個別的支援」の推進のためには，身近な小地域における体制（仕組み）が不可欠であることを示唆するものである。

この「包括的・継続的・個別的支援」は，いわゆる「伴走型支援」として，生活困窮者自立支援制度の象徴として位置づけられてきた。ここに「課題を解決する主体は本人である」というソーシャルワークとしての援助の特質が反映されることになる。

伴走型支援の展開にあたっては，広域ではなく，小地域における体制（仕組み）を「総合相談」として整備していくことが求められる。そこでは，個別支援と地域支援を一体的に推進し，その延長線上に地域福祉の進展を位置づける「地域を基盤としたソーシャルワーク」として推進していくことになる。「地域を基盤としたソーシャルワーク」とは，個を地域で支える援助と個を支える地域をつくる援助を一体的に推進することを基調とした実践理論の体系のことである。この地域を基盤としたソーシャルワークの内容については，後述する。

さらに，生活困窮者自立支援制度における家計相談は，「収入支援」ではなく，「支出支援」であるところに特徴があるが，その「支出支援」の積み重ねは生活支援として展開していくプロセスを辿ることになる。また，住居の確保は地域生活の基本要件であるが，そこに生活支援を付加することによって有意義な事業として展開できることになる。

自立相談支援事業は，自立相談支援機関に配置される主任相談支援員等の専門職のみで対応する事業ではない。自立相談支援機関が司令塔となって，当該地域の「関係者」による多層のネットワークによる連携と協働のもとで，総力をあげて取り組んでいくという性格のものである。その関係者としては，個別の当事者に加え，地域住民，地域組織，ボランティアグループ，そしてこれまで行政のパートナーとしては関係が薄い傾向にあったNPO法人や，当事者組織等の組織・団体とも一緒に取組みをすすめていく必要がある。そのための連携と協働に向けて「舞台」を設定することも理念の一つといえる。

3 「地域を基盤としたソーシャルワーク」の全体像

日本のソーシャルワーク実践は大きな転換期を迎えている。それは，分野別，対象者別の実践から脱却し，多様な担い手の参画を得ながら一定の地域（エリア）を基盤とした実践への転換である。それは，「課題別対応による実践」から「地域割による実践」への移行であり，「点（個）」への援助から「点を含めた面（地域）」への援助に向けた転換と説明できる。その特質は，個を地域で支える援助と個を支える地域をつくる援助という2つのアプローチを一体的に推進する点にある。

生活困窮者自立支援制度を突破口として，地域に新しい相談支援のかたちをつくるための下地となる枠組みとして，「地域を基盤としたソーシャルワーク（community-based social work）」をとりあげる。

■「地域を基盤としたソーシャルワーク」の定義

地域を基盤としたソーシャルワークは，「個を地域で支える援助」と「個を支える地域をつくる援助」を一体的に推進すること，いわゆる個別支援と地域支援を地続きのものとしてとらえる点に特徴がある。こうした「地域を基盤としたソーシャルワーク」の定義を示すための基本枠組みとして，地域を基盤としたソーシャルワークの理論的な位置を示す3つの概念について整理しておく。地域を基盤としたソーシャルワークの基本的性格に影響を及ぼすことになるその概念とは，「ジェネラリスト・ソーシャルワーク」「地域を基盤としたソーシャルワーク」「総合相談」の3つである。図表1-2の「地域を基盤としたソーシャルワークの理論的位置」では，これらの概念を三層構造として示した。

本図の右端の矢印は，上部に向かうほど「実践的」，下部に向かうほど「理論的」であることを意味している。上段の「総合相談」は，方法としての「地域を基盤としたソーシャルワーク」を実践に向けて地域で展開するための仕組みを包含した実践概念である。下段の「ジェネラリスト・ソーシャルワーク」は「地域を基盤としたソーシャルワーク」の理論的根拠となる概念であること

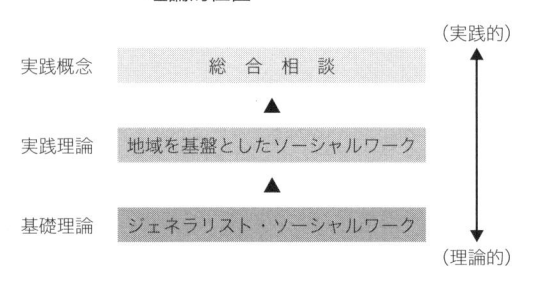

図表1-2　地域を基盤としたソーシャルワークの
　　　　理論的位置

出典：筆者作成

を示唆している。その位置づけから，本図は，基礎理論である「ジェネラリスト・ソーシャルワーク」から，実践理論である「地域を基盤としたソーシャルワーク」，そして実践概念である「総合相談」へと三層にわたって相互に影響を与え合う構造であることを概念的に示したものである。

　実践概念としての「総合相談」とは，前述のように方法としての「地域を基盤としたソーシャルワーク」とそれを地域で展開するための仕組みを包含した概念であり，地域を基盤としたソーシャルワークという「機能」を推進するための「構造」を「総合相談モデル」とするものである。「総合相談」の特質とは，①実践エリアとして小地域を規定し，そこに実践の拠点を有すること，②支援の対象を対象者別，課題別，年代別等で限定せず，「生活のしづらさ」を対象とすること，③支援のために地域内外の多様な担い手の参画を可能にすること，という3つの要件を満たすものとして位置づける。

　地域を基盤としたソーシャルワークの基礎理論として位置づけられ，その理論構築に大きな影響を与えることになったのが「ジェネラリスト・ソーシャルワーク」である。ジェネラリスト・ソーシャルワークは，1990年代以降，北米において体系化されたソーシャルワーク理論である。そこでは，ソーシャルワークの統合化を経て，また1980年代のエコロジカル・ソーシャルワークの影響を受けつつ，個人，グループ，地域という対象別の方法ではなく，対象をシステムとして一体的に捉えた方法論として示されている。

　以上の実践概念としての「総合相談」と基礎理論としての「ジェネラリス

ト・ソーシャルワーク」の間に位置する「地域を基盤としたソーシャルワーク」を，次のように定義しておく。

地域を基盤としたソーシャルワークとは，ジェネラリスト・ソーシャルワークを基礎理論とし，地域で展開する総合相談を実践概念とする，個を地域で支える援助と個を支える地域をつくる援助を一体的に推進することを基調とした実践理論の体系である。[5]

■「地域を基盤としたソーシャルワーク」の理念と特質

⑴「地域を基盤としたソーシャルワーク」の理念

ソーシャルワーク理論には，ソーシャルワーク固有の内在的かつ本質的な価値や理念に根ざし，それを実践に向けて形にする過程を描写することが求められる。地域を基盤としたソーシャルワークの理解を構造的に深めるためには，その基底に位置する理念について確認しておくことが不可欠となる。これらの理念は，定義で示した，「個を地域で支える援助」と「個を支える地域をつくる援助」を一体的に推進するための前提となるものである。

以下，地域を基盤としたソーシャルワークの2つの理念について要約的に整理しておく。

第1の理念は，本人を課題解決の中核に置き，その本人の状況に合わせた援助システムによって援助を展開することである。いわば，一人ひとりの状況に合わせたオーダーメイドの援助を志向するということである。換言すれば，既存のサービスや制度に本人が合わせるのではなく，本人にサービスや制度が合わせていくということを意味する。これは，課題解決の主体を本人におくというソーシャルワークの中核的価値を具現化するものであり，また切り分けられた個別の課題にそれぞれ働きかけるのではなく，生活上の多様かつ複数のニーズに対して一体的に変化をうながすというソーシャルワークの基本的視点に基づくものである。

第2の理念は，本人を中心に据えた援助システムに地域住民等のインフォーマルサポートが積極的に参画することである。地域を基盤として実践するということは，地域の専門職に加えて，地域の力，つまり近隣住民やボランティア，NPO等の多様な担い手による参画を得ながら支援体制を構築するという

視点が強調される。その際，通常担い手として期待される特定の地域住民のみならず，本人と地域生活の場を共有する不特定多数の住民も担い手となる可能性のある人として認識することが重要となる。個を地域で支える援助と同時並行で個を支える地域をつくる援助へと展開する過程では，ワーカーの働きかけによって気づきを得た多様な地域住民はやがて地域福祉の推進という大きな潮流を生み出すことになる。今，担い手の側にいる人たちは，地域においてはいつの日か新たな担い手によって支えられる側にもなる人たちである。

(2)「地域を基盤としたソーシャルワーク」の特質

　地域を基盤としたソーシャルワークの2つの理念は，地域における具体的な実践として展開する際に，次の4つの実践上の特質が導き出される。

① 本人の生活の場で展開する援助

　地域を基盤としたソーシャルワークは，本人が日常的に生活する場を拠点として，本人と彼らをとりまく環境を対象として一体的に援助を展開するところに大きな特徴がある。本人が生活する地域がソーシャルワーク実践の場となるということである。

　従来のソーシャルワーク実践においては，本人が生活圏域を離れ，専門分化された相談機関に赴き，そこで特定の課題について必要な援助を受けるという形態を基本とすることが多かった。その場合，各相談機関は特定の専門機能を有しており，その機能を本人が選択して活用することになる。そのため，援助は必然的に機関の機能に合致する特定の課題や問題に焦点を当てることになる。この発想は，細分化された機関の機能に合致する課題のみに本人が合わせていくというものである。

　一方，地域を基盤としたソーシャルワーク，その実践概念である地域における総合相談は，本人の生活の場で展開することになるが，その特質について，次の3点から明らかにしておく。

　第1には，本人の「問題」ではなく「生活全体」に焦点を当てた援助が可能になるということである。本人を生活圏域から切り離して援助の対象とするという従前のパターンでは，環境や地域との相互作用関係を排除して特定の課題のみを取り上げることになる。しかし，本人の生活の場で援助を展開することによって，地域での日常生活に目を向けた生活全体を視野に入れることが可能

となる。

第2には、本人と環境との一体的支援を可能にすることによって、システムとしての全体的変化をうながすことである。それは、当事者本人だけの変化をうながそうとするのではなく、同時に本人と環境（地域）との相互作用を促進することによって、環境側の変化をもたらすことになる。つまり、新しいシステムを形成するというソーシャルワークにおける重要な視座を実践に移す機会を提供することになる。ソーシャルワークにおける課題解決とは、エコロジカルな視座においても指摘されてきたように、本人と環境との良好な適合状態を形成することなのである。

第3には、本人の生活の場で援助を展開することによって、本人システムに長期的な働きかけができることである。つまり、年齢によって支援を受けることのできる期限が決まっているわけではない。ここでの「長期的」とは、本人の各ライフステージにわたって継続的に支援できる環境をもたらすことを意味する。

② 援助対象の拡大

本人の生活の場で援助を展開するということは、援助対象の拡大という重要な特質を導くことになる。本人の生活を中心に据えることによって、課題を分別して対応するのではなく、地域生活上で本人が認識するさまざまな「生活のしづらさ」に焦点を当てることができる。

社会構造の変化を背景として、地域生活上の「生活のしづらさ」はきわめて多様となってる。必ずしも、高齢、障害、母子といった社会福祉六法等の法律上の枠組みに依拠し課題が発生するわけではない。多様化・深刻化する生活課題は、現行の法律で対応できる範囲を超えているものも多い。また、課題は複合的であることが多く、その場合特定の領域内の対応で解決できるわけでもない。

既存の制度上の枠組みでは対応できない「制度の狭間」をめぐる指摘がなされている。しかしながら、そもそも「制度の狭間」は誰によってつくられたのか。ソーシャルワークの先駆的・開拓的機能は、ソーシャルワークを特質づけ、またソーシャルワークのミッションに直結するきわめて重要な機能であったはずである。それがいつの間にか、制度化され、その枠内でしか機能しない

「ソーシャルワーカー」を生み出してきた。

　地域を基盤としたソーシャルワークは，その対象認識の入口を制度的枠組みとするのではなく，「生活のしづらさ」とすることによって，「制度の狭間」をめぐる課題を払拭することになる。社会構造の変化にともなって社会問題は変化する。ソーシャルワークの使命とは，対象として認識されている課題だけでなく，既存の法律の枠組みでは対応できなかった新しい課題にも対応していくことである。加えて，援助する側からみた課題の深刻さや多様さという視点ではなく，本人が感じている生活課題からアプローチしていくことも重視されなければならない。

③ 予防的かつ積極的アプローチ

　従来のソーシャルワーク実践，とりわけ制度を活用した援助は，本人や周囲からの訴えを受けて援助者が動き出すという傾向が強かった。その場合，深刻な状態に陥ってから課題が把握されることも少なくなく，どうしても対応が後手にまわることになる。その場合，本人のダメージは大きく，また援助の選択肢も狭まって保護的な援助にならざるを得なくなる。

　地域を基盤としたソーシャルワークにおいては，予防的な働きかけ，つまり課題が深刻になる前に対応することも特質とする。これにより，援助の選択肢が広がり，本人の側に立った有意義な援助の可能性が広がることになる。予防的機能は，ソーシャルワークの機能として従来からきわめて重要なものであったが，必ずしも十分に発揮されてきたわけではなかった。ソーシャルワーカーが総合相談の担い手として，日常生活圏域を拠点としながら，地域住民との協働によって早期把握・見守り機能を遂行することが求められる。

　予防的アプローチに関連して，ソーシャルワーカーによる積極的な働きかけも重視される。このアプローチは，サービスを拒否したり援助を受けることに前向きでない人やニーズ・課題があることに気づいていない人たちに対して積極的に働きかけていくことである。従来，アグレッシブ・ケースワーク（aggressive casework）やアウトリーチ（out-reach）と呼ばれてきた手法であるが，地域を基盤としたソーシャルワークにおいては，ワーカーが常時，ニーズに目を向け，積極的に働きかけていくことが求められる。それは，ソーシャルワーカーが本人の生活の場である地域の側にいることによってもたらされる機能と

いえる。

④ ネットワークによる連携と協働

　地域を基盤としたソーシャルワークにおいては，本人を中核において，複数の援助機関，複数の専門職，さらには地域住民等がネットワークやチームを形成し，連携と協働によって援助を提供することもその特質として指摘できる。ソーシャルワーク実践においては，「ネットワーク」の活用が重要である一方で，その概念はきわめて抽象的で実体概念として把握することは容易ではない。ここでは，「ソーシャルワークにおけるネットワークとは，関係者のつながりによる連携・協働・参画・連帯のための状態および機能のことである」と定義しておく。

　地域での生活課題は複合化している。たとえば，介護が必要な高齢者世帯であっても，そこには単純な介護問題だけでなく，他の疾病，多重債務，障害のあるわが子の将来，地域住民とのトラブルなど，さまざまな課題が重なっていることも少なくない。そうした場合，特定の機関の特定の援助者による支援だけで対処できる範囲を超えることになる。

　ネットワークによる連携と協働は，総合相談の特徴的な機能である。これがうまく機能することによって，地域の社会資源を最大限に活用でき，援助の幅と可能性を大きく広げることができる。ネットワークを組む援助システムには，いくつかの組み合わせがある。その類型は，①専門職だけで構成された援助システム，②地域住民やボランティアなどのインフォーマルサポートの担い手で構成された援助システム，③専門職とインフォーマルサポートの担い手の両方で構成された援助システム，に整理される。緊急性が高い場合や困難事例には専門職による援助システムのウエイトが高まり，早期把握や見守りの機能が必要な場合にはインフォーマルサポートの担い手による援助システムのウエイトが高くなる。事例の動きに合わせて，フォーマル，インフォーマルの社会資源と協働し，援助システムとして柔軟に対応していくことが求められる。一般に，本人のニーズは変わりやすいが，援助は固定化しやすい。それだけに，関係者によるケースカンファレンスなどによって，関係機関・団体間同士の合意形成を図りながら，事例の動きに的確に対応できる体制づくりが不可欠となる。

4　地域で展開する「総合相談」の概念
──地域を基盤としたソーシャルワークを推進するための「総合相談モデル」

　2006（平成18）年度から，介護保険法に基づいて地域包括支援センターが創設された。この相談機関は，中学校区を目安とする日常生活圏域ごとに設置され，総合相談支援業務が一つの中核的機能として位置づけられている。中学校区という一定の地域（エリア）を実践のフィールドとして設定したはじめての相談機関といえる。高齢者領域の相談機関とはいえ，相談機能を一定の地域で展開するということは，否応なしに高齢者に限らず多様な生活課題への対応を迫られてきた。

　それ以来，いわゆる「総合相談」は，福祉施策における一つの重要な柱として推進され，また地域における相談支援体制を象徴する重要な概念となっている。しかしながら，実際には多義的に使われている傾向が強く，「総合相談」の概念整理や成立要件といった枠組みについては必ずしも明確になっていない。そのため，総合相談体制の推進にあたっては，概念の明確化が不可避である。

　そこでここでは，「総合相談」を，方法としての「地域を基盤としたソーシャルワーク」とそれを地域で展開するための仕組みを包含した概念としてとらえることにする。つまり，地域を基盤としたソーシャルワークという「機能」を推進するための「構造」を「総合相談モデル」とするものである。地域を基盤としたソーシャルワークは，構造としての総合相談体制がなければ推進することはできない。エリアを担当するソーシャルワーカーを配置しても，仕組みがなければ機能しないということである。

　多様化する地域生活上のニーズへの対応としては，まずその多様なニーズを正確にキャッチすること，そのニーズが多様な担い手によって地域で支えられる仕組みをつくることが求められる。前者がいわゆる「入口」の支援，後者がいわゆる「出口」の支援である。そして，この「入口」と「出口」をつなぐ「プロセス」を含めた援助の枠組みが求められる。以下，この枠組みを「総合相談」として示すことにしたい。

図表1-3　総合相談モデル（理念型）

《基本ユニット》【日常生活圏域（中学校区等）】

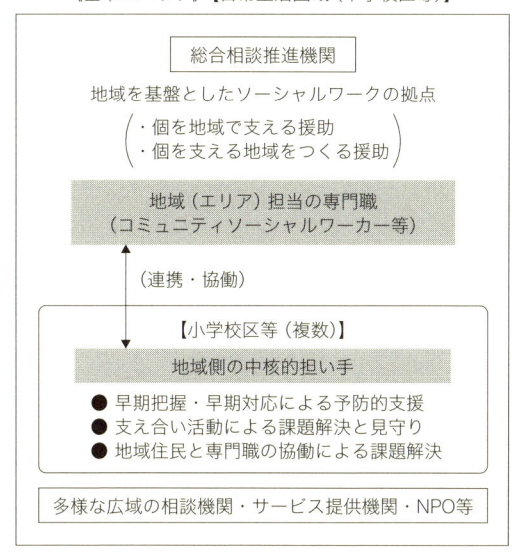

総合相談推進機関

地域を基盤としたソーシャルワークの拠点

・個を地域で支える援助
・個を支える地域をつくる援助

地域（エリア）担当の専門職
（コミュニティソーシャルワーカー等）

（連携・協働）

【小学校区等（複数）】

地域側の中核的担い手

● 早期把握・早期対応による予防的支援
● 支え合い活動による課題解決と見守り
● 地域住民と専門職の協働による課題解決

多様な広域の相談機関・サービス提供機関・NPO等

出典：筆者作成

　図表1-3では，「総合相談モデル（理念型）」を示した。まず，その基本的視座を5つに整理して提示しておく。

　第1には，中学校区レベルを想定する日常生活圏域を実践上の基礎単位（基本ユニット）とし，総合相談を推進するための中核エリアとして位置づける。総合相談は広域では推進できず，小地域レベルで展開してこそ地域を基盤としたソーシャルワークの特性が発揮できるからである。もちろん，中学校区よりもさらに小さなエリアを基本ユニットとすることもありえる。この基本ユニットそのものがアウトリーチの拠点として位置づけられる。伴走型の個別的・継続的支援は，生活の場である地域を拠点としてはじめて可能となる。

　第2には，地域を基盤としたソーシャルワークを総合相談を推進するための機能（方法）として展開することである。その特質は，「個を地域で支える援助」と「個を支える地域をつくる援助」を一体的に推進していくことにある。基本ユニットは，個別支援と地域支援を切り離すのではなく，同時並行で推進

していく個と地域の一体的支援の推進拠点となる。

　第3には，エリアを設定したうえで地域担当の専門職（コミュニティソーシャルワーカー等）とさらに小さなエリアである小学校区等の地域側の専門職ではない中核的担い手とが，日常的に協働できる体制を包含することである。地域側の中核的担い手としては，その当該の地域の住民であり，積極的な地域活動の担い手を想定する。「地域担当の専門職」と「地域側の中核的担い手」との日常的な連携・協働が，総合相談の推進の核となる。

　第4には，図の基本ユニット内の下部に示したように，エリア内外の多様な広域の専門機関，サービス提供機関，NPO等が総合相談の後方支援を担う位置にあることである。総合相談においては，エリア内で完結せず，主に領域ごとの特定の課題への対応に特化した専門的援助を提供する担い手とも協働することになる。

　第5には，最終的に，図にあるように，「地域担当の専門職」と「地域側の中核的担い手」との協働によって，小学校区等内のエリアの相談支援体制を強化することである。そこでは，早期把握・早期対応による予防的支援，支え合い活動による課題解決と見守り，地域住民と専門職の協働による課題解決を推進することになる。

5　生活困窮者自立支援制度における地方自治体の役割
——住民の生活を基点とした行政施策の転換に向けて

　生活困窮者自立支援制度を手段として，地域に新しい相談支援のかたちを創造するために，各地方自治体に求められる具体的な役割について，次の4点を列挙しておきたい。これらは，住民の生活を基点とした行政施策の転換に直結するものである。

　第1には，庁内における横断的な協働体制を構築することである。生活保護や地域福祉といった関係部署のみならず，国保・年金，税，商工・雇用，子育て，教育，公営住宅等の部署との協働体制が不可欠である。地域住民の生活とは，分野ごとに分断されておらず，また生活課題も分野ごとに発生するわけではない。生活は，各部面が統合されることで成立している。つまり，行政のほ

うから地域住民の生活に合わせていくという発想に基づくものである。

　第2には，地域における他の事業との統合化ないしは単一化を図ることである。国の施策としては，現状では法律に基づいて分野ごとに示さざるを得ない面がある。しかしながら，生活の場である地域は一つであることから，市民生活の最前線に位置する地方自治体の施策としては，複数の事業を統合化していく必要がある。具体的には，生活困窮者支援制度においても，地域包括支援センターや障害者の相談支援事業所等，地域レベルでの相談支援の機能は，「生活」の全体を視野に入れた専門機関として整理統合ないしは単一化していく方向が求められる。また，生活困窮者自立支援法に基づく「支援調整会議」と介護保険法に基づく「地域ケア会議」では，どちらも個別事例の検討（個別支援）と地域課題の検討（地域支援・地域づくり）を地続きのものとしてとらえることの重要性が強調されている。地域レベルでは，相互に共通するこれらの要素や機能を統合的に推進することによって，効果的かつ効率的に運用できるものと思われる。

　第3には，地域を基盤とした相談支援の体制を小地域レベルで整えることである。前述の「生活困窮者自立支援法案に対する附帯決議」で「個々の生活困窮者の事情，状況等に合わせ，包括的・継続的に支えていく伴走型の個別的な支援のための体制を整備すること」と示されているように，生活困窮者支援制度の理念を具現化するためには，「小地域における総合相談モデル」の推進が求められることになる。それによって，SOS を自ら発することのできない社会的孤立の状態にある人たちへのアウトリーチが可能となる。

　第4には，予防的アプローチの推進に向けて取り組むことである。福祉制度の運用を中心においた日本の社会福祉は，申請主義を背景とした「事後対応型福祉」という傾向が強かった。つまり，専門職等による何らかの支援が必要となる深刻な事態に陥ってから対応が開始されるということである。その場合，本人へのダメージは大きく，また支援する側も多くの労力を要することになる。生活困窮者支援制度の理念の一つは，事後対応型福祉からの脱却を図り，「事前対応型福祉」への転換を視野に入れた予防的アプローチを推進することにある。早期把握・早期対応によって，生活保護に至る前に働きかけ，また深刻な事態に陥ることを未然に防ぐためには，総合相談をベースとした地域住民

との協働が前提となる。また，個別支援に終始するだけではなく，そこを起点として近隣住民の気づきを促進し，福祉力の向上に向けた地域づくりが重要な視座となる。

6　おわりに——理念をかたちにすべきとき

生活困窮者自立支援法が施行され，地域を基盤とした新たな相談支援に向けた一歩を踏み出した。この新たな相談支援のあり方とは，地域に「支え合いのかたち」を創造していくことに他ならない。

低迷が続く経済活動，低所得者層の増大と格差の拡大，人口減少と少子高齢化を含めた人口構造の変化，自然発生的な地縁・血縁による支え合いの瓦解，社会保障システムの制度疲労等を背景として，虐待等の権利侵害事例の増加，社会的に孤立した人たちの生活課題の顕在化，制度の狭間に位置する新しい生活課題の出現等，事態は待ったなしのところまできている。

社会構造や社会制度の変化にともなって変わりゆくこうしたニーズに的確に応えることと，それでもなお変わらない社会福祉やソーシャルワークの理念を追求することが同時に求められる。今般の生活困窮者支援制度は，その2つが重なり合っている。つまり，理念なき制度改革ではなく，地域で本人を主体とした問題解決につなげ，同時に地域を変えていくという理念を内包した制度改革といえる。

従前の自助・共助・公助といった枠組みを超え，制度依存からの脱却を図り，さらに住民総出で支え合う地域社会を創出できるか。地域における「総合相談」の仕組みづくりは，その試金石になるにちがいない。

「地域の時代」といわれて久しい。これを機に，地方自治体が本当の意味での住民の地域生活を支える行政として転換できるか。その覚悟が問われるときが到来している。

1) 自立相談支援事業従事者養成研修テキスト編集委員会編 2014『生活困窮者自立支援法——自立相談支援事業従事者養成研修テキスト』中央法規出版。
2) 厚生労働省社会・援護局地域福祉課生活困窮者自立支援室 2014『自立相談支援事業の手引き』(平成27年3月版)。

3) みずほ情報総研 2015『自立相談支援機関における使用標準様式の実用化に向けた調査研究報告書（平成26年度厚生労働省セーフティネット支援対策等事業（社会福祉推進事業））』。
4) 厚生労働省・前掲注 2) 14頁。
5) 地域を基盤としたソーシャルワークに関しては，次の文献において体系的に論じられている。岩間伸之 2017『地域を基盤としたソーシャルワーク――本人主体の援助論』有斐閣。

第2章

「訪問型」相談支援をどう「つくる」のか？

アウトリーチによる相談支援の先進地から学ぶ

西岡 正次

　平成27年4月から動き出した生活困窮者自立支援制度には2つの大きな特徴がある。一つは、「尊厳ある自立に向けた支援は……多様な問題群に包括的に対処するべきものである。いわゆる縦割り行政を超えて、地域において多様なサービスが連携し、できる限り一括して提供される条件が必要である。他方において、自立を困難にしている要因群は、その人ごとに異なったかたちで複合している。それぞれの事情や想いに寄り添いつつ、問題の打開を図る個別的な支援を行うべきである[1]」として、「包括的・個別的な相談支援[2]」が強調されていることである。既往の相談や支援メニュー等を「つなぐ」という特徴である。わかりやすいと言えばわかりやすい指摘である。従来の年代別・対象別サービス給付やそれに付随した相談支援がばらばらに展開されてきたことへの深い反省がにじみ出ている[3]。

　もう一つは、「個々人の事情と段階に応じ、想いに寄り添った支援は、社会福祉協議会、社会福祉法人、NPOや社会貢献の観点から事業を実施する民間企業などのいわゆる社会的企業、民生委員・児童委員その他様々なインフォーマルな支援組織など、民間の柔軟で多様な取組みが活かされ、国や自治体がこれをしっかり支えることで可能になる[4]」とし、「分権的・創造的な相談支援[5]」が方向づけられたことである。多様な問題群に包括的かつ個別的に相談支援を行うには、それぞれ異なる状況に対応した支援サービスを調整あるいは創造し、提供する必要があり、その相談支援は不定型で柔軟なものとならざるを得ない。したがって地域に不足するサービス、支援メニューを改めて「つくる」ことは二重の意味で重要である。今回の制度で「つくる」という政策選択を可能にした意味は大きい（傍点は筆者）。

　必要な支援を「つくる」にしろ、相談支援を「つなぐ」にしろ、これらの政策化や事業化は予想通り自治体や地域に大きな負荷をかけることになってい

る。これまでの自治体の『縦割り』『横並び』といった政策行動を超える発想と行動が問われているからである。

　それでは，「つなぐ」「つくる」という政策や事業を推進するプロセスはどうあるべきか。相談支援の従事者研修テキストなどをみると「協議の場やネットワークが欠かせない」「関係者の議論から」といった表現にとどまっていることが多い。そこで，この章では，相談支援を「つなぐ」「つくる」という政策実践のヒントを，事例を通して考えてみたい。

1　相談支援を「つなぐ」，必要な支援メニューを「つくる」ための政策実践

　生活困窮者自立支援法の支援体系は，必須事業である自立相談支援事業と居住確保給付金事業と，任意事業として就労準備支援事業，一時生活支援事業，家計相談支援事業，「貧困の連鎖防止」事業（学習支援等），就労訓練事業（受入れ事業者の自主事業），その他支援事業を規定している。その実現のために，国と自治体による財政的な枠組み（負担金，補助金）が用意されている。必須・任意を問わずそれぞれの支援事業について，「つなぐ」「つくる」という観点からの詳細な運営や展開方針は自治体に委ねられている。

　たとえば，自立相談支援事業は，①訪問支援（アウトリーチ）も含めた早期発見・早期支援を進める，②生活と就労に関する支援員が配置され，ワンストップ型の相談窓口の運営を通じて，情報とサービスの拠点として機能する，③一人ひとりの事情や想いに沿った支援計画を作成し継続した支援を行う，④地域のネットワークの強化等を進める，といった内容が期待されている。相談支援機関（自治体直営または支援団体への委託）は，支援の拠点として身近な相談窓口を運営し支援活動を展開する。従来の年代別・対象別サービス給付に付随した相談とは異なり，「……事業の性格上，資産・収入に関する具体的な要件を設けるものではなく，複合的な課題を抱える生活困窮者がいわゆる『制度の狭間』に陥らないよう，できるだけ幅広く対応することが必要である」と質疑応答集にあるように，自立支援の対象に細かな条件はなく，幅広い対象の設定が推奨されている。

　相談支援を「つなぐ」動きで見られるのは，たとえば制度情報の共有を行っ

ている部署や機関として，福祉部門やハローワークのほか，国保や市営住宅（管理部門），年金，教育委員会，水道などという調査結果がある。また庁外との連携では社会福祉協議会や民生委員などのほか，消費生活センター，病院関係者，法律関係者といった内容があがっている。[6]

2　学校におけるニーズ発見の工夫──佐賀市の事例から

　ここでは，学校と支援団体が「つながる」ことによって，相談支援を拡充している事例を紹介する。不登校やドロップアウト，ニート，ひきこもりなどの青少年の「社会的不適応」[7]は学校教育の中だけでなく地域においても大きな話題になっているが，これら問題や相談ニーズに最も近い学校と地域の支援団体が「つながる」事例から，相談ニーズの「早期発見・早期支援」の仕組みを「つくる」という政策実践を考えてみたい。

　紹介する事例は生活困窮者自立支援制度を契機に始まったものではないが，結果として生活困窮者自立支援にかかわるニーズ発見や支援にも対応するものとなっている。取り上げたのは，佐賀市の不登校対策における「つなぐ」「つくる」の政策実践である。

　一般的な不登校対策事業は，適応指導教室の設置やスクール・カウンセラー等の配置などで進められている。適応指導教室は集団生活や学校生活になじめず，学校に行かないあるいは学校に行きたくても行けない子どもたちに，さまざまな活動を通して，学校生活に復帰できるよう，または社会的自立ができるよう支援していくための施設である。市町村教育委員会が設置する適応指導教室は全国に1188ヶ所（2008年現在）ある。その重要な活動の一つが，指導員や臨床心理士等による相談活動（カウンセリング）であり，不登校の子どもたちが抱える問題や個々の事情等を把握し，適応指導教室における「個」に応じた援助や指導に役立てるというものである。

　一方，「学校教育は，（時間的，空間的に）教育課程に属さない学校外の教育には十分に力」[8]が及ばない。また「不適応問題の発生─対処の条件を考慮すれば，学校に配置されたスクール・カウンセラーやスクール・ソーシャルワーカーが自分の勤務時間内で，子どもや家族のプライベートな生活過程に密着し

図表2-1　佐賀市の不登校対策事業（サポート相談員は市直営）

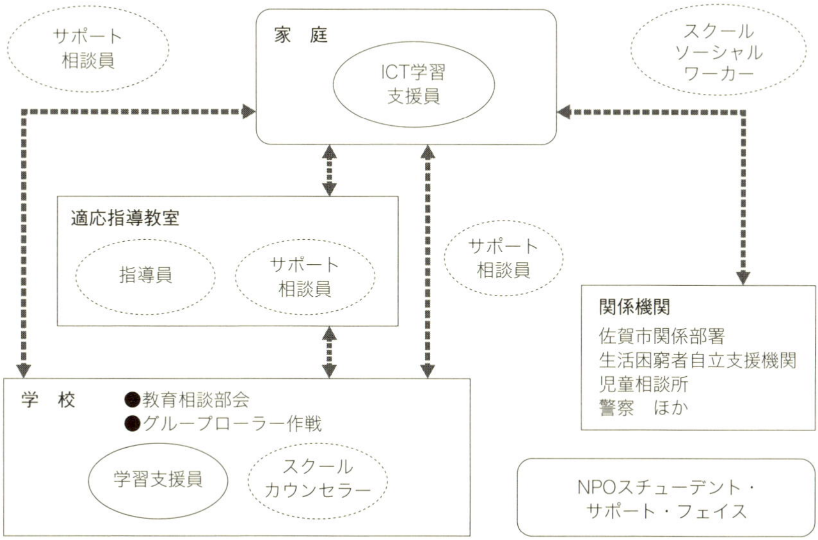

出典：市資料をもとに筆者作成

て支援・指導することは困難[9]」であり，「原因除去の支援・指導に直接アプローチすることが可能な新たなシステム[10]」が必要であると言われている。

　佐賀市（教育委員会学校教育課）では，適応指導教室などを中心にした不登校対策を進めているが，「個」に応じた支援，とくに家庭訪問を軸にした子どもと家庭に対する支援を強化するため，それまでの適応指導教室の運営に付加する形で，「IT活用支援事業」（平成18年度〜），「不登校児童生徒訪問支援事業」（平成22〜23年度），「不登校児童生徒支援業務」（平成24年度〜）を事業化し，NPOスチューデント・サポート・フェイス（以下「S・S・F」という）に事業委託し展開している。

　「IT活用支援事業」は，完全不登校の児童生徒を対象に行われる学習支援と訪問支援で，支援員は有償ボランティアである。「不登校児童生徒訪問支援事業」は，学校に訪問支援員を常勤で配置し，教職員と連携して訪問活動を強化する事業である。「不登校児童生徒支援業務[11]」は，市内24校に常勤の学習支援員22人を配置し，相談室等での困難を抱えた生徒への支援活動のほか家庭訪問

を行う事業である[12]。

　佐賀市のこの事業（図表2-1）で注目したいことは，各事業で配置されている「学習支援員」「ICT学習支援員」が「家庭教師方式」や訪問支援スタッフという形で家庭訪問を行うことである[13]。そして，この家庭訪問が，事業を受託している「S・S・F」の組織的な活動として展開されることによって，専門人材を個人で配置する事業に比べ発見の拡充や効果的な支援においてより良い結果を生み出しているという点である。たとえば，各校に配置された学習支援員は，校内の相談室で児童生徒の学習支援や相談活動を通じて，日常的に児童生徒の訴えや変化等を受け止め，定期的に開催される教育相談部会で情報共有される。また教職員は身近に「家庭訪問のルート」をもつ学習支援員が存在することによって，教職員が感じ取る児童生徒の変化等を「つぶやき」として伝えることができる。その内容によっては「家庭訪問のルート」や「S・S・F」による独自のフォローや調査等（後述）によってさらに情報が集約され，教職員にフィードバックされる。そして校内の教育相談部会で支援方針が議論され，支援内容が教職員や学習支援員，「S・S・F」スタッフ，スクール・ソーシャルワーカー，その他関係機関によって役割分担され，連携した支援が行われる。

　「S・S・F」の取組みを調査した黒田修三は「開拓した新規のプログラムの核心は，『待ちの支援』ではなく，『訪問する支援』（アウトリーチ）にあります。『訪問型支援』の特性は，支援者がクライアントを訪問することによって，『指導する側』が『指導を受ける側』の生活に密着してさまざまな体験を共有していく『参加観察法』の手法や『行動療法』原理の活用と思われる『協働行動』とでも呼べるアプローチにあります[14]」と，「S・S・F」の取組みと手法の革新性に言及している。

3　「S・S・F」とは

　NPOスチューデント・サポート・フェイス（S・S・F）の名は，子ども・若者支援の分野では誰もが一度は聞いたことがあるだろう。その沿革は，平成12年に，不登校やひきこもり，非行等の不適応問題に関心をもつ学生らによる勉

強会からスタートしている。平成15年に、「スチューデント・サポート・フェイス」を設立し、NPOの法人格を取得。個別の相談支援を広げながら、「不登校，ひきこもりのための支援・相談機関ガイドブック」の発刊なども行っている。相談支援が拡大するとともに，相談支援機関や自治体職員，研究者らが参加するシンポジウムなどの開催を通じて，ネットワークを広げていく。平成18年，厚生労働省から「地域若者サポートステーション」事業を受託。平成19年，佐賀県教育委員会から「心の支援員配置事業」を受託。平成22年，佐賀県から「佐賀県子ども・若者総合相談センター」事業を受託している。生活困窮者自立支援関係では平成25年度のモデル事業から施行後も引き続き各種事業を受託し，子ども・若者に限らない自立支援に事業範囲を拡大している。ほかに，上記の佐賀市事業などを受託し幅広く事業を展開している。

　「S・S・F」の主な事業は，まず「S・S・F」が開発してきた子ども・若者支援の大きな特徴となっている「訪問型」相談支援をあげなくてはならない。大学生や臨床心理士などからなる訪問支援スタッフが家庭を訪問し，不登校やひきこもりの子ども，若者やその家族に対して，コミュニケーションサポートや学習支援を行っている。2つ目が研究・養成事業で，とくに訪問支援スタッフの人材育成について独自の養成システムを運営しているほか，他の機関や団体向けの研修なども行っている。3つ目に，就労体験・支援事業である。150種以上の職業人や事業家を「職親」としてネットワークし，若者の就労観の醸成や就労への自信を養うため，独自の支援メニューとして運営している。4つ目に，居場所づくり事業で，「コネクションズスペース」と呼ばれる居場所には，相談員が常駐し，訪れる若者の話し相手となり，さまざまな人との交流や活動への参加チャンスなどをコーディネートしている。また居場所事業は訪問支援スタッフが相談員として訓練される場ともなっている。5つ目が「支援ネットワーク事業」で，子ども・若者支援団体の情報の一元化のほか，ゆるやかな連携として各種ネットワークを佐賀県内外に広げている。最後に，行政との協働事業である。沿革でみたとおり，「S・S・F」は行政とのさまざまな協働事業を通じて，「訪問型」相談支援を拡充させながら，その方法論の精度や有効性を高めてきていると言える。

　「S・S・F」の組織体制は，会員数253人（平成28年4月現在）で主に教育・医

療・福祉分野の20〜30歳代が主力となっている。職員は常勤が53人，非常勤15人（平成28年7月現在）で，彼らが保有する資格には臨床心理士や社会福祉士，学校心理士，心理相談員，キャリアコンサルタント，産業カウンセラー，小・中・高校の教員免許取得者，精神保健福祉士などがある。「訪問型」相談支援や居場所事業などで，重要な役割を果たしているのが訪問支援スタッフとなっているボランティア（会員等）の存在である。豊富な「訪問型」相談支援の実績や独自の人材育成システムをもつ「S・S・F」には，ボランティアとして参加したいという希望者が絶えないという。ボランティア希望者はまず研修を通じて選抜され，「地域ボランティア」「有償ボランティア」として活動のチャンスを得ることになるが，実際に「導入レベル」の訪問支援ボランティアとして従事できるのは希望者のうち2〜3割程度である。さらに上の「標準レベル」「熟練レベル」をめざす選抜研修制度を経て，「S・S・F」職員に登用されていく。また独自の訪問支援スタッフ養成を通じて「地域ボランティア」「有償ボランティア」として活動し，教育や医療，福祉の専門人材として活躍する者も多いという。このボランティアとしての活動実績は評価制度につながり，「S・S・F」職員として学校連携事業に従事した場合，佐賀県教員採用試験の一次試験免除の資格要件の一つになるなど，地域の人材育成に位置づけられている。

　さて，「S・S・F」の「訪問型」相談支援から，3つのことに注目してみたい。一般に訪問支援というと本人を訪ねた後のプロセス，訪問後にどのように話を進めるのかといったテクニックに関心が向いてしまう傾向がある。しかし，「S・S・F」の実践では，初回訪問に至るまでの「導入期」が最も重要であるとされているが，ここに注目したい。初回訪問の前には，ケースが置かれた状況，多重の問題を抱えている状況を整理し，支援プラン（支援方針）を綿密に練り，メールや手紙，親戚や友人からの伝達などあらゆる手段を駆使してアプローチするという。そのため「導入期」はベテランのスタッフが関与する場面も多く，チーム対応が欠かせないという。

　そして初回訪問が実現すると，訪問支援スタッフは本人と関係性を築いていく「安定期」に入っていく。不安や混乱，警戒心を軽減し，関係性の安定を見極めながら，一度に会う人の数，交流の幅を広げていくなど支援メニューを広

げていくという。

　集団活動に参加できるようになると「展開期」に入る。この段階では，学校への復帰方法を考えたり，就労体験に参加したり，いよいよ本人が抱える課題の解決に進んでいく段階を迎える。親からの相談を契機にして訪問支援を行う場合でも，同じように「導入期」の取組みを重視しているという。直接「会うことができない」「顔が見えない」相手とのコミュニケーションが工夫されているのがわかる。綿密な情報収集から本人や家族の状況を見立てること，支援プランの検討に至るチーム支援，そして個々の状況（の変化）に応じた相談支援を工夫できる組織の運営に留意しており，その相談支援の方法論やアプローチにまず注目したい。

　2つ目は，「訪問型」相談支援の実践から見えてきた対象の特性と，チーム支援へのこだわりである。相談支援に携わった経験のある者は誰もがアウトリーチの必要性は感じているだろう。佐賀県子ども・若者相談支援センターの実態調査から相談支援の対象像を見てみると，支援対象が抱える課題の多様さや深刻さがわかる。「84％を超える子ども・若者が対人関係に問題を抱えている」「28.6％の子ども・若者で何らかの依存行動が認められる」「4割を超えるケースで精神疾患や発達障害等の特段の配慮を必要とする」「虐待，DV，保護者の精神疾患，ギャンブル依存，貧困等の生育環境の問題を伴っている」「63.7％で家族自身も悩みを抱え疲弊するなどして支援を必要としている」「多重な困難を抱える子ども・若者が84.6％と高い割合を占める」となっている。[16]従来型のカウンセリングによる本人支援だけでは効果的な支援が難しい事情がよく理解できるであろう。多様な問題を抱え，異なる状況（の変化）に対応する相談支援の中でも，「S・S・F」は「訪問型」の特性から専門性やチーム支援，関係主体の連携を重視していること，さらに自治体との協働事業においてもその考え方や方法論は反映されていることに注目したい。佐賀市の事業が，相談を「つなぐ」以上に，新しい支援を「つくる」に発展した契機の一つはここにあるのだろう。

　3つ目は，独自の支援メニューの開発を行っていることである。訪問支援スタッフの役割と活動で見たように，綿密な見立てを踏まえて本人にアプローチする「導入期」から，本人との関係性を築いていく「安定期」に至るプロセス

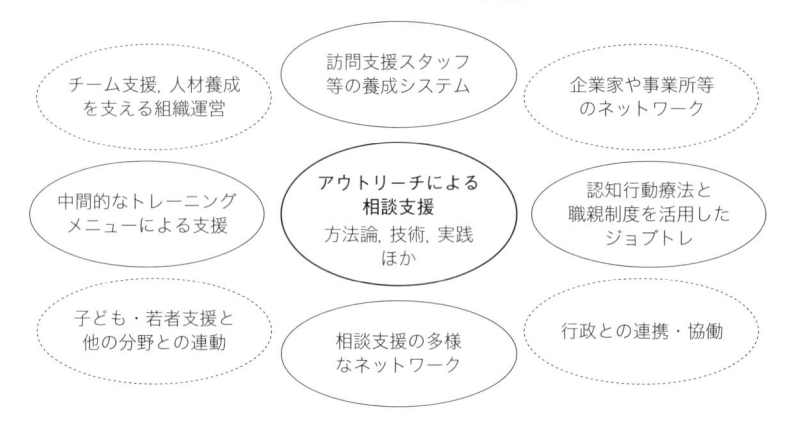

図表2-2　SSFの事業構造

- チーム支援，人材養成を支える組織運営
- 訪問支援スタッフ等の養成システム
- 企業家や事業所等のネットワーク
- 中間的なトレーニングメニューによる支援
- **アウトリーチによる相談支援** 方法論，技術，実践ほか
- 認知行動療法と職親制度を活用したジョブトレ
- 子ども・若者支援と他の分野との連動
- 相談支援の多様なネットワーク
- 行政との連携・協働

出典：筆者作成

で活用される「中間的なトレーニングメニュー」はオーダーメイドである。「楽しい」と思える興味関心に沿った内容，たとえばルアーフィッシングなど[17]が工夫されている。「安定期」から「展開期」のプロセスでは，実践的なSSTや安全と安心が確保された小集団活動，社会貢献活動等を通じた就労体験が開発され提供されている。さらに「職親制度」を活用した就労体験は多様な事業主のネットワークによって120ヶ所を超えている。「求人につなぐこと」を重視してきたこれまでの就労支援を考えると，「S・S・F」は本人起点に独自の支援メニューを重視してその開発を行っている。そして，さまざまな事業所が支援メニューのフィールドとなっており，同行する支援スタッフが認知行動療法を活用した「振り返り」等を随時行い，本人の自尊心や自己肯定感等を高め，「働く自信」「働き続ける自信」につなげている。こうした自立就労支援のプロセスを支える独自の開発と事業（所）のコーディネートに注目したい。[18]

　「S・S・F」の活動や機能，それらと協働する佐賀県や佐賀市の事業について，改めて地域の公共政策としてどのように創造され展開されていったのかを探ってみたい。言い換えれば，自治体が「訪問型」相談支援の政策や事業を企画し推進する場合，どのようなプロセスが必要となるのか，すなわち必要な資源の発見・開拓や調整をどのように行うのか，実施主体の支援はどうすればよ

いのか，協働体制の整備をどう進めるのか，といった政策プロセス，さらにそれらを企画・推進する担当の役割や体制などが大事な判断項目となる。しかも，その推進過程は，地域の多様な関係主体やその活動に対して今までにない負荷をかけることにもなるため，自治体による政策ガバナンス，地方政治の役割などがいっそう問われる。

4 アウトリーチ事業(ニーズ発見と支援を強化する事業)を「つくる」

佐賀市「不登校児童生徒支援業務」は，「訪問型」相談支援を軸にした若者等の自立支援を行う「S・S・F」と事業委託という形で協働している。すなわち政策に必要な資源を開拓，「つなぐ」ことによって，学習支援と訪問支援を組み合わせた新しい不登校対策メニューを「つくる」ことを進めた訳である。言い換えれば，アウトリーチによるニーズ発見の強化，継続した専門的支援の提供という政策・事業を「つくる」ことに挑戦したと言える。この佐賀の事例を敷衍しながら，自立支援における「ニーズ発見の強化」「アウトリーチによる相談支援」の事業を「つくる」という政策プロセスを考えてみたい。

各地域に「S・S・F」のような政策資源がすでに存在すれば，同じようなスキーム（事業計画や仕様等）によって，「ニーズ発見の強化」「アウトリーチによる相談支援」を事業化することは可能であろう。しかし，「S・S・F」のような政策資源はどの地域にもある訳ではない。

まず，アウトリーチに関する理解を見ておきたい。「訪問支援」と言い換えられることが多いが，アウトリーチは社会福祉の分野で「援助を必要とする人の表明されないニーズを把握する手法，あるいは本人の現状の先に達する支援方法」として開発され，医療や芸術文化，まちづくりの分野にも応用されている。相談ニーズ（問題）の発見が重要な課題となっている生活困窮者自立支援においてもアウトリーチによる相談支援が重要な課題としてあげられている。地域にある問題，課題の発見をふまえて，自ら相談支援を求めることができない人たちが相談支援を利用しやすくするための活動全体である。相談支援の窓口やサービスの存在自体を知らない，あるいは必要とする支援サービスが見つけられないために相談窓口につながらない場合もある。また相談支援の必要性

があってもうまく表現できない人や，支援のニーズがあっても何らかの理由で支援を拒否する人たちも相談にはつながらない。こうした問題，相談ニーズを発見し解決支援する取組み全体がアウトリーチであろう。

　生活困窮者自立支援における新規相談の経路を見ると，「本人自らの連絡（来所）」（37.7％）と最も多く，「関係機関・関係者からの紹介」「本人自ら連絡（電話・メール）」「家族・知人から連絡（来所）」「家族・知人から連絡（電話・メール）と続き，「自立相談支援機関がアウトリーチして勧めた」（1.0％）と最も少なく，「アウトリーチによる相談支援」の政策化は最も遅れている[19]。

　そこで，「アウトリーチによる相談支援」という政策の推進について，①必要な資源の発見・開拓や調整，②実施主体の支援，③協働体制の整備といったプロセスに分けて考えてみたい。

■必要な資源の発見・開拓や調整

　自治体の公共政策をみるとさまざまな分野に相談支援が広がっている。既存の計画や事業の中からアウトリーチが言及されたり，取り組まれている現状をフォローしてみるのも一つの方法である。「家庭訪問」などが相談支援の手段となっている分野は，地域保健活動のほか，子育て支援（保育士，家庭児童相談員等）や学校教育，最近では地域包括支援センターなどが想起される。それらの取組みを手掛かりに，事業主体となる人材（団体），構築したい支援に関する方法論や技術などの必要な資源について，先進事例などを含む調査研究を進めることが多いのではないだろうか。そして事業計画という形で方向付けを行い，いよいよ事業を立ち上げための「資源の発見・開拓」に向けた取組みを始めることになろう。

　まず，実施主体となる人材や団体を展望するための発見・開拓である。何らかの形で自立支援に取り組む団体や個人を候補として考えられるだろうが，従来のソーシャルワークが年代別・対象別サービス給付とそれに付随する相談支援として行われてきたので，人材や団体もばらばらに存在していることが多い。アウトリーチや訪問支援に関する経験等が期待できる分野としては，学校教育などの分野にかかわる個人や団体から有望な資源の開拓を試みることも考えられる。ほかに地域包括支援センター，地域保健活動，子育て支援（家庭児

童相談員等）などに関係する団体や個人も考えられる。佐賀の事例のように，子ども・若者支援といった特定分野に注目して，アウトリーチや訪問支援に対する関心を高めながら，必要な人材等の資源の状況をアクション・リサーチする場合もあろう。いずれにしても，実施主体の立ち上げを展望するための取組みや調査研究等がこの段階の目標となる。実施主体として特定分野に精通した団体等を想定する場合，生活困窮者自立支援で問われているように，幅広いニーズや層に対応したアウトリーチに向けた検討とともに，アウトリーチ機能を段階的に拡充させるといった戦略的な進め方が重要になるだろう。

　支援に関する方法論や技術等に関する資源は，調査研究や事業計画検討の過程でも蓄積されるだろうが，地域内外の先進的な取組みや事業，研究成果等を見ながら，地域性をふまえ，より具体的な形で整理することが必要であろう。たとえば，実施主体を展望する段階では，シンポジウムや講演会，また広く関係者が参加するミーティング，あるいは先進的な事例や方法論等に関する研究会といった手段が取られる。「S・S・F」は自治体との連携，協働が進んでいく過程で，佐賀県県民協働課の役割が大きかったと振り返っている。というのは，行政セクターは，「行政（官僚）の無謬性」あるいは「公正・中立」を意識するあまり実績のない相手との連携に消極的になることがある[20]。しかし，公民連携といった新しい政策を担当する部署は政策や事業の新しい芽の発見やその成長を支援することを重視しており，このプロセスがあって佐賀市の事例が生まれたとも言える。「S・S・F」はまず県との協働がスタートし，市などとの協働事業に広がっている。言い換えれば，新しい公共政策に取り組む上で，こうした役割を果たす部署が自治体に存在するかどうかも政策推進の大事な判断材料となる。多様な実施主体の候補が政策主体の自治体にアクセスしやすいかが問われている。

　次の段階では，事業計画を踏まえ，「ニーズ発見の強化」「アウトリーチによる相談支援」に関するモデル事業等が企画され，実施主体の見極めや支援策の検証等に進んでいくことになる。

■実施主体の支援

　実施主体の支援とは，その開拓や開発そして選定の評価基準から，運営段階

とそのモリタリングに関わる幅広い内容となる。「S・S・F」の事業構造（図表2-2）でみたように，①相談支援に関する方法論や技術，支援メニュー開発等が明確であること，②組織的な相談支援の実践があることあるいは指向している，③多様なケースに対応し得る各レベルの人材配置を行っていることあるいは指向している，④地域の各種支援団体等のネットワークをもっていることあるいはその形成を指向している，⑤就労を含む社会的自立に向けた独自の支援メニューをもっていること，⑥就労支援にかかわる企業等の資源ネットワークをもっていることあるいは資源開発の技術や経験をもっている，⑦相談支援に従事する人材の育成システム（実践を含む）をもっていることあるいはそのシステムづくりを指向していることなどが評価や判断の項目として考えられる。

しかし，これら課題や評価に対応する機能や能力を備えた団体，「S・S・F」のような団体の存在を想定して，政策推進を図るのは現実的ではないだろう。必須となる機能や能力，課題対応力を見極め，その他の課題対応は自治体が分担する，あるいは別の団体等によって分担するといった事業の組み立てが考えられる。課題の④から⑥，あるいは⑦の人材育成の一部などは複数の実施主体で分担させることによって，その選択肢を広げることができる。「とりあえず実施主体を設定し，その成長を期待する」といった安易な方向で進めると，専門性やチーム支援，独自の支援メニューの開発，多様なネットワークなどの課題対応が問われる「アウトリーチによる相談支援」などでは中途半端な結果に終わる恐れもある。

実施主体の支援を考える上で，事業と資金の関係や考え方も重要な検討課題となる。政策主体である自治体と実施主体との関係は，事業の委託や補助といったスキームで進められる場合が多く，新しい政策や事業を協働で開発し推進するという，いわば投資的な行動や執行管理の側面が薄れてしまうと，実施主体の主体性や柔軟性などを歪めてしまう恐れもある。実施主体の見極めや支援の方向付けを行う上で，組織的な活動に関する考え方や経験，あるいは同じ目的に向かってお互いに投資的な関わりが期待できるのかなどが判断が問われている。「組織の失敗」や「投資的な関わりや考え方の不足」が，その後の事業展開を左右することはあってはならないだろう。「S・S・F」も，資金に関

する課題として，事業発注型の資金なのか，政策実現のための投資なのかが団体の成長を制約する要素となる可能性を指摘している[21]。

　事業内容の判断に関しては，まず佐賀の事例においても重視されていた豊富な支援内容，とくに就労支援の独自メニューの開発に注目したい。アウトリーチが，本人が置かれている状況や意識の「先に達する支援」という意味から，「本人の次を見通した選択肢」が支援メニューとして提示できるのかが，個別支援においても，また相談窓口（拠点）の魅力を発信する要素としても重要となる。2つ目に，「S・S・F」の事業を参照するまでもなく，包括的個別的な相談支援あるいはアウトリーチによる相談支援に問われる専門性に注目するあまり，関係する資格を有する個人を単独で配置するといった安易な事業にすることは避けたい。チーム支援や個別支援の精度，多様な支援メニューの開発や提供等を支える組織的な活動を重視する判断を期待したい。

■協働体制の整備

　一般的に自治体内部の「庁内連携」にしろ，地域における多様な連携や協働にしろ，その必要性は自明であろう。しかし，この連携や協働がよりよく機能し充実するためには政策的な関与が求められる。その一つは連携や協働による成果を次の事業充実に向けた投資につなげられるかという課題である。連携・協働する政策主体や実施主体は，たとえば「ニーズ発見の強化」「アウトリーチによる相談支援」の展開においても，その効果はさまざまな分野に及び，それぞれの主体が効果等を享受することになる。そうした協働による効果をそれぞれが評価し（説明責任を行い），事業の拡充に向けた次への投資を共同で行う，事業をより積極的に分担するという考え方，仕組みの必要性を指摘したい。相談支援の協働体制とはそこに参加，関与する主体の「受益の事業」というより，「負担の事業」でもある。お互いに負担し合う協働のための投資が継続されることにほかならない。言い換えれば，好影響を享受する事業（部門や主体）はその効果分を新しい協働への投資に充てるといった資金（資源）の循環が広がることによって，さらに資金供給を含む多様な主体の参加が期待できる。自治体の財政的制約がますます強まる中で，自治体の庁内連携も「協働で負担」することは避けられない。他の寄付や共済的な資金調達などとともに，

新しい政策や事業を伸ばすためには今までにない協働への参加者の広がりや資金の調達と循環の仕組みが問われている。

　以上，佐賀の事例から，単に既存の相談支援を「つなぐ」を超える，すなわち「ニーズ発見」の強化を目的とした「つなぐ」が新たな支援を「つくる」プロセスでもあったことを見た。とくに「S・S・F」の取組みと自治体との協働を分析し，地域特性にあった政策資源の開拓や開発の必要性，そして政策推進の中心となる自治体の課題などを考えてみたが，第2，第3の「S・S・F」に期待するのも一つの選択だが，地域にあった政策や事業の開発，政策のガバナンスを改めて考えてみたいものである。

　ヒアリング調査に協力いただいたNPOスチューデント・サポート・フェイスの谷口仁史代表ほかスタッフの皆さん，佐賀市教育委員会学校教育課指導主事の渕上純さんに心から感謝申し上げます。

1)　「社会福祉審議会　生活困窮者の生活支援の在り方に関する特別部会報告書」平成25年1月25日。
2)　前掲注1）と同じ。
3)　厚生労働省「新たな時代に対応した福祉の提供ビジョン」（平成27年9月17日）において，より包括的な福祉サービスの提供が示され，さらに平成28年7月には「我が事・丸ごと」地域共生社会実現本部が設置されている。
4)　前掲注1）と同じ。
5)　前掲注1）と同じ。
6)　厚生労働省「自立相談支援機関の連携状況に関するアンケート」平成27年12月1日実施。
7)　ひきこもりの現状について，「ひきこもり者本人の平均年齢は33.07±7.87歳，家族の平均年齢は62.89±7.12歳。ひきこもり期間は10.72±6.69年で，20年以上の人が全体の1割近い。ひきこもり者の高年齢化によって親の年齢も上昇し，年金生活者が増え，経済状況の困難化が始まっている」。NPO法人KHJ全国ひきこもり家族会連合会「平成25年度全国調査報告の概略」（平成26年7月）から。
8)　黒田修三 2011「カウンセリング・サービスの抜本的転換」三浦清一郎編著『未来の必要——生涯教育立国の条件』学文社。
9)　前掲注8）と同じ。
10)　前掲注8）と同じ。
11)　小学校35校，中学校18のうち希望する学校に配置された。
12)　学校教育における「訪問型」相談支援は，佐賀県全体に広がっている。県内3ヶ所の教育事務所に訪問支援スタッフを配置し，小・中・高校すべてをカバーする「訪問支援による学校復帰サポート事業」をスタートさせている。こうした「訪問型」相談支援は不登校児童生徒等を対象するだけでなく，他の分野の相談支援にも広がる可能性をもっている。
13)　「学習支援員」「ICT学習支援員」のほかに，市直営の「サポート相談員」でも家庭訪問

が行われる。

14) 前掲注8）と同じ。

15) 厚生労働省の事業。平成18年にモデル事業を経て事業化。現在全国に160ヶ所。「S・S・F」は「さが若者サポートステーション」に続き，平成25年から「たけお若者サポートステーション」を運営している。

16) 「S・S・F」提供資料から。

17) ルアーフィッシングが選択された理由。本人が関心があること，動作に集中する必要が高いルアーはコミュニケーションの負担を減らすことができるなど。

18) 就労支援では支援やケアを利用しながら企業等で訓練や就労を実現していくが，企業等にとっては支援やケアを利用する人材・労働力を戦力化し，その方法や技術等を学ぶ過程にほかならない。「S・S・F」の取組みは人事面から地域企業等を支援している側面も併せ持っている。

19) みずほ情報総研「自立相談支援機関における支援実績調査　平成27年度社会福祉推進事業」。

20) 新しい支援策やサービスを「つくる」段階は試行や社会実験といった形で効果や必要性等の検証が欠かせないが，その資金（財源）確保も課題の一つである。緊急雇用創出基金は佐賀の場合も有効に活用されている。ほかに豊中市では定時制高校と協働し校内に居場所を兼ねた相談室を開設する「困難を抱える生徒向け就学継続・就労支援モデル事業」「スクールソーシャルワーク普及促進事業」に活用された。モデル的事業から地域の政策パッケージへと展開されればより有効な政策投資となろう。

21) 国の制度・事業はそれぞれ目的に閉じた運営が多い。実施主体となる自治体や地域は事業等を組み合わせることによってより効果的な地域政策を指向するが，急な制度変更や組み合わせを想定しない制度設計などが地域政策の展開を制約する場合が多い。

第3章

相談支援事業はどのようにあるべきか？

相談支援員の立場から見る制度の可能性と課題

有田　朗

1　自治体ビジョンが事業をつくる

■ ビジョンが見えにくい現状

　相談支援事業は，各自治体で必須事業とされていながら，その中身については法律に詳細な定めはなく，大まかな枠組みが示されているだけで，具体的なありかたはそれぞれの自治体に委ねられている。つまり，それぞれの自治体において，どのような人に対し，どのような相談に応じ，どのような支援を行っていくのか，その理解と姿勢次第によって，支援の中身もスタイルもまったく異なったものになるのである。

　それゆえ自治体が，どのようにこの法律を活用し，生活困窮の課題に対処していくかという「ビジョン」をもって事業に取り組むかどうかが，法の理念を生かし，実際に市民の福祉に資する相談支援事業となるためのキーポイントになる。事業主体である自治体が明確なビジョンをもち，それを相談支援の現場に示し，託してこそ，現場はどのようにしてこれを達成していくのかという具体的なスキームづくりを，しっかりと方向性をもって進められるのである。

　しかしながら，法の施行に際し，最初から明確なビジョンを描き，これを現場に対して示すことができた自治体は非常に少なかったであろう。

　それは，「困窮者」についても「相談支援」についても，あまりにも概念が漠然としていて，何をすればどのような効果が得られるのか，短期間のモデル事業では十分判明しなかったし，そもそも「自立」という目標について具体的に何を成果として評価すべきかも明確とはいえない状況で法の施行を迎えたことに起因するだろう。

　結果，多くの自治体では，どのような「生活困窮者」を想定して，どのような「相談支援」を行うべきか，具体的な目標をどう設定するのか判然としない

まま，そしてどのような仕組みの「事業」を成立させていくのかというイメージや目的意識をもてないまま事業を始めることになってしまった。とりあえず横並びの予算を確保して相談窓口を設け，とりあえず福祉職の相談員を配置するか丸投げの委託をしたに過ぎないと思われるような自治体も散見されるところである。相談来所者に対して「ここは何をするところですか」と問われて行政担当者，窓口責任者，相談員がバラバラな回答をしてしまうようでは，自治体の新たな取組みとして，ビジョンがもてているとはいえないであろう。

■専門員相談会でなく自治体の事業をつくる

　生活困窮者自立支援法の基本的な視点は，これまでの細分化された縦割りの事業をさらにひとつ増やすことを目指すのではなく，総合的・包括的な相談を通して個々の解決を目指すとともに，地域における生活困窮課題への新たなアプローチを模索するということだ。

　相談支援事業は，個々人への相談支援としては，既存の各種行政サービスを含むあらゆる社会資源を横断的に結合させたサービスを提供し，それにより当該個人の自立を支援することを核としながら，そのことを通じて，地域社会における，断片的・分断的なアプローチでは解決できない新しい課題（単発的な経済的課題だけではなく教育・医療・介護・精神疾患・非行や犯罪・家族関係などにわたる重なり合った複合的課題により，経済的困窮は格差として固定化されそれが世代間連鎖するといったような状況）への新たな対策を講じるものである。

　しかし，漠然として無限に広がりそうな「困窮」という概念をどのように捉えるのか，またそれに対してどのような姿勢や方策をもって取り組むのか，目指す方向性が見えないまま形式的に相談窓口を設置した自治体では，現場を任された相談員個々の意識と能力（あるいは経験や課題意識）にすべて依存するほかなくなってしまい，さまざまな弊害が生じる。

　すなわち，相談員個人の意識と能力のレベルと偏りがそのままその自治体の事業（すなわち相談支援活動）の性格となってしまい，たとえば，当該相談員が既存のさまざまな制度や社会資源につなぐこと（すなわち情報提供や割り振り，あるいは支援ごとのネットワークづくりの役割）を重視するのか，あるいは相談者の精神面のケアを優先して傾聴や受容（とくに自己肯定感や意欲の喚起）を重視

するのか，はたまた就労に向けたあらたな支援方法の模索（地域における協力企業の開拓など）を重要とするのか，ということが事業の性格そのものになってしまう。また，相談員個人の人脈や得意分野，経験がその自治体の窓口の支援レベルや内容そのものになってしまうのである。当然ながら相談支援員の数の少ない小規模自治体ほど，このような影響（偏り）は大きく表れるだろう。

　漫然と，来所する相談者の対応を相談員個々に任せてこなすようであれば，まったく分野横断的でも包摂的でもなく特定の相談対応だけしかできない「新たな縦割り窓口」ができるだけになってしまうこともある（たとえば住居確保給付金の支給や資金貸付の案内窓口としてのみ機能しそれ以外の相談は受け付けないか他の窓口を紹介するだけの窓口）。また仮に優秀な相談員がメンタル面に配慮しながら，かつ多角的な視点や多様な社会資源を利用する質の高い支援を成しえていたとしても，自治体の事業としての発展を考えていかなければ，彼がその職を離れてしまえばおしまいになってしまう。結果的に自治体にとって支援の仕組み・方法論・連携手段などがまったく蓄積されないことになってしまうのである。

　筆者がモデル事業から現在に至るまで相談支援員に従事し，他の自治体の状態と見比べる中で強く感じるのは，「生活困窮者」についても，「支援の有り様」についても，それぞれの相談員の認識は，最初はまったくバラバラだということである。支援の方法が多様であるというような良い意味ではない。

　極端な言い方をすれば，それぞれの相談員が「支援」だと思うことを「必要だと思う人」に対して行うという方法だけでは，他者の視点から見れば「はたしてそれは支援なのか」「この法の目指すものとは異なるのではないか」「単なる自己満足であってかえって有害なサービスではないのか」「行政サービスとして行うべきものなのか」「個人的な依存関係を生むだけではないか」といった疑問が必ず生じてくるのである。

　相談支援機関がこの法律に基づいた支援として何をすべきかと言うことは，一朝一夕には見定められない。その都度現場で議論し考え，模索するべきものであるのは当然だが，自治体として明確なビジョンをもってそれを現場に示し，現場との間で協議し，実践を通して具体的な支援方法を導き出すということが，根本的に必要なことだと思われる。

2 相談支援体制をどのように設けるか

■ 事業を担う主体について

　生活困窮者自立支援法は，前述したとおり詳細な相談支援のあり方をまったく規定しておらず，実際，相談支援事業の初年度の体制・活動状況は，自治体によってかなりの違いがみられる。

　まず基本的な体制については，自治体直営もあれば，社会福祉協議会への委託，あるいは株式会社やNPO法人などの民間組織への委託など実施体制の違いがあり，人員も予算もさまざまである。直営型と社協委託型，そして民間組織等委託型をそれぞれ見たところ，素朴な感想として次のような傾向があるように思われる。

　すなわち，多くの直営型においては生活保護行政と緊密な関係をもって相談支援事業が行われ，さらに高齢福祉・障害福祉・女性子ども支援といった福祉関係各部署との連携が行われ，より発展すれば，国民健康保険・国民年金・納税・水道・住宅などの各課との庁内連携が進む傾向がみられる。

　直営型のメリットとしては，各種行政サービスを横断的に活用した困窮対策が行いやすいことにある。庁内では個人情報の共有もしやすく，相談支援事業が利用者支援の拠点となって各種制度利用がリンクされれば，行政サービスのワンストップ相談窓口として市民の利便に適うものとなる。

　しかし一方で直営型の多くは，行政窓口以外の医療や法律などの専門職，民間企業やNPOなどの市民活動と連携したり，「相談」以外の方法による柔軟な支援にはなかなか進みにくい難があるようにも思われる。

　社協委託型の多くは，福祉資金の貸付業務や金銭管理などの自立支援事業といった，社会福祉協議会として以前から担ってきたメニューを活用することで自立支援事業が進められている。また福祉分野における地域のネットワークを活用し，さまざまな福祉施設（入居施設，訓練施設，作業所など），民生委員などと連携を進めていく点でも強みが感じられる。中には成年後見制度に自前で取り組んでいるところなどもあり，組織的にメニューの確保・発展が感じられる。もっとも社協委託型においては各種の行政サービスの活用，あるいは福祉

以外の専門職や民間との連携については必ずしも上手く進んでおらず，地域に
よって大きく差があるようであり，とくに就労に関する民間の支援や，法的な
サービスとの連携が進まない状況が比較的多いように思われる。

　これらに比べ民間組織等（NPO などを含む）への委託型は，当然であるが，
委託先の性格によってまったくスタイルも内容も異なっている。たとえばもと
もと就労に関する支援を手掛けてきた事業者においては，就労支援の内容が具
体的実践的であり，キャリアカウンセリングから企業見学，就労体験，各種訓
練などのプログラムが充実していたり，就労先企業の開拓や就労後の定着のた
めの支援などが進められている。しかしこのようなメリットは反面，実際に相
談される複雑多様な家庭問題や困窮課題について，総合的（多角的）な視点を
もってふさわしいアセスメントが行われるのか，就労以外の支援をどの程度実
施できるのかという不安と表裏一体であるといえよう。

■事業の実施場所について

　このように，実施体制・主体をどうするかで一定の傾向がみられるが，同様
に相談支援事業を実施する場所も事業に大きな影響を与えているように感じら
れる。

　公共交通機関の便の良い駅前ビルなどに設けるのか，自動車でなければ来所
しにくい場所に設けるのか。ハローワークの傍や福祉事務所内に設けるのか，
あるいは個室のような静かな相談場所を設けるか否かで来所する相談者はまっ
たく違ってくる。

　筆者がモデル事業に従事していたときには，地域の基幹駅ビル構内の比較的
ゆったりした場所に相談ブースが用意された状態であったので，相談者は買い
物や通院，アルバイトその他の用事のついでに，通りがかりに来所して相談す
るというパターンが多かった。気軽にゆっくりと相談できるという条件下で
は，一刻を争う困窮事案（即時的，具体的，制度的な対処を要する事案）よりも普
段から悩んでいる事柄を自分の都合や体調の合うときにじっくり相談するとい
う案件が増える。役所内に窓口を設けるのとは違って敷居が高くないので，メ
ンタルの問題，家庭の問題などについて相談割合が高まったようだ。このよう
な相談窓口であれば，相談者は気軽に，繰り返し来所することができるので，

相談員もじっくりと個々人に向かい合い，継続的な支援を行いやすいし，また課題の早期発見や支援開始にも資するであろう。しかし相談内容の幅が広がり抽象的なことも多くなるため，具体的な支援スキームをもっていない場合には，「傾聴の場」「居場所」的な傾向が強くなるばかりで，いつまでも同じ利用者が通い続け，窓口が問題を抱えてしまい，具体的な「解決」に進まないといった状況になってしまう可能性もある。

　反対に，相談窓口が生活保護の窓口と並列して設けられている場合には，生活保護窓口に相談来所したものの保護受給に至らなかった者（不動産や自動車を保有している，稼働世代の子どもがいる，親族への連絡を拒否，現時点での所持金が多いなど，一見すると保護が相応しくないとされた者）がエスカレーター式に困窮者の相談支援窓口に案内されるような傾向がある。この場合，相談支援窓口では，他のさまざまな支援の方法を検討しつつも，一方で生活保護受給の必要性や要件を再確認することで，いわゆる「不適切な水際作戦」を防止・修正する機能を期待できるし，何より差し迫った生活困窮の状況にある者に対して，あらためて利用者に他所に足を運ばせて詳細な聞き取りをする必要がない分，支援を必要とする市民に対し可及的速やかに対応することができるといえる。しかしこのように，生活保護を検討するような緊急の状況にある者が随時来所する，という状況の相談窓口になれば，相談支援事業の重点は，最低限の生活確保のために具体的手段を適宜講じるという技術的・即時的な側面に置かれるようになり，「定期的な予約来所者と継続的に信頼関係を構築して，メンタル面に配慮した支援を行う」という状況ではなくなってしまう可能性がある。また場合によっては次から次へと，経済的に限界にある相談者が来所することから，まさに救急患者をどんどん「捌く」ような状態になってしまうことにもなりかねない。できるかぎり多くの相談に応じることは重要なことではあるが，新しい取組みを考える間もなく，野戦病院のように，とにかく求めがある限り即時に対処することにのみ忙殺されてよいのかということは考えなければならない。さらに言えば，生活保護の受給要件すら満たさないとされた相談者について，他の支援方法を検討することや，場合によっては保護の要件を整えてから生活保護申請に再度つなぐというような機能をもつようになると，それはもはや「第2のセーフティネット」とは違っているのではないかとも思えるので

ある。このような状況は比較的都市部において見られる傾向があるように思う。

3 個々の相談支援を超えた事業の役割

さて，これまで相談支援事業を誰に任せるか，どこで実施するかといったことで事業の性格は変わってくることを示した。相談支援事業がこのように繊細な事業であることは，自治体がどのようなビジョンをもって取り組むかという基本姿勢の重要さをあらためて証しているといえよう。

しかし，相談支援事業には，都度来所する相談者に対して支援対応を尽くすこと以外にも，それに劣らない重要な課題がある。それについて触れたい。

厚生労働省は生活困窮者自立支援法の基本となる「支援の形」として，包括的な支援，個別的な支援，早期的な支援，継続的な支援，分権的・創造的な支援，という5つのテーマを示している。

誤解を恐れず，私なりに簡単に言いかえてみると次のようになる。

① これまでの縦割りサービスの枠を超えて分野横断的な支援を提供すること（縦割り社会の隙間を埋める）
② 定型的な対応だけでなく，相談者個々人の状態や希望に沿った支援を提供すること（オーダーメイドの支援）
③ 具体的な申請行為に応じるのみでなく積極的に支援の提供をはたらきかけること（アウトリーチや提案型の支援）
④ 複雑な課題に対し，その場でひとつの対応を行って終わるのでなく，本人の理解と到達の度合に応じて支援を継続して提供すること（プラン型支援）
⑤ 上記①〜④を満たす相談のしくみを地域の実情に則してつくりあげるため，さまざまな社会資源との連携・協働体制を構築していくこと（地域連携支援の構築）

最初の4つは個々の支援をどのような態度で行うべきかという基本形を表したものだが，それを可能にするためには，最後の「分権的・創造的な支援」とされている内容，つまり日々の相談支援を分析し，必要性に対応できるよう支

援を体系化し，地域の「新しいセーフティネット」に昇華させていくことが求められているのである。

　法が求めるのは個々人の課題への対応に限定されたものではなく，究極的には，地域ごとに異なる面をもつ現代社会の困窮課題への，地域ごとの支援システムの構築を含んでいるのである。相談支援事業は，窓口の運営だけが役割なのではない。相談に来る人すべてに対応していても，それは地域に存在する困窮課題の氷山の一角にとりあえず対応をしたに過ぎない。

　現在社会では，多くの社会的孤立者が生まれ，それが稼働年齢層をも含めた生活保護受給者を増加させ，また社会保険システムの疲弊と少子高齢化が進んで経済的格差が拡大し，非正規雇用や核家族化の進行，母子・父子家庭の困窮，貧困の世代間連鎖が顕著な問題となってきている。この現状に対して，各地域の具体的状況に応じ，各地域の社会資源に応じた「新しいセーフティネット」を構築せよ，ということなのである。

　そうである以上，自治体が行うべき相談支援事業は「物知りで相談に乗るのが上手な人」をとりあえず上手くあてがった窓口をつくっておけば良いという話ではない。個々の相談者の課題の解決に負けず劣らず，そこで得た地域の実情や課題，有益であった解決策や今後望まれる取組みを分析し，対応について事業スキームとして構築し，育てていくことが求められるのである。事業を委託する場合であっても，自治体行政の担当者は，受託者に対してこのような視点を共有し協働していくことが必要であろう。

4　相談支援の対象を考える

　ここまでは，相談支援事業の目的や体制など事業全体について論じてきたが，具体的に，誰の，どのような課題について，どのような相談支援を実施するべきか，について論じたい。

　まず対象者について法律には『「生活困窮者」とは，現に経済的に困窮し，最低限度の生活を維持することができなくなるおそれのある者をいう。』と定義されている（法第2条1項）が，これまで何度となく，生活困窮者自立支援法の相談支援の対象者は経済的困窮に限定されず，社会的孤立をも含むのだと

いう説明がさまざまな場でなされてきた。といってもまだまだ不明確である。また「相談支援」の方法や内容については，法には一切書かれていないのである。このことが，多くの自治体の多様な模索を生み出していることも確かであるし，自治体や相談支援員らの混乱を生み出していることも事実である。

　では，一体誰の，どのような状況を相談支援の対象として認識するのが正しいのだろうか。

　形式的な条文解釈としては，「現に経済的に困窮し」と「最低限度の生活を維持することができなくなるおそれのある者」をつなぐ読点が，「かつ」なのか「または」なのかということがまず問題になるが，前者だと考えて「現に経済的に困窮しており，その程度が，最低限度の生活を維持することができなくなるおそれがある，そのような者」と読むのが素直であろう。

　では，「社会的孤立を含む」とはどういうことだろうか。ひきこもり，ニートと呼ばれる状況にある人たちが近い将来経済的に困窮していくことは，彼らは収入がないのが通常であろうから一般的と言えそうだし，精神疾患や発達障害などにより社会とつながりがもてない状況が続いた場合も早晩経済的に困窮してしまうのは同様であろう。

　反対に，経済的な困窮状態に陥ると，学校に行けないとか，インターネットなどでの情報交換ができないとか，他人と交流する費用が負担になったりして付き合いが減って孤立していくことになりやすいことも事実である。つまり今日の社会において，孤立は経済的困窮と密接なつながりがあることは確かである。結局，単に目の前のお金のことだけを見るのでなくその背景や原因にある社会的孤立という視点を重視することが，実質的な解釈として求められているといえよう。

　もっとも，現在あるいは当面の経済的な困窮可能性を伴わない社会的孤立そのものをすべて相談支援の窓口だけで対応しようとすると無理がある。「他人とどのように接してよいかわからない」「不登校がずっと続いている息子が心配」「地域に打ち解けられずに疎外感を感じている」「近所付き合いもなく高齢独居なので寂しい」といった悩みは社会に蔓延しているが，このような相談にのり，寄り添うといった支援を相談支援窓口のみで対応するとすれば，多くの窓口でオーバーフローをもたらすだろう。

窓口相談員には金銭的な問題の解決が提案できること，諸制度や社会資源へのつなぎができること，それだけでもすでに求められる知識や技術は相当なものであるのに，さらに心理的なサポート，カウンセリング自体をひとつの目的として発揮できるだけの能力を求めるということになれば，ほとんどの自治体でそのような人材を確保することが困難なのではないだろうか。しかもこのような課題に対しては「窓口での相談」という形態が必ずしも相応しいとは言えない。たとえば「相手に自分の意志を伝える練習」とか「家から外に出たりバスに乗るための練習」「買い物や通院の同行」「日常生活の見守り」というような支援も求められることになろう。

　結局，相談支援の「窓口」の役割を明確にするとともに，就労準備支援事業や「社会的居場所」事業などの任意事業の活用，あるいは地域の専門職や個別課題に取り組む社会資源の活用を進めて行く他にないと思われる。

　何もかも相談支援窓口で抱えてしまうと，相談員がオーバーフローするだけでなく，当然に支援の質も下がってしまう。支援の限界を認識しておく必要があるのは，たとえば，医師が来院した病人に対して必要な医療を提供できないと考えた場合に，他の病院を紹介するか，少なくとも自分のところではできないということを早急に伝えなければならないのと基本的に同じことであろう。

　自治体は，誰に事業を行わせるのか，どのような場所で行うのか，どのような地域内連携を行うのか，そしてどのような支援を相談窓口と任意事業に分担させるのか，大きな制度設計を求められているのである。

5　相談支援に必要な「多角的な視点」

■見立ての重要性

　相談者が最初に訴える主訴は，「生活費が無い」「仕事を探したい」「お金を貸してほしい」という3つがかなり多いが，「離婚したい」「家を探したい」……など無限にある。

　では，主訴にそのまま答えることが，相談者の主体性と意思を尊重した支援と言えるかというと，そうではない。相談者の状況を理解し受容しようとする態度，意志を尊重した支援が必要なのは当然のことであるが，表面的な主訴に

拘泥するのでは相談者と同じ視点でしか現状を見ないことになり，結果的に解決につながらないことが多い。

　自分自身の課題の原因は何であり，どう対処することが必要であるか，何から手を付ければよいか，ということが解らないからこそ相談に来るのである。冷静に全体を見渡して，何が緊急の課題であるかを相談者と一緒に考え直したところ，最初の「主訴」と取り組むべきことがらがまったく違ってくることは当然であるとさえ思わなければならない。

　「生活に困っているのでお金を貸してほしい」という相談者に，生活保護の受給を勧めることはいくらでもあるし，「仕事が見つからないので就職を支援してほしい」という相談者がまったく働ける状態でなく治療のために医療につなぐ支援を行うといったことも多い。「家を探したい」という人が，家主の不当な退去請求を受けただけであって，話し合えば済むことかもしれない。

　相談支援員が相談者の状況を整理し，解決すべき課題とその方法を「見立て」ることは，相談支援の中でも重要な要素であるが，その判断を正しく行うためには，広い社会的な知見と，一通りの支援メニューが頭に入っていなければならない。相談を聞く際にも漠然と聞くのではなく，具体的な支援を想定したインテークが必要となる。

　しかし，生活困窮の状況，原因，それに対する支援のメニューはきわめて幅広く多様である。適切に対応するためには，福祉系・行政系・法律系・心理系といった異なる分野の知識が必要だったり，場合によっては母親の経験，サラリーマンの経験，学校でいじめられた経験などが生きることすらある。

　筆者の窓口では可能な限り，初回相談から2名の相談員で話を聞くことにしている。そうすることで多面的な気づきがあり違ったアイデアが出てくるし，対応方法を相談することもできる。幸い相談員らが，さまざまな年齢や異なった経験をもっていることが非常に相談支援に役立っているように思う。

■ 相談員の多角的視点の必要な例

　ここでは経済的な困窮の相談について応じる以上，一定の法律的な視点と知識が不可欠だということを述べたい。もちろんこれは困窮者支援の一面であって，福祉や行政手続き，医療や心理，就労に関する視点・知識も同様に必要な

のであって，例として示すものであることをあらかじめ念押しする。

　たとえば「お金を貸してほしい」と来所する相談者の家計状況を聞いてみると，すでに返済が不可能あるいはきわめて困難な多重債務の状態にあることが多い。多くの相談者は，困窮者窓口に相談に来る以前に，債務を返済するためにすでに他の金融機関を駆けずり回って資金を工面し，いわゆる自転車操業を経験した末に困窮者窓口に来所するので，結局相談に来たときには複数の会社から請求されている状況にある。中には，すでにヤミ金（違法な無登録貸金業者）に手を付けてしまっていたり，親族を巻き込んで結局親族関係を壊してしまったりしている場合もある。高齢者については，年金担保貸付（市中の金融機関が窓口となり福祉医療機構が本人の年金受給権を担保として行う貸付け）で急場を凌いだが結局生活が回らず，もともと少ない年金すら受けられない現状だというケースもかなり多くみられる。すでに裁判所の手続きを経て確定した債務もあれば，口約束しかない債務の場合もある。どうしようもなくなって困窮者窓口に相談に来る場合が多い。法的な債務整理が必要であることも多いが，一方で返済が困難といっても比較的軽微な債務で返済計画を一緒に考えつつ他の支援をすることが重要であったり，明らかに返済の不要な債務（消滅時効の成立，他人の債務，架空請求，ヤミ金の借入）であったり，公共料金や税金の滞納がほとんどで法的な債務整理よりも減免制度の利用が問題となる場合もある。

　このような相談者に対して，相談員は本人の表面的な主張に応じて，「お金を貸す方法を検討する」という選択肢だけを検討すべきだろうかといえば，当然そうではない。「借金のことは法テラス（日本司法支援センター）につなげば良い」と答える相談員も多いだろうが，最低限，法テラスで相談すれば当該相談者にとってどういう利益や影響が見込めるのか，相談者にある程度説明できなければ，相談者が主体的に債務整理に取り組まないことも多い。

　多重債務者の多くは「費用が心配」「借りたものを返すのは当然」とか，「ブラックリストに載るのが怖い」「資格を失う」「近所に知られる」といった感覚をもっていることが多く，債務整理の正当性を説明したり，さまざまな誤解を解かなければそもそも相談には行かない。あるいは，わざわざ予約を取って法テラスに相談した結果，債務整理に相応しくないと判断された場合には「もうどうしようもない」と思ってそれで諦めてしまったり，債務整理をすることに

なったとしてもさらに収入の確保や減免制度の利用など他の支援が可能である
のに，それに至らないまま相談支援の窓口に戻ってこないで，結局本来の支援
ができないといった可能性もある。つまり，ある程度「債務の中身」を見て判
断できなければ，多くの経済的困窮に見られる「借金」への適切な対応はあり
得ない。

　また何より，現実に次のような問題のある支援も生じていることに注意が必
要である。

　たとえば，債務者がずっと払えずにいた借金を「家計相談」と称して少しず
つ払う計画を作成し実践させた結果，本来なら消滅時効が成立していて一切払
わずに済んだはずの債務を復活させてしまったという実例がある。あるいは，
借入の名義を確認しないまま亡くなった父親の借金を含めた家族の収支プラン
を立てた結果，相続放棄の期間を徒過してしまい，相続人家族が債務を引き継
ぐことになってしまった事案もある。いずれも法的に支払う義務のない債務を
払わなければならないようにされてしまったのであり，相談者から損害賠償を
請求されても不思議ではないものであり，もちろん支援と呼べるものではな
い。

　またたとえば「アパートの家賃が払えず出て行けと言われた」という，これ
もかなりポピュラーな主訴についての対応についても，法律的な視点を欠くと
誤った支援になりかねない。

　「家主に来週までに出て行けと言われた」という相談者の述べた事実を，相
談員自身も「当然すぐに退去せねばならない」ものと思い込んでしまい，すぐ
にアパート探しや寮つきの仕事探しを始めたり，中にはアパートを引き払う手
伝いをしたり，そのうえで当日の寝床確保のため一時生活支援サービスによっ
て宿泊施設を提供するという対応を行った。しかし，そもそも当該家主は賃貸
借契約を正式に解除していただろうか。今後の家賃の支払いの可能性を示せ
ば，もとのアパートに住み続けられたのではないか。敷金等はあったのだろう
か。連帯保証人は居たのだろうか。

　家主としては本来，強制的に借主を追い出そうとすれば，正式に解約を通知
して裁判を提起し，退去を命じる判決を得て，それから強制執行に移るという
面倒と費用を掛けなければならないのだから，今後の家賃支払いが期待できる

ことを示して相談していれば退去を待ってくれる場合もある。もしそうであれば，住居確保給付金の支給等で当面の家賃を確保して就労支援を行い，債務については別途の策を講じることも可能であったろう。

それなのに上記のような「立ち退きを前提とする支援」をしたのであれば，それは妥当な支援とはいえないだろう。

上記では多重債務と家賃滞納について触れたが，離婚・相続・養子縁組といったような家族関係に関する法についての知識を必要とする相談や，不当解雇・未払い賃金・失業給付・傷病手当といったような労働法の問題，在留資格などの国際法の知識，あるいは社会保険に対する一定の理解を要する相談が日常の現場には溢れている。

同様に，医療制度や近隣の医療機関についての知識，福祉制度や地域の福祉施設等の知識が必要な場合もあるし，発達障害や精神疾患に関する知識や一定の対応を必要とする場合もある。

複雑に絡み合った問題・課題を解きほぐしていくには，「相談者の状態」をひとつの視点から眺めるのではなく多角的な視点で見ることが必要である。そこで，相談支援事業に携わる相談員には，できる限り多様な人材を用いることが有効であろう。異なる視点をもつ相談員がひとつの「困窮の状態」を見ることで，解決に向けたさまざまな可能性を見出しうるのである。

6　さらに総合的・包括的な支援を可能にする地域連携

相談支援事業の窓口には，あらゆる分野の相談が持ち込まれる。しかし，あらゆる課題を相談支援の窓口で支援員が解決できるはずもなく，また専門的能力のないまま，窓口が抱えてしまうことがあってはならない。

窓口だけで対応できない課題について，より広く多様な解決手段・方法論を考えうるため，また実際に手段・方法を実践していくために地域のさまざまな社会資源との連携が極めて重要である。

すでに述べたように，相談支援事業に持ち込まれる「困窮」の範疇はあまりに広い。それは困窮の概念の抽象性だけによるものではない。相談者自身が，自らの問題を分析し，適切な社会資源を利用して解決するということが困難だ

という事情が大きく影響している。

　たとえば，一般の相談者のなかで，弁護士と司法書士，弁理士，行政書士，社会保険労務士，税理士，公認会計士といった専門職の取扱う領域を理解し，だれに自分の相談をすればよいか，どの部分を対応してもらえるのか，使い分けることができる人がどれだけいるだろうか。困難なことは理解に難くないだろう。医療や介護にかかわる専門職や，各種行政の窓口や制度についても同様である。

　相談支援事業の一つの重要な役割は，このような縦割りの行政，縦割りの専門職，個別の民間サービスについて，相談者をその課題解決に相応しいものにつなげるための，コーディネーターとして機能することであろう。生活困窮者自立支援法は「縦割り行政に横串を刺す法律」であるといわれているが，そうであるからには，その横串は本来さまざまな行政サービスや細分化された各種社会資源を貫いていなければならない。その貫き方は，多種多様な社会制度や地域資源に（浅くとも）広く及んでいることが望まれるし，単なる机上の知識だけではなく現実にそれぞれの相談者をサービスにつなぐことのできるものでなければならない。したがって，相談支援員は常に，地域のさまざまな社会資源に積極的に交流して，知識を広げるだけではなく，それぞれの担当者と「顔の見える連携関係」をつくっておく必要がある。

　もっとも，どのような社会資源と連携することが有効か，あるいは重要かということについては，相談支援事業の取組みがどうあるべきかという「ビジョン」に大きくかかわってくる。なぜなら，積極的にどのような分野，業種，組織に対して，相談支援事業を説明して連携を求めていくかによって，そこを経由して来所する相談者がまったく変わってくるからである。

　筆者の所属する相談支援事業では，法施行に伴って最初に地域に多数ある地域包括支援センターすべてに対して生活困窮者自立支援法と事業の説明会を行い，チラシやリーフレット等を配布した。その結果，しばらくの間は高齢者の介護に携わるケアマネージャーや介護施設職員らから紹介されたという相談者が多く来所した。たとえば，介護の必要な老親と同居する息子や娘が介護費用を払わないために親が介護を受けられないとか，介護のために訪問する自宅には引きこもって酷い生活をしている子どもがいるといった相談である。

図表3-1　相談支援のしくみ

●支援を想定しながら相談を受ける
●支援につなげられる相談体制を構築していく

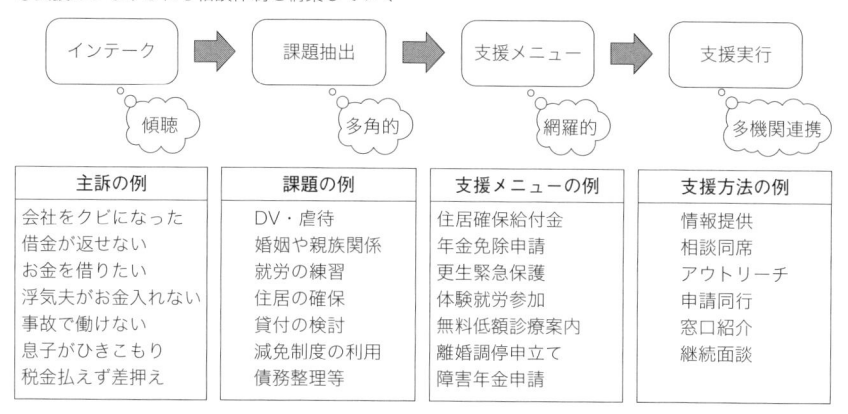

主訴の例	課題の例	支援メニューの例	支援方法の例
会社をクビになった	DV・虐待	住居確保給付金	情報提供
借金が返せない	婚姻や親族関係	年金免除申請	相談同席
お金を借りたい	就労の練習	更生緊急保護	アウトリーチ
浮気夫がお金入れない	住居の確保	体験就労参加	申請同行
事故で働けない	貸付の検討	無料低額診療案内	窓口紹介
息子がひきこもり	減免制度の利用	離婚調停申立て	継続面談
税金払えず差押え	債務整理等	障害年金申請	

出典：筆者作成

　また病院のソーシャルワーカーとの連携が必要と考えて関係するようになると，病院からの相談がどんどん増えるようになった。精神科医院から入院中の患者の退院後の生活確保の相談が増えたり，家族との関係が上手くいかないとか，金銭の管理に関する相談などである。もちろん医療費の支払いについての相談を受けることも多くあった。

　またあるときは，他機関から無戸籍の子の生活相談を受け，弁護士と協働してその支援を行ったところ，類似する戸籍関係の相談がいくつか続くことがあったり，在留外国人の相談支援に関わったところ，その後，生活相談のみならず，在留資格や入管関係の相談が多数寄せられるような状況になったりした。

　刑務所等の出所者に対する支援についてはモデル事業のころから少しずつ取り組んでいるが，現在では，各地の刑務所から帰住地での生活ができるように在所中から面談してもらいたいという相談が刑務所からあったり，仮出所してきた人の生活再建について，保護観察所や更生保護施設から相談や紹介をうけることも出てきている。

　どのような社会資源との連携を構築していくかということは，どのような相

談支援を行っていくかということと直結するものであり，結局は，相談支援事業の役割をどう考えるかという問題に帰着する。たとえば就労支援やそれに向けた就労準備・就労訓練事業を実効的に行うためには，地域の企業や NPO などとのさまざまな協力関係を構築することは有意義であろう。

　また最低限，生活支援を行う以上連携しておく必要があると感じるのは，無料低額診療を実施する医療機関，緊急の住居確保を可能にするための地域の不動産業者，緊急食糧の提供をしてくれる業者などであろう。

　もっとも始まったばかりのこの事業においては，地域でどのような需要があるのかをしっかりと把握するために，思いつくあらゆる方面に声をかけてみるのも悪くないかもしれない。

　自治体は，相談支援事業において何を目指して，どのような課題に取り組むのか，その課題解決のためにはどのような場所で，どのような相談体制を設けるのか。相談員にはどのような資質を求めるのか。そして相談支援事業と地域資源の連携をいかに進めて，地域課題を解決に生かしていくのか。生活困窮者自立支援法は，自治体の多様な取組みの可能性を実現させるための，自由度の大きな根拠法となりうることを多くの方に感じてもらいたい。

第4章

「働く」「働き続ける」を誰が支えるのか？

新しい就労支援のカタチ

西岡 正次

　「働くこと」「働き続けること」がかつてなく厳しくなっている。雇用関係の統計指標は堅調に推移しているかに見える。しかし，「労務倒産」が話題になる高齢者介護分野，子育て・保育の分野，飲食関係，観光・宿泊，ビルメンテナンス，農業やものづくり分野，とくに中小企業では人手不足が深刻になっている。地方都市をはじめ全国的に何十年ぶりかで有効求人倍率が1倍を超えたとニュースになっているが，求職者自体が減少していると言う。雇用システムを利用する人はなぜ減っているのか，人口の減少が影響しているだけだろうか。一方，2015年4月に生活困窮者自立支援制度が施行されるなど，生活保障の分野で改めて「就労支援」が見直されている。働きたくても思うように雇用労働市場に入れない，もっと力を発揮したいし働き続けたいと悩みを抱えた人が増えている。誰もが「働く」「働き続ける」ことができるような社会に向けて何が問題なのか，雇用システムが問題なのか，それとも「就労支援」が問題なのか，問い直してみたい。

1　「働く」「働き続ける」を支える仕組みの不全

　「働く」を支える仕組みと聞けば，誰もが雇用システム，身近なハローワーク（職業安定所），そして求人情報誌や就活支援などで馴染みの人材サービス業を思い起こすだろう。上がらない賃金や増える非正規雇用，一向に短縮しない労働時間，若年層や高齢層の失業率の高止まりなど，雇用システムの問題も山積している。こうした懸案が解決，改善されれば，雇用システムを利用して，私たちはそれぞれのキャリアを実現し伸ばすことができるだろうか。一方で，雇用システムを自力で利用できない，あるいは利用して思い通りの「働く」「働き続ける」を実現できない人が増えていると聞いて，その真意は理解され

るだろうか。実は「就労支援」という取組みは，ここから生まれている。

　わが国で「就労支援」に注目が集まったのはいつの頃からだろうか。2008年12月１日から翌2009年１月５日まで日比谷公園に開設された「年越し派遣村」の取組みは，記憶に新しい。そして「働く」をめぐる困難や生活保障の問題，貧困や格差の拡大を広く知らしめた。「就労支援」という言葉が普及する契機にもなった。その後，失業の増加，非正規雇用の広がり，生活保護受給者，とくに生活保護受給で「その他」世帯と区分される稼働年齢層の増加，離職とともに居住の不安を抱えた人に対する住宅手当の事業化などとともに，緊急の失業対策・雇用対策が矢継ぎ早に実施された。それら対策の中で，常に「就労支援の強化」が話題になってきた。

　就労支援は「働く」を支える仕組みの一つには間違いないが，その原型となる取組みは雇用システムや雇用・労働行政から生まれたのではない。「就労支援」という表現も雇用労働の分野からというより，福祉の分野から登場してきた。たとえば，生活保護の分野では「生活保護制度の在り方に関する専門委員会」報告（2003年）を契機に，それまでの「自立助長」から「自立支援」という方向に転換され，2005年から「自立支援プログラム」が始まる。同プログラムは「就労自立」「日常生活自立」「社会生活自立」という「３つの自立」に向けた支援を打ち出している。同じ年には母子・父子自立支援プログラム策定事業も始まっている。さかのぼれば，障害者の雇用促進や就労支援はもっと早く登場している。障害者雇用の分野は障害者雇用促進法のほか，障害者自立支援法から障害者総合支援法に至る中で大きく前進しているが，障害者の「働く」「働き続ける」は今も重要な政策課題の一つである。高齢者の労働参加を推進するシルバー人材センターもすでに身近な存在であろう。最近では，ニートやひきこもりといった言葉とともに，思い通りの就労や進路が実現できない，さまざまな困難を抱える若者の支援が話題になり，「子どもの貧困」対策では子ども・若者の支援とともに親や保護者の自立就労支援も課題になっている。ホームレス対策の中の就労支援，出所者等の就労支援，がん患者の就労支援など，就労支援への期待は広がるばかりである。

　わが国の就労支援は，国の政策や事業においても，また地域や自治体においても，年代別・対象別あるいは課題別・対象別と特徴づけられるように，「タ

図表4-1　広がる年代別・対象別の相談支援に付随する就労支援

高齢者支援 （シルバー人材センター等）	ひとり親支援	男女協働参画 （DV・就労等）
子ども・子育て支援 （貧困・虐待・保育等）	精神保健	在住外国人等支援
若者支援 （ひきこもり・新卒未就職等）	障害者支援 （精神・難病等）	ホームレス支援
発達障害	多重債務等	出所者等支援
自殺対策	廃業等事業整理	がん患者支援
非正規労働等	生活困窮者	生活保護受給者

出典：筆者作成

テ」（割り）の相談支援（の一部）として取り組まれてきた。年代別・対象別の事業やサービス提供とかかわって，「就労支援」と呼ばれる何らかの業務が実施されてきた。その対象分野は想像以上に広がっている。雇用システムへの期待が語られることは多い反面，改めて就労支援とは何か，その業務の役割や内容が問われることは少ないと言える。従来の就労支援は，年代別・対象別事業に付随するマイナーな業務なのであろう。雇用システムの事業を案内するパンフレット配布といった情報提供から，相談窓口を開設している場合，キャリア関係の専門人材を配置している，職業訓練メニューなどを用意している，そして職業紹介までカバーしている場合など，多岐にわたっている（図表4-1）。

2　ある自治体での就労相談から

　就労支援とは何か，その理解は行政や各種支援団体等の実務者，研究者の中でもまだまだ多様であるが，ここで，ある自治体の就労支援の取組み事例から，その対象や内容を検討してみたい。

図表4-2　自治体の就労相談・支援の仕組み（事例）

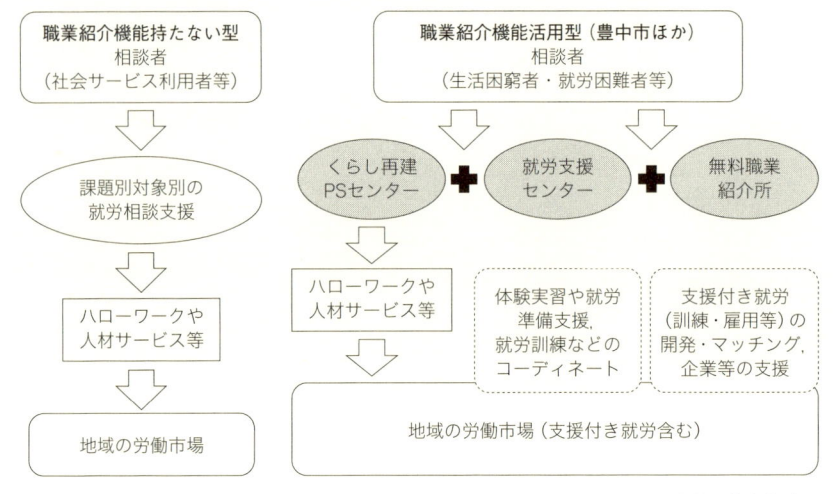

出典：筆者作成

　この自治体は，従来からある「タテ（年代別・対象別）」の就労支援をつなぐ形で相談窓口（以下「就労支援センター」という）を開設し，あわせて職業紹介も行えるようにしている（職業安定法に基づき無料職業紹介事業を厚生労働大臣に届出ている）[1]（図表4-2）。

■事例1　税等の滞納対応や生活保護受給等と一体となった就労支援

　就労支援センターを利用する相談者は電話等で面談予約して相談が始まる場合のほか，他の相談窓口から案内されてくる場合がある。この自治体の相談窓口のネットワークは広く，福祉や保健，子育て・教育などの窓口のほかに，税や保険などの納付窓口からも相談者が案内される仕組みになっている。

　事例1は，そのネットワークからつながった相談である。相談者は60歳代の専業主婦。税や保険の滞納の手続きがきっかけとなった。滞納が始まった背景は夫が疾病で失業したこと，同居の子も腰痛をきっかけに離職し10年以上働いていないなどの事情が重なっている。生活再生の見通しを妻の就労支援を中心に相談しながら，当面の生活を守るため生活保護の利用を検討し，その相談・

申請にも同行している。同時に就労支援を含む生活再生の見通しを税等の関係窓口に同行し伝えて，滞納の分納手続きなどを支援する。そして，妻の就労意向を踏まえて早期の就労（継続）が実現できるように支援プランを組む。専業主婦だったため職業経験がないという課題に配慮して，すぐに無料職業紹介所が管理する清掃職の求人から相談者にあった事業所を選び提案する。さらに面接同行も行い就職を実現している。相談者には就労後の定着支援を行うほか，生活再生を軌道に乗せるため家計相談支援なども行い，さらに子の就労相談もスタートさせている。

このように就労支援の業務範囲，関連するサービス等の調整業務は多岐に渡っている。

■事例2　経済的な困難とメンタルヘルスの課題を抱えて

40歳代男性で，約10年前に離職。精神科クリニックへの通院や家族の介護のために就労（準備）から遠ざかっていたが，家計が厳しく不安になってきたと相談に訪れた。就労への意向は強いものの，離職期間が長いこと，メンタルヘルスで必要な配慮を見極めることなどを想定して，適性や自己肯定感等も見ながら就労準備を段階的に進めることを検討，相談しながら，一方で家族の生活の維持を考えて生活保護の利用を提案する。しかし，家族の同意が得られず，生活保護の利用には至らなかった。そのため，就労支援のメニューを最優先で進めることになる。まず就労によるメンタルヘルスへの影響や就労条件を見極めるため，就労準備支援事業の一つ「花づくり体験」（種植えから苗を育てる3ヶ月間のプログラム）への参加を案内する。このプログラムへの参加は順調に進み，就労を支える生活習慣もできているとの判断から，継続した支援や配慮が期待できる障害者就労継続支援Ａ型事業所での就労を提案し，施設見学への同行や体験を経て，就業時間を調整しながら通所する（雇用される）こととなる。

■事例3　企業と連携した伴走型支援

就労希望で訪れた20歳代の女性の相談である。家族と同居で，メンタルヘルス面の困難を抱え，離職転職の経験が多いという背景である。相談の過程で

「手芸が得意」という手先の器用さに相談者の「強み」を発見し，ものづくり分野での支援メニューを想定し，就労準備支援事業（カバン縫製会社）での体験実習を提案する。プログラムに参加しはじめるが，現場では声も出せない状況で受入れ企業も当初困惑した。実習の受入れ経験が豊富な事業所であったこともあって，周りの人を気にせず一人で作業できる環境を整備してもらうなど，実習は継続することができた。相談者本人と受入れ企業，就労支援センターの三者で実習過程を振り返り，「就労訓練事業（中間的就労）」（非雇用型。3時間／日，週3日）にステップアップし，その後従事する時間を徐々に伸ばしながら，「就労訓練事業」（雇用型）に移行している。

■事例4　就労訓練で就労イメージを取り戻し，就労から生活保護脱出へ

　長期化した生活保護受給から脱却した40歳代男性の事例である。大学新卒で数年働いたのち離職，10年余り仲間と音楽活動をしていたが，グループの解散を契機に，家業を手伝いながら専ら親の介護に携わる生活になる。その後家業が廃業し，同時に世帯は生活保護受給に至る。受給期間中に200社余りの就職活動を行っていた。しかし就労には至らず，親の介護中心の生活を続けていたという背景である。職業経験が少なく，離職期間も長い，そのため職業イメージや目標が描けないまま自信を失くしている状態であった。「ものづくりの職人への夢」をつぶやいていたのを手掛かりに，企業実習（カバン縫製会社）の支援メニューを提案し，実習後も同じ会社で就労準備支援事業として6ヶ月間カバン縫製に従事する。三者のふりかえりで社長から「あと1年経験を積めば職人になれる」との言葉に自信を得て，引き続き就労訓練事業（雇用型）に移行する。生活再生のめどもたち，事業所の近くに住居も移す。生活保護を脱却し，40歳代と遅咲きながらカバンづくりの職人としてキャリアを開いた。

■事例5　「子育て」と「働く」，並行した相談支援と伴走型の就労支援

　母子家庭の母親で，保育所を利用する子が「発達の課題」等を抱えているため，子育ての不安から，就労準備が思うように進められないという相談である。保健所の相談支援を調整し，子育ての不安に対応し，保育所等の利用の見通しを立てながら，相談者が希望する介護職への支援プランを検討する。無料

職業紹介所が管理する求人から短時間就労を調整して紹介する。職場への定着支援を進める一方，子育てとの両立を図りながら，就業時間を週3日からさらに延長すること，資格取得をめざすことを次の目標にして支援を継続している。

■事例6　発達障害を受容し手帳取得。主治医と連携した包括的な支援へ

　40歳代男性で，発達面の課題に気づき，改めて「キャリアを開く」一歩を踏みだした相談である。手先の動作のほか，ものごとの優先付けなどの判断が苦手であった。また人間関係を作るのが不得手で，大学時代も単位取得等の手続きや相談ができないままに退学してしまっている。その後は短期間のアルバイトを繰り返し，最後に10年余続いたアルバイトも離職したという背景である。相談の過程で，学生時代からの自閉傾向等を振り返りながら，適性検査も利用して発達障害の傾向を理解し受け止めていった。支援プランは，障害者手帳を申請・取得することと並行して，生活再生の見通しをつけながら，就労をめざすことになる。しかし，生活の困難や就労への意欲などを主治医に伝えられず手帳申請の手続きが止まってしまった。そのため相談支援員が主治医との調整に入る。職場での困難さや生活障害の状況，手帳を取得した後の就労支援の方針を主治医に伝えたところ，一気に手帳の取得が進み，あわせて専門機関での職業訓練も実現し，新たなキャリアの一歩を踏み出した。

■事例7　企業実習から就労訓練（雇用型），そして正社員へ

　10年余りの離職ブランクを経て，思い通りの「キャリアを開く」ステップを歩み始めた30歳代男性の相談である。流通業で働いていたが，疾病で失職し10年余が経過。その間，就職活動はできていなかった。家族からの相談で支援がはじまる。家事を手伝うなど，生活習慣はしっかりしているが，ただブランクが長いこともあって職業イメージや目標が描けない状態であった。そこで職業イメージや適性を見極める支援メニューの検討から始め，相談を重ねる。まず企業実習（自治体独自）を案内して体力面や適性，意欲等を改めて確認する。その結果を踏まえ，就労訓練事業（雇用型）に参加することになる。そのジョブは店舗での品出し業務で，就業条件を週20時間から始めて，三者の振り返り

を続け，正社員をめざしてジョブの質や量，就業時間を延ばしている。

■事例8 「転職カフェ」で，ワークスタイルの見直しと再就職へ

　非正規雇用などの不安定な就労からキャリア・アップをめざす人向けに，同じような目的や悩みをもった人たちが集まり情報や体験等を交流する「転職カフェ」が定期的に開催されている。このカフェでは必要ならすぐに個別の相談支援が利用できる仕組みになっている。カフェから就労支援センターにつながった30歳代女性の相談である。企業向けの専門的サポートを行う事務所のスタッフとして働いていたが，自宅に帰っても仕事に対応するなど，24時間「仕事モード」というワークスタイルに疲れ，転職カフェを訪れた。そこでの交流や情報交換を経て，転職を決意し就労支援センターの個別相談に進む。仕事に集中してしまう傾向やワークスタイルを見直すため，就業時間がはっきりし，周りからの配慮も期待できる事務職（有期）を紹介し，ワークスタイルを振り返りながらキャリア・プランを見直すなど，転職支援を継続している。

■事例9 大卒後の就活「漂流」から，新しいキャリアを求めて

　大卒後に思い通りの就職が実現できず，「漂流」状態だった20歳代男性の相談である。大卒後5年，就職活動の結果が出ずに迷っていたとき，自治体が主催する合同面接会に参加して，「介護事業所がいいか，障害者の支援事業所はどうか，食品製造は……」と迷っているとき，就労支援センターの相談支援員に「希望の職種や企業はある？」と声をかけられたことがきっかけで，個別相談に進む。職業イメージや適性，「強み」を発見すること，何より職業経験を積むことをめざして相談を繰り返す。訓練付き就労などで職業経験を積む支援メニューの検討から始まり，働き（生産に従事し）ながら農業を学ぶという1年間のプログラムを利用することになる。1年後，農業を継続する自信ができたと，地元では雇用による農業に就くことが難しいので，農業が盛んな地域の農業生産法人を選んで就職活動を行い，農業での就職を実現させた。

■事例10 介護職10年。メンタル・ダウンを契機に，キャリアを見直す

　メンタル・ダウンを契機にキャリアの再構築をめざした30歳代男性である。

福祉系大学を卒業して高齢者介護施設に就職し，順調に経験を積み介護福祉士の資格取得を目前に，メンタル・ダウンで離職した。介護職に未練はあるが，「またダウンしたら……」と就労相談に訪れた。医師からは「（病状が）安定してきたので，仕事のことも考えては……」と励まされるが，めざす職業イメージがはっきりしないし，都会で働く不安も強く，悩んできたとき，就労支援センターが案内する「高知県の生産法人で農業インターンシップ」の新聞記事を見て，相談利用を思い立ったという。3週間の農業インターシップは心身ともに良い刺激となり，同生産法人から継続して働かないかと誘われ，大阪と高知が想像以上に近かったこともあり，農業生産法人への就職を決める。農業を一生の仕事にできるか今はまだ考えられないが，初めて経験するものづくりの仕事を大事に，ここから自分のキャリア・プランを見直しはじめている。

　今紹介した事例から，「働く」「働き続けること」の困難やその背景が多様であること，さらにその支援の一端が理解できたと思う。しかし，ここで展開されている支援は，後述するように従来の相談支援では見られなかった就労支援のかたちである。

3　就労支援から見える相談者──なぜ，雇用労働市場に入るのが困難か

　就労の相談支援の事例を10例見たが，相談を利用した契機，その背景や主訴等はさまざまである。これら相談者が抱える困難や背景について，3つの角度から考えてみたい。

　1つ目は，就労支援の相談者の背景にある収入・所得の不安である。

　職を失う，店舗や事業所が廃業になるなどに直面して，新たに収入・所得を得る手立てを探すが，見通しがつかない。そんな状況で相談に訪れたのが事例1や2，4，5，6であろう。日常生活の維持がままならない，所得が低い，収入が断たれたという困難を抱え，「働く」ことによる生活再生をめざして就労支援につながっている。事例3や7，9は，家族（親）等の所得に支えられて経済的な困難は現れていないが，将来への不安や経済的なリスクは高いと言える。事例10も再就職への不安とともに，経済的なリスクも迫ってきている事

図表 4-3 相談者が抱える 3 つの背景・困難等

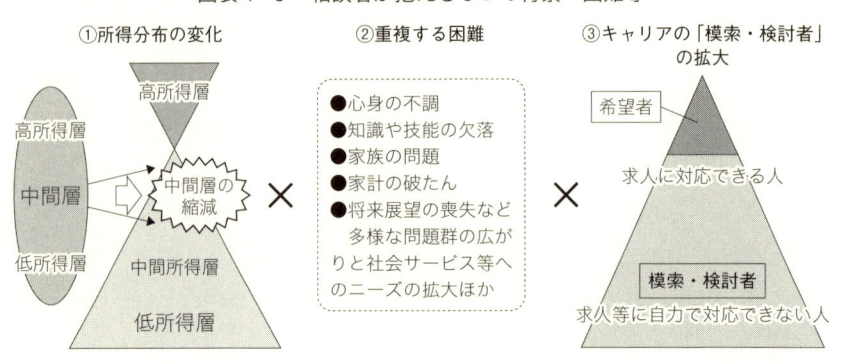

①所得分布の変化　②重複する困難　③キャリアの「模索・検討者」の拡大

出典：筆者作成

例であろう。

　就労支援につながる背景の一つとして，所得が低い，収入が断たれるという困難や不安がある。しかし，拡大する低所得層が就労支援に，とくに自治体等の相談につながっているかというと，つながっていない人が多い。そんな中には求人を手掛かりに厳しい就活に挑んでいる人，あるいは非正規雇用でいつ職を失うかという不安や何度も繰り返さなければならない就活の負担，低い収入や上がらない賃金などに耐え，将来について悩みつつも現状に我慢あるいは諦めている人，身近に頼れる相談者や窓口が見当たらないと思案している人などは多いだろう（図表 4-3 の①）。

　平成25年度から実施されている臨時福祉給付金[2]の支給によって，所得が低い層がどれだけ広がっているかが明らかになった。支給対象は，住民税の非課税世帯（生活保護利用者等は除く）である。自治体間で支給実績に差が見られるが，人口の概ね 5 分の 1 から 4 分の 1 の規模になっている。この数字に生活保護受給者等を加えれば，収入・所得面から判断して，生活支援や就労支援が必要になっている，あるいは早期に相談支援を利用してそれぞれの生活再生や就労，キャリア・アップをめざしてほしい対象がどれほどの規模に上るかが推測される。自治体が提供する年代別・対象別の社会サービスの利用者を合算したとしても，この数字には及ばないであろう。臨時福祉給付金の給付対象がすべて相談支援の対象になる訳ではないが，少なくとも収入・所得面から考えると

相談支援を早く利用してほしい層，経済的なリスクをもっている層が増加していると言える。

　不安定で低賃金が指摘される非正規雇用の拡大や，高齢者や若年者の失業率の高止まりといった指標は，地域の雇用労働市場の不全感を端的に示しているが，低所得層の拡大とそれ対応する就労支援の未整備が作り出す世界がここにあり，雇用労働市場のもう一つの不全感を物語っていると言える。

　2つ目に，就労支援から見える相談者の背景には収入・所得の困難のほかに，さまざまな背景・要因が複合していることが多い（図表4-3の②）。

　生活困窮者自立支援制度が検討される中でも，「生活困窮の要因の多様化と複合化」が指摘された。主な要因として「リストラ・倒産・失業」「不安定就労」「多重債務」「病気や障がい」「住居不安定」「家出」「DV・虐待・親からの分離」「学校中退」「学校や職場でのいじめ」などが議論され，その社会的な孤立状態に注目が集まった。関連する自治体向けアンケートで，支援対象と考えている対象者像として回答が多かったのは，順に「生活保護ボーダー層（保護の要件にあわないなど）」「生活保護受給者のうち就労可能層」「ニート・ひきこもり」「障がいボーダー層」「公共料金滞納者」「ひとり親」「障がい者」「高校中退者・中高不登校者」「就学援助制度における準要保護世帯」「DV」「ホームレス」「依存症」「矯正施設出所者」「外国人」などとなっている。

　「心身の不調，知識や技能の欠落，家族の問題，家計の破たん，将来展望の喪失など，多様な問題群に包括的に対処する」ため，「いわゆる縦割り行政を超えて，地域において多様なサービスが連携し，できる限り一括して提供される条件が必要である。他方において，自立を困難にしている要因群は，その人ごとに異なったかたちで複合している。……それぞれ事情や想いに寄り添いつつ，問題の打開を図る個別的な支援」（平成25年1月社会保障審議会生活困窮者の生活支援の在り方に関する特別部会報告書）が必要であり，「できるだけ早期に対処することが支援の効果を高める」ことを提起している。さらに従来からの年代別・対象別の相談支援では効果的な支援ができないとして，「包括的・個別的」かつ「早期発見・早期支援」へ，相談支援の在り方を転換することをめざすとされた。言い換えれば，従来の「タテ」型の相談支援のあり方もまた，雇用労働市場の不全感につながる原因であったと言える。

相談者の背景に見える3つ目の要因は，キャリアの形成過程に現れる困難である（図表4-3の③）。

　先にあげた事例すべてに共通していることは，職業経験が少ない，離職期間が長い，離職転職の頻度が高い，職種の転換が問われているなどの事情を抱えながら，自身の職業イメージや目標，適性等を見極めている途上にいること，「キャリアを模索・検討中」の段階にあることによる困難である。

　たとえば，大学新卒で就職したが思うように仕事が続けられず離職，その後働きたいという思いをもちつつ5年間，10年間，親元で暮らし就労準備にすら動き出せないといった若者の相談は珍しくない。疾病等で離職期間が長くなり，元の職種や仕事への復帰が難しく職種転換が必要な中高年齢者等の相談なども多い。自治体の就労支援を利用する人にはこうしたキャリアを「模索・検討している」段階，思い描くキャリアを開くことに不安をもっている相談が多い。言い換えれば，この段階では求人（情報）に自信をもって反応し難いのである。求人票を選びうまく就職できたとしても，めざす職業イメージや適性等が整理できていない，あるいは自尊感情や自己肯定感が低いなどの事情が影響して，自身の働きぶりを自ら評価できずに，「（上司や同僚から）評価されていない」「役割が認められていない」などと否定的に認識してしまい，誰にも相談できないまま離職してしまう，そんなケースも少なくない。

　従来の年齢別・対象別に行われてきた就労支援の多くは，「求人（雇用システム）に直ちにつなぐ」が一般的な支援スタイルである。障害者の就労支援などでは，独自に求人を開発し，事業所における環境整備なども行う先進的な取組みや「ジョブ・コーチ」といった職場における支援も工夫され発展してきているが，他の分野では「求人につなぐ」「一般就労がゴール」という「シュウカツ」的内容の支援が一般的である。ひとり親等の対象別の相談支援では，職業訓練等の受講助成なども行われてきたが，これらも「求人（雇用システム）につなぐ」支援の一つとして運営される場合が多い。雇用システムによる職業相談や失業者対策（公共職業訓練，職業紹介等）は，自立した（就労阻害要因をもたない）求職者を前提としている。**図表4-3の③**に示すように，めざす職業イメージや目標，適性等の整理がある程度できている「キャリア（形成の）希望者」と考えられる層である。

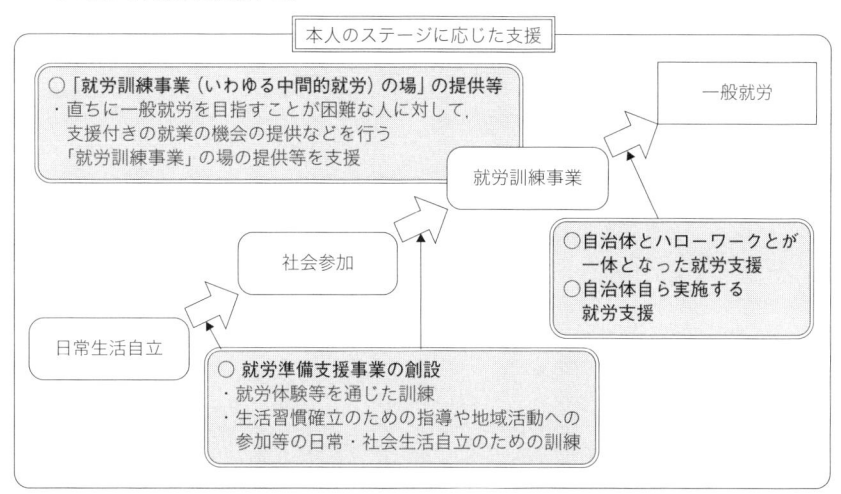

図表 4 - 4 　（資料）就労に向けた支援の充実・強化

◎就労準備支援事業の創設，就労訓練事業の場の提供の推進等により，本人のステージに応じたきめ細かな支援策を実施する。

本人のステージに応じた支援

○「就労訓練事業（いわゆる中間的就労）の場」の提供等
・直ちに一般就労を目指すことが困難な人に対して，支援付きの就業の機会の提供などを行う「就労訓練事業」の場の提供等を支援

就労訓練事業

一般就労

○自治体とハローワークとが一体となった就労支援
○自治体自ら実施する就労支援

社会参加

日常生活自立

○ 就労準備支援事業の創設
・就労体験等を通じた訓練
・生活習慣確立のための指導や地域活動への参加等の日常・社会生活自立のための訓練

 法により，これまで支援が十分されてこなかった層への就労支援が充実する。各種就労支援は，生活困窮者の多くが自尊感情や自己有用感を喪失し，次のステップに向かうことができなくなっている状況にあることを踏まえ，その回復・醸成を図りながら行う。（厚生労働省：説明資料から）

　事例で紹介したように，新しい就労支援の取組みでは，直ちに求人につなぐような荒っぽい支援は行われない。それぞれの「キャリア（形成）を開く」支援として，「実際の働く現場で職業経験，あるいは就労への自信をつける」「働く体験と生活習慣の改善等を一体で進める」「職業適性や対人関係の課題を働く現場で見極める」「自身の強み（ストレングス）等の適性を発見する」といった支援の目的を明確にし，それらの支援のプロセスの中で職業紹介によるマッチングが行われ，さらに雇用された後においても定着過程の支援や見守りなどが行われることもある。

　こうしたキャリア形成のプロセスをカバーする相談支援が今，問われている。今回，生活困窮者自立支援制度において，就労訓練事業（中間的就労）や就労準備支援事業，就労支援員の配置による支援など，支援メニューやコンテンツの開発に向けて，新しい制度整備等が進んだ意味は大きい。

　「キャリアの模索・検討」段階に対応した相談支援が機能していなければ，

当然雇用労働市場への参加が滞り，市場の不全感につながる。「学校から仕事へ」のプロセス，離転職に伴う再就職のプロセス，職種転換による再チャレンジのプロセス，そして先に見た経済的な困難や福祉医療等のサービスを利用しながら就労や就労継続をめざすプロセスには，「キャリアの模索・検討」に配慮した相談支援が問われるが，これまでは「カウンセリング」を超える支援にはならなかったのではないか。言い換えれば，年代別・対象別のサービス提供や相談支援における就労支援は，キャリア形成のプロセスに個別的に応えることはなく，カウンセリング・ルームにおける対応や「求人につなぐ」支援に解消してきた傾向が強いと言える。就労面以外の必要なサービスは調整され提供されてきたにもかかわらず，「求人につなぐ」就労支援が相談者が抱えていた困難や病状などをかえって悪化させてしまうことすら見られた。

　相談者の背景や要因から見える困難群を 3 つに分類してみたが，それぞれが複雑にからみ影響しあいながら，より厳しい状況を引き起こしていることも多い。また非正規雇用などの不安定な就業で収入が増えないなど，本人が思う通りのキャリアを開くチャンスに出会えていないといったケースなどでは，公的な社会サービスの相談につながることは少なく，また社会サービスの窓口から生活困窮者自立支援制度の相談窓口などにつながってくることも少ないだろう。公的な社会サービスは調整・提供できたが，従来通りの「求人につなぐ」支援を通じてうまく就職はできたが，再び心身の健康の不調を招いてしまうなどのケースは，就労支援のあり方が問われるケースであろう。[3]

4　新しい就労支援が用意する「支援を利用して『働く』」世界へ

　生活困窮者自立支援制度等による自治体の就労支援は，「求人につなぐ」支援から「支援付き就労（就労訓練事業〔中間的就労〕や就労準備支援事業ほか）」による包括的・継続的・段階的な支援，「キャリアを開く」支援に変化し，拡張しつつあると言える。新しい就労支援は，地域の雇用労働市場を支える雇用システムとどのような関係にあるのか。自立相談支援を利用する相談者（相談にはつながっていないリスク層も含め）には，キャリアを「模索・検討中」の人が多く，その行動の特徴を「求人に反応できない」「求人を頼りに自力で就職活

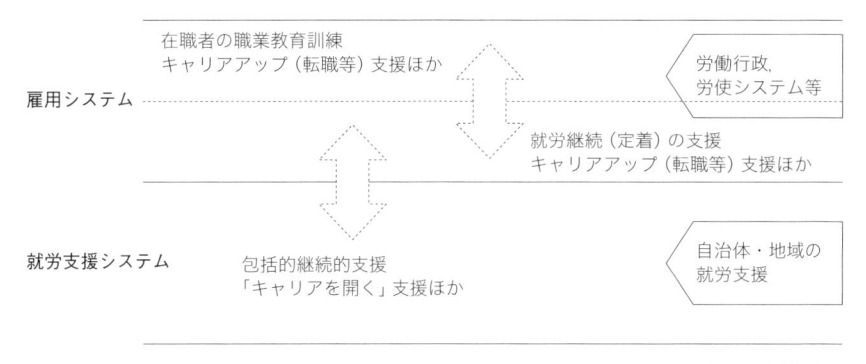

図表 4-5　就労支援と雇用システムの関係①

雇用システム

在職者の職業教育訓練
キャリアアップ（転職等）支援ほか

労働行政，
労使システム等

就労継続（定着）の支援
キャリアアップ（転職等）支援ほか

就労支援システム

包括的継続的支援
「キャリアを開く」支援ほか

自治体・地域の
就労支援

出典：筆者作成

図表 4-6　就労支援と雇用システムの関係②

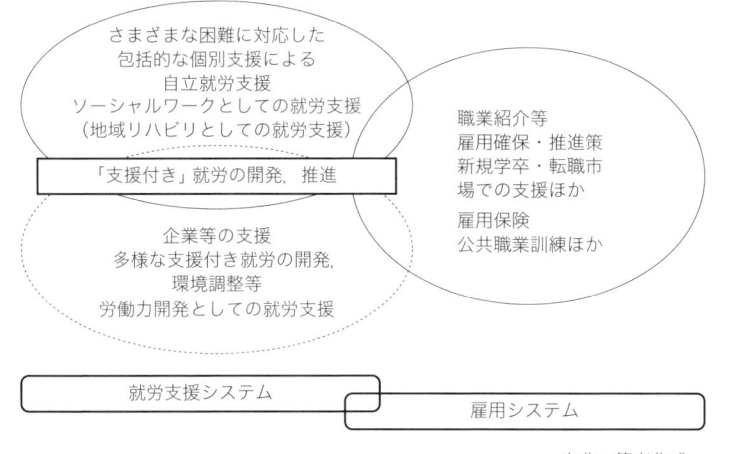

さまざまな困難に対応した
包括的な個別支援による
自立就労支援
ソーシャルワークとしての就労支援
（地域リハビリとしての就労支援）

「支援付き」就労の開発，推進

企業等の支援
多様な支援付き就労の開発，
環境調整等
労働力開発としての就労支援

職業紹介等
雇用確保・推進策
新規学卒・転職市
場での支援ほか

雇用保険
公共職業訓練ほか

就労支援システム

雇用システム

出典：筆者作成

動をすること，継続した就労を実現することが難しい」人と表現したが，この
層が増えると，求人（情報）と求職者で成り立っている雇用システムの利用に
悪影響を及ぼすことになる。最近，有効求人倍率が久しぶりに 1 倍を超えたこ
とが話題になっているが，人口減少もあるが求職者の減少が影響している。こ

れまでの雇用対策は，主に雇用を守ることと，仕事（求人）をつくることに主眼に進められ，並行して職業訓練等が推進された。しかし，求人（仕事）に反応しない人が増えることによって，求職者が減少するなんてことを想定したものではなかった。

「働く」「働き続ける」不全感を払しょくするには，自力では（何らかの相談支援なしには）雇用システムの利用につながらない人を対象にした新しい就労支援が問われている。自尊感情や自己肯定感を回復させながら地域の雇用労働市場に入り，活躍できるように支援することであり，雇用システムを利用してキャリア・アップが進められるように支援することも含まれる。就労を希望する人から見れば，支援を利用しながら『働く』こと，「支援付き就労」という選択肢とそのプロセスが「働くこと」の標準の一つとなることであろう。そのためには，就労の相談支援の体制があることと，「支援付き就労」を通じて「多様な人材」を受け入れ，戦力化できる企業等を増やすことが必要であり，多様な人材に支えられる地域経済の仕組みを育てることが同時に問われている。

これが含まれた就労支援政策のガバナンスは，これまで展開されてきた「福祉から就労へ」や「福祉と労働との連携」等の延長線上で可能だろうか，今問われている。「福祉から就労へ」等が提起されて久しいが，そこには今問われている就労支援のガバナンスは介在していなかったと言える。「福祉」は就労支援を雇用システムに期待し，求人につなぐことに腐心した。「労働」は多様な就労阻害要因を理解せず，「阻害要因がない」対象者を選考し求人や訓練等につなぐ支援に腐心し，さらに「メンバーシップ型労働社会[4]」を前提にした「就職支援」にこだわってきたのではないだろうか。生活困窮者自立支援制度の可能性と課題は，新しい就労支援を機能させること，「支援付き就労」の可能性を広げること，新しい人材・労働力開発をめざすこと，すなわち地域の雇用システムの不全を解決することであり，地域経済を活性化させることにある。そして，その担い手として，改めて自治体や地域の支援団体に期待が高まっている。ここに，自治体が生活困窮者自立支援制度を地域政策の一つとして展開すること，あるいは地域政策の中で活用する可能性があり，誰もが「働く」「働き続ける」可能性を広げる「支援付き就労」という，地域のもう一つ

の「働く」システムを展望できるのではないだろうか。

1) 地方公共団体の無料職業紹介事業　2004年の職業安定法の改正によって，地方公共団体が行う無料職業紹介事業について，厚生労働大臣への届出で実施可能になった。なお，2016年の同法改正によって，地方公共団体の無料職業紹介事業は届出も廃止されている。

2) 臨時福祉給付金　消費税率の引上げ（平成26年4月）による影響を緩和するため，低所得者（市町村民税〔均等割〕が課税されない人が対象）に対して，制度的な対応を行うまでの間の暫定的・臨時的な措置として支給される。この事業によって，非課税の人・世帯という層の規模が初めて明らかになった。

3) 行財政改革が進められてきた自治体においても職員の非正規化（嘱託職員等）が進んでいる。年代別・対象別サービス給付にかかわる業務の中だけでは多様な相談ニーズを発見する機能，あるいは関連する相談支援との調整機能などが看過される恐れがある。研修等の人材育成のほか安心して従事できる待遇の改善や庁内外連携の整備などが課題となっている。

4) メンバーシップ型労働社会　メンバーシップ型労働社会・ジョブ型労働社会に関する論考は，濱口桂一郎 2009「新しい労働社会──雇用システムの再構築へ」岩波書店，同 2014「日本の雇用と中高年」筑摩書房，同 2015「働く女子の運命」文藝春秋などを参照。

地域をつくる

第 5 章

見えない子どもの貧困をどのように支えるか？

学校のあり様を変える

山野 則子

1 国の動き——貧困対策，そして中教審答申

■子どもの貧困対策の動き

　子どもの貧困対策を総合的に推進するために講ずべき施策の基本となる事項その他事項を定めた「子どもの貧困対策の推進に関する法律」が，第183回国会において成立し，2014年1月に施行された。これを受けて，政府が定めるべき大綱について，子どもの貧困対策に関し優れた見識を有する者等の関係者の意見を聴取し，その案の作成に資するため，子どもの貧困対策に関する検討会が立ち上がり，2014年8月「子供の貧困対策に関する大綱」が出された。貧困の世代間連鎖の解消と積極的な人材育成，子供に視点を置いた切れ目のない施策の実施，子供の貧困の実態を踏まえた対策の推進，子供の貧困に関する指標を設定しその改善に向けて取り組む，など4点を中心に方針が明記され，教育の支援，生活の支援，保護者の就労支援，経済的支援が打ち出された。学校を中心にした施策として，学校プラットフォームという言葉も打ち出された。

　ちょうどこのころ，生活保護法の一部を改正する法律が生活保護費の不正受給や受給者増加などに対応するとして，生活保護扶助基準の引き下げなど子育て世代にもたらす影響など懸念が言われながら，2013年12月に生活困窮者自立支援法と共に成立した。施行は2014年7月（一部は2014年1月）からであった。つまり生活保護法の見直しとともに子どもの貧困対策が検討されていた。しかし，子どもの貧困対策の検討会では生活保護法の動向がしっかり説明されたり議論されることはなかった。子どもの貧困対策の話は，当時の下村博文大臣の思いもあり，文部科学省に重心が置かれている感が強かったといえよう。

　大綱策定を受けての動きを紹介する。2015年3月に文部科学省生涯学習政策局と初等中等教育局から各自治体の首長と教育長に「生活困窮者自立支援制度

に関する学校や教育委員会等と福祉関係機関との連携について（通知）」として，「子どもの貧困対策の推進に関する法律」「子供の貧困対策に関する大綱」の方向性に触れながら，新制度を所管する福祉部局等との連携を積極的に進め，所管の学校，域内の市町村教育委員会および関係機関等に周知徹底するよう通知している。同時に厚生労働省から同じ内容の「生活困窮者自立支援制度と教育施策との連携について（通知）」が各首長に出されている。

　このころ，文部科学省や政府では，相次ぐ悲惨な少年事件が生じたこともあり，貧困や福祉的な視点について，大臣レクや省内勉強会，中央教育審議会（以下，中教審）作業部会，総理官邸で開かれた「子供の未来応援国民運動」発起人集会，さらには教育再生本部会議などで複数回学ぶ場を作っていた。

■文部科学省中央教育審議会の動き

　そして文科省の議論において子どもの貧困対策とも関連する学校のあり様についての議論がなされた中教審について少し触れよう。2014年7月，教育再生実行会議「今後の学制等の在り方について」（第五次提言）を受けて中教審初等中等教育分科会の下に「チームとしての学校・教職員の在り方に関する作業部会」が開始されていた。

　さらに，2015年3月，教育再生実行会議の「『学び続ける』社会，全員参加型社会，地方創生を実現する教育の在り方について」（第六次提言）を受けて，文部科学大臣は中央教育審議会に対し諮問を行い，初等中等教育分科会の下に「地域とともにある学校の在り方に関する作業部会」，生涯学習分科会の下に「学校地域協働部会」を設置し，初等中等教育局と生涯学習政策局が合同会議としてかなりの議論を重ねた。その際にもうひとつの「チームとしての学校・教職員の在り方に関する作業部会」も含む3つの部会によって，さまざまな角度から学校のあり様，学校を支える地域のあり様が議論された格好である。3部会合同会議とはならなかったが，議論の末，最後に「チームとしての学校」と「学校と地域の効果的な連携・協働推進体制」の関係図が示されたことの意義は大きい。そして，同年12月「これからの学校教育を担う教員の資質能力の向上について　～学び合い，高め合う教員育成コミュニティの構築に向けて～（答申）（中教審第184号）」，「新しい時代の教育や地方創生の実現に向けた学校

と地域の連携・協働のあり方と今後の推進方策について（答申）（中教審第186号）」を提出した。これらの答申は，今までの学校の概念を超えるものであり，この協働した案は，ある種，子どもの貧困対策で出された学校プラットフォームにも関連するものともとらえられる。地域と共にある学校，チーム学校，地域学校協働という考え方など，子どもや家庭にとって支援が身近に可能になる学校のイメージとも関連する。

2 子どもの貧困とは

　子どもの貧困とは何か，まずはここを明確にしておきたい。今，多く用いられているのは，その国の貧困線（等価可処分所得の中央値の50％）以下の所得で暮らす相対的貧困の17歳以下の子どもの存在および生活状況を指している。OECD や厚生労働省調査の貧困率には等価可処分所得の中央値の50％が使用されているが，絶対的なものではなく，EU は公式の貧困基準のひとつに中央値の60％を使用している。子どもの相対的貧困率については，発表主体，統計利用データ年次によって変動する。

　内容的には，タウンゼンドの定義を元に Child Poverty Action Group（CPAG）[1]が示している，①所得や資産など経済的資本（capital）の欠如，②健康や教育など人的資本（human capital）の欠如，③つながりやネットワークなど社会関係資本（social capital）の欠如，の３つの資本の欠如・欠落[2]，以上を基本的な枠組みとしてとらえられよう。日本では，貧困を「飢え」や「住宅の欠如」など「絶対的貧困」レベルで理解する傾向があるが，国際的には，貧困は相対的に把握されるべきものと理解されている。

　つまりメディアで示される実態は，意図しているかどうかにはかかわらず，重篤な実態をセンセーショナルに刷り込み，受け手に他者化[3]を進めることにもなり，そして貧困はカテゴリー的なアイデンティティが構成されることが難しいため[4]，自身が自覚しないことも生じる。しかし，この３つの欠如は本人の気づきにかかわらず身近に存在している。どのくらいの子どもたちがこれらの欠如状態であるのかつかむ必要があり，その結果，どこに重点的にどんな施策を打つべきかを合わせて検討すべきである。

このような貧困の概念から表面化のしにくさの課題，とくに学齢児に焦点化して論ずる。つまり，貧困概念と合わせて3つの欠如のうち②③を中心に論ずる。

3　子どもたちの実態——貧困は見えない

■表面化する子どもの課題の背景と連鎖

　先に述べたように，少年事件等の視点からも考えたい。現在の状況では，少年事件，児童虐待事件が報道されると，どうしても子ども中心に見て，親の放任の姿が明確に示され，批判的な報道になる。目に見える暴力行為，虐待行為，不登校，いじめという現象に注目がいき，その背景にある貧困にはなかなか視点が及ばない。そういう視点で見直してみるとさまざまな報道された事件はどうであろうか。生活保護申請中の経済的問題，転居したばかりの社会的孤立，親子ともに学校の中退や休みがちだった事実など見えてくる。

　もう少し正確に数字で追ってみる。日本全体では，2014年に，2012年子どものいる家庭の相対的貧困率が16.3％と報告され，沖縄県では2015年実態調査から29.9％と報告されている。また就学援助率も多い地域では4割にのぼるが，平均は子どもの貧困率と同じくらいの数値である。つまり6人に1人，多い地域では3人に1人が経済的に苦しい状況にあるといえる。また別の視点で，厚生労働科学研究では，2004年4ヶ月児をもつ親のうち近所の人と世間話をすることがないという親が3分の1ほど存在すると報告されてから，すでに10年以上になり，当時の子どもは中学生になる。つまり義務教育以下の年齢の子どもたちはほぼこのような環境で育ってきたといっても過言ではない。これらから貧困も孤立も決して特別な家庭とは言えない数値であることをまず認識すべきである。問題は，その家庭が外から見えないことである。言い換えると誰も自身のことと思っていない可能性がある。

　さらにこの状況は，子どもどころではない生活に追われたり，今までは簡単に子どもの状況が確認できたり，助けられたりした近所での交流がなくなり，過度に不安になったり，ということを表す。結果，子どもと親のちょうどいい距離を取るのが難しくなっている。育児不安がそのまま不適切な養育に関連す

るという結果⁶⁾，少年院など非行を犯した少年の入所施設のなかで児童虐待を受けた経験のある少年が7割に及ぶ⁷⁾ように児童虐待が非行に関連していく。また，ネグレクトが不登校に30％ほど関連していく⁸⁾と指摘されている。つまり貧困や孤立が児童虐待を生み，児童虐待の結果，現象として不登校や非行，いじめといった問題行動に発展する。さらにこうして学校から遠くなる子どもたちの学力は低くなる。そして貧困が繰り返されることになる。

■ 学力と貧困による実態

　学力について，経済的な背景との関係を見てみよう。社会階層の違いと勉強時間と学力をみた調査によると⁹⁾，社会階層が高い家庭の勉強時間0時間の子どもと，社会階層の低い家庭の最も勉強している子どもの学力を比較したとき，社会階層の高い勉強時間0時間の子どものほうが学力が上であった（図表5-1）。「やればできる」と子どもを励ますことが真実ではないことになる。子どもの努力だけでは超えられない，学力は個人の努力ではなく社会の問題であることが明白になった。

　では，何が学力に影響を与えているかというと，家庭の中では読書活動，生活習慣に対する働きかけ，親子のコミュニケーションとなっている。最も影響を与えるのが読書活動で，次に生活習慣の働きかけという順になっている。現在，約2％の子どもたちは本がない¹⁰⁾ことも意識すべきであろう。気軽に本に触れる環境にない子どもたちが存在する。これは次のステージに向けて格差となる可能性となってしまう。たとえば，ある自治体の高校生への学習支援に参加している保護者と子どもへの調査では（図表5-2），小さいころに読み聞かせを行った保護者の子どもほど家庭学習をよくするという回答であった。また生活面では，保護者が朝食を一緒に取っている子どもほど宿題をやっている，朝起こされなくても起きるという結果であった。これらは先述した調査の結果にある，読書や生活環境への働きかけが学力に影響していくことを支持するものであった¹¹⁾。

　同じく生活保護世帯の学習支援における高校生である子どもと保護者へのアセスメントにおいて，「子どもが教師とのコミュニケーションをどのくらいしているか」，「学校行事の参加度はどのくらいか」など子ども・保護者の両者に

図表5-1 社会経済的背景別，学習時間と国語Ａ正答率の平均値（小６）

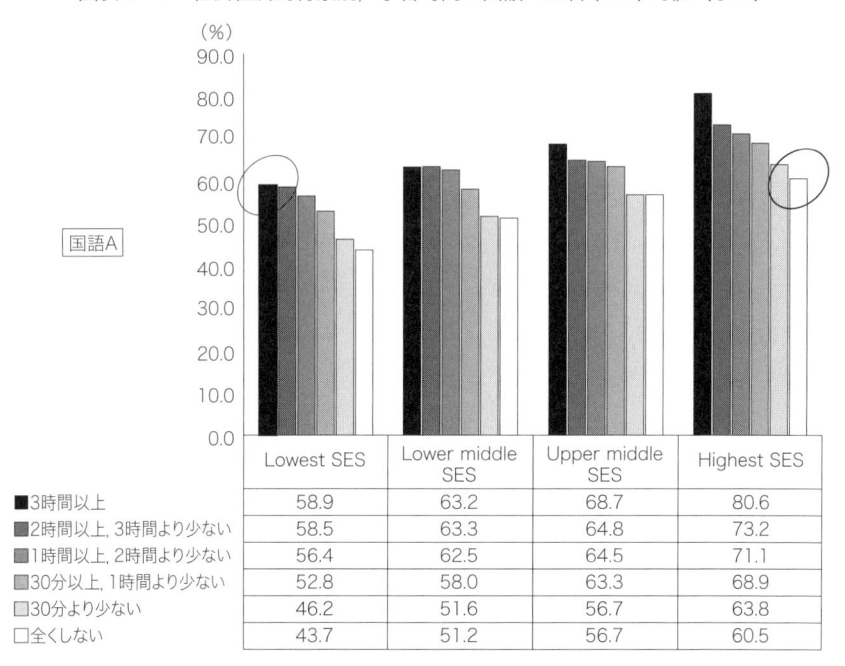

	Lowest SES	Lower middle SES	Upper middle SES	Highest SES
■3時間以上	58.9	63.2	68.7	80.6
■2時間以上, 3時間より少ない	58.5	63.3	64.8	73.2
■1時間以上, 2時間より少ない	56.4	62.5	64.5	71.1
■30分以上, 1時間より少ない	52.8	58.0	63.3	68.9
■30分より少ない	46.2	51.6	56.7	63.8
□全くしない	43.7	51.2	56.7	60.5

縦軸は，学力スコア：国語Ａ問題の正答率である。横軸は，SES の４つのカテゴリーに区分したもの（Lowest, Lower middle, Upper middle, Highest），棒グラフは児童の普段（月〜金曜日）の学習時間（学習塾や家庭教師含む）である。
※ SES とは，「家庭の社会経済的背景」のことで，この調査では，３つの変数（家庭の所得，父親学歴，母親学歴）を合成し，得点化したものである。
出典：文部科学省委託研究『平成25年度全国学力・学習状況調査（きめ細かい調査）の結果を活用した学力に影響を与える要因分析に関する調査研究』国立大学法人お茶の水女子大学88頁を一部改変したもの

行った同じ質問が子ども・保護者ほぼすべて同じ回答であった。にもかかわらず，将来の夢を聞く項目には，子どもは75％ほど希望をもっているのに保護者は50％と下がってしまう[12]結果であった。このことは，生活保護世帯において前者は子どもの価値観が親の影響を非常に受けることを指し，後者は親が子どもの将来に希望をもてていないことがうかがえる。

　冒頭の話に戻すと，経済的問題から，保護者が２ヶ所で働くなどと忙しく，家庭の中での子どもへの接触つまりケアが当然少なくなってしまう。子どもたちが，十分ケアがなされないことによって，ストレスを抱え他者を攻撃し，暴

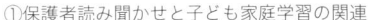

図表 5-2　保護者の関わりと子どもの学習

①保護者読み聞かせと子ども家庭学習の関連

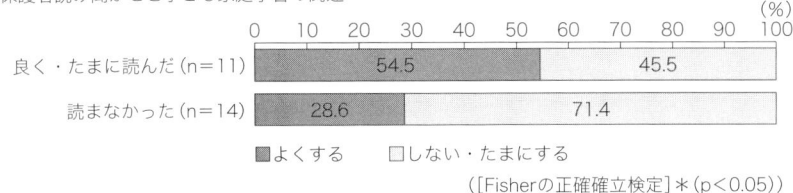

②保護者と朝食と子どもが宿題をするの関連

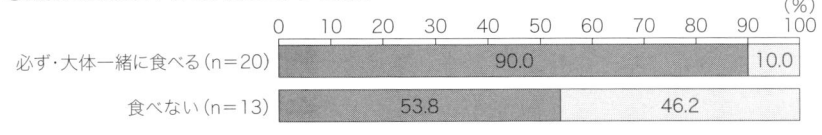

（[Fisherの正確立検定]＊(p＜0.05)）

出典：新たな生活困窮者自立支援制度のあり方等調査研究（2015）

力やいじめ，学級崩壊へと発展する，あるいはターゲットにされる可能性にもなる。貧困は見えにくく，問題行動になって初めて表面化する。

　経済的資本の欠如から生じ，貧困がゆえにヒューマンキャピタルの欠如が生じたり，ソーシャルキャピタルの欠如がさらに状況を悪くしていく。つまり親も経済状況や孤立状況から余裕がもてず，子どもに起きている状況に気づけなかったり，俯瞰的に子どもに選択肢を与えたり，子どもと一緒にさまざまな方法を考えるなど寄り添いながら乗り越える余裕がない。こういったなかで子どもが成長するということは悪影響を与え[13]，些細なことが問題となって進展することも容易に想像できる。

4　福祉だけでは解決，予防できない

■取りこぼさないために

　今までの議論から，6人に1人あるいは多いところで4割の貧困，また3割の孤立がベースに存在している。そのなかで，問題が表面化した場合に，不登校や非行，いじめ，児童虐待という現象として表れたりする。しかし，表面化

したときには非常に問題が深刻になっていて，どうしようもない状態になっている。この数値はというと，児童相談所に送る事例は全校生徒からみると１％ほどだったりする。それでも児童相談所は対応できない。つまり，相談件数のうち施設入所に対応しているのは，児童相談所の全相談件数の10％ほどである。

　もっと早い段階で子どものリスクを発見し，手立てを打つことができていれば悲惨な事件を免れたかもしれない。つまり児童相談所に送致される１％になってからではなく，リスクが存在するかもしれない３，４割や16.3％の間に手立てをもっと打つべきである。ここに対処できるのは，児童相談所ではなく，３，４割に対応できる部門であろう。しかし，現実に対応できる相談機関は存在していない。学校におけるソーシャルワークは，すべての子どもたちに触れることができる職種である。義務教育であることから，全数把握できる学校において，さまざまな視点でチェックを行い，援助の必要な事例がピックアップできると，貧困課題があれば，まずは経済的資本へつなぐ，教育を含めてヒューマンキャピタルの強化，ソーシャルキャピタルの強化のために子ども食堂や学習支援などさまざまな支援の充実とスクールソーシャルワーカーがつなぐ，などと対応していくことがイメージできないか。

　冒頭説明したように貧困の特徴として，支援を拒否したり，自身の支援の必要性に気づいていない事例が多くなるため，学校ベースであれば，アウトリーチやアドボケイトしながら，認識を高めていく支援をすべての子どもたちに向けてできる可能性がある。そのためには支援が身近にあることも重要である。貧困対策には，１人も取りこぼさないことが重要であり，こぼれることのない対応をするには全数把握をする場での対応の意義があると考える。

■ 発見の仕組み

　そう考えたときに乳幼児までの全数把握は保健部門で行っている。健診未受診であれば，丁寧に追いかけて把握している。気になる事例をスクリーニングかけて自治体内の保健部門，児童相談部門と共同で検討会を行っている自治体も多い。仕組みができた当初は，子どもの発達を中心にした健診のスクリーニングと経過観察であったが，徐々に虐待や育児不安など幅広く検討されてい

る。

　同様に考えたときに，就学後はピックアップされる仕組みも複数機関で検討する仕組みもないのが実際である。発達に関する課題については就学時健診などで把握し，保護者の同意の上，さかのぼって保育所や幼稚園でどうだったか確認されている。しかし，入学してしまうと児童相談所など福祉部門と学校の定期的な会議は，全国的には中学に入ってからの警察署ごとの非行案件の検討の場である学校警察連絡協議会まで存在しない。つまり，小学校入学後，今までに気になる事例として協働で検討フォローしていた仕組みは切れてしまうことになる。

　就学前のすべての子どもたちを把握をしている機関としての保健所と同様に，就学後すべての子どもたちを把握している機関は学校になる。機関としての学校を中心にして，さまざまな問題を未然防止するためのスクリーニング会議を位置づけることはできないだろうか。貧困の課題は，見えないことである。そこを身近な全数をつかんでいるところでのピックアップする仕組み，そこからアウトリーチでつないでいく仕組みを作らなければ，いくらスクールソーシャルワーカー等人材を投入しても機能しない。

　つまり，貧困は福祉の問題で学校は関係がないと多くは思われているが，非行や不登校となると学校の課題と認識される。その背景にあるのが貧困であり，早期に手を打つことができると，学校が課題と考える不登校や非行などの未然防止になるのではないか。国の答申を前述したが，このことの理解が進むためには，今までの認識の「学校」では難しい。学校の機能，概念を変える発想が必要である。

5　「学校」概念のとらえ直しとさまざまな可能性

　現在，日本では学校にいる教職員のなかで教員の占める割合が82％であり，学校＝教員が当たり前になっている。しかし，アメリカ，イギリスではそもそも学校のなかに教員以外の職員が50％近くいる。心理や福祉の専門家，言語療法士などが入っているアメリカや，メンター，ティーチングアシスタント（TA），図書館補助などが多数入っているイギリスの例がある。政府はすでに

チームとしての学校部会において検討していたが，そもそもそこから発想を転換しなおす必要がある。学校という場に，教師以外の支援者が多数存在する発想である。

■スクリーニングの例

そして，スクリーニング仕組みの例，学校プラットフォームに近い例を紹介しながら，私たちに必要な仕組みとは何か検討する。まずスクリーニングの例を挙げる。アメリカのイリノイ州では，すべての子どもを対象に全校配置されているスクールソーシャルワーカーが中心になってスクリーニングをかけている。スクリーニング結果で，Tier 1，Tier 2，Tier 3とレベルに分けて，ケアを決めて動いていく。非常に専門的なケアが必要な子どもたち，そこまではいかないがケアの必要な子どもたち，全員の子どもたちという具合に，どの子どもも必ず受けるプログラム——SST やアンガーマネージメントだったり，自己効力感を高めるためのプログラムだったりする——も存在している。

貧困の調査結果からも自己効力感を高める取組みが重要であることはすでに指摘されている。[14] もれなく子どもたちに存在する課題が早く発見され，紹介され支援につながっていく形である。

■学校プラットフォームに近い例

もう 1 点は，イギリスのエクステンディッド・サービスである。以前はエクステンディッド・スクールと言われていたが，学校の中で朝食クラブや母親の就労支援や学童保育，文化的活動なども含め展開されている。子どもたちがその場を動かずにケアを受けることができ，母親たちも子どものそばで支援を受けられる安心感がある。イギリスは，貧困対策が明確で，各地域のどこのエリアが最貧地であるか，貧困度合いで色分けした地図を各機関がもっていて，支援の目標とターゲットが明確で，そのために皆が動いているという仕組みである。シュアスタート政策が出され，学校に保育園が併設され，親支援も行われ，自由に出入りがあり，いかにもウエルカムな飾りつけや入りやすさがある。そして実際たくさんの人たちが出入りしている。その結果が，職員の半数の人が教師ではないという実態になっている。まさに内閣府の子どもの貧困対

策検討会で議論された学校プラットフォームに近いものである。同じような支援がチャイルドケアセンターでもなされていて，学校と一体的に実施する地域もある。

　また必ず教員と共に専門の資格をもつ TA がクラスに入り，メンターなど多層的に学校に支援人材が常時入っている。子どもたちの自己効力感の向上に機能している。図書にも工夫があり，教室から一歩出ると廊下のオープンスペースが図書室で，本の種類と置き場所は，難易度別にカラーでわかりやすくなっていて，少しでも次のランクの本を読みたい気持ちになるような工夫がなされている。子ども，保護者，TA のサインとコメントの記入というように親を自然に巻き込むような支援策が講じられている。本を読む環境にない子どもたちにとってこういった環境が用意され，学校で丁寧な支援があることで読み続けられる仕組み，貧困対策になっている。現在政権の交代による変化はあるが，予算が学校に投げられ貧困世帯の多い学校や地域に多くの支援が投入されている。

■地域人材を入れた支援の展開

　日本の例を考える。文部科学省において，家庭教育支援を訪問型で行うことが2015年度から実証研究とされ強調されている[15]。すでに論じてきたように多くの家庭が孤立状況にあり，専門家による訪問ではなく，気軽な訪問者の意義は大きい。乳幼児には赤ちゃん訪問や養育支援事業での訪問など制度があるが，学齢児になると問題事例しかつながらないことになる。地域人材による気軽な全戸訪問を家庭教育支援の元で小中学生の家庭に行っている自治体もあり，文部科学省はこれらをバックアップしようとする方向性である。

　また中教審答申でも大きくクローズアップされたコミュニティスクールの役割が，地域と学校が一体となって行うガバナンスとして意義がある。学校運営協議会において決定し，地域住民が教室に担任をサポートするように入りこんでいる学校や，学校内に子どもたちの居場所がある学校など存在している。

■乳幼児期との連結

　乳幼児期の健診とその後の複数職種による検討会については，すでに存在す

図表 5 − 3　学校のプラットフォームの本格化

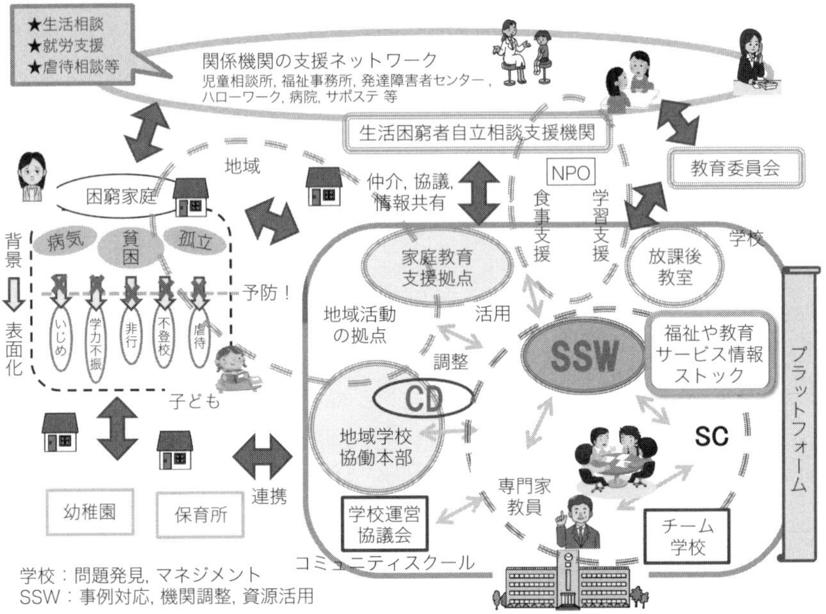

出典：山野則子 2016『すべての子どもたちを包括する支援システム』せせらぎ出版 17頁を一部
改変

ることを記述したが，こういった検討会において，発達面や子育て不安，児童
虐待の背景に貧困を読み解く力，議論する意味づけを明確にしておくことが必
要である。そして，学齢児へと年齢があがるところで学校に申し送ることがで
きる仕組み，つまり学齢児になった段階でも同等の検討会を作ることと守秘義
務や申し送りの根拠を明確化するなど整備が必要である。

6　学校プラットフォーム

　以上の議論から，今の子どもの貧困の課題は，給付型奨学金など現金給付の
経済的資本への支援以外では，貧困概念の課題から，いかに支援の必要な事例
を発見，必要な支援に連繋できる仕組みを作ることができるかが重要である。
そのためには守秘義務に関する規定も必須になるであろう。

ここで筆者の考える学校プラットフォームのフレイムを提案する。図表5-3に示すように，たとえば，学校運営に関わるコミュニティスクールであることで学校運営に関わり，クラス支援ボランティアが提案されたり決定される。地域学校協働本部など地域主体で実践的に企画する案を学校組織の取組みとしてコミュニティスクールとして位置づけたりもできる。こうして学校運営に地域が関わることで学校のなかに子どもの居場所や保護者の居場所ができ，コミュニティハウスなど地域の人にも開放することでいずれ小学校に入ってくる親子が遊びに来ることになる。

　さらに全戸訪問などを行う家庭教育支援やスクールソーシャルワーカーやスクールカウンセラーなど専門家を交えたチーム学校ができる。これら地域支援と専門家チームが繋がるよう連絡会から話がピックアップされるようにする必要がある。これら地域中心の取組みが学校プラットフォームに近い。ここに子ども食堂や学習支援，イギリスように保護者の就労支援も学校で行えると身近で動きやすくなるであろう。切れ目なく，より広く子どもたちに，家庭に支援が届けることができる。幼少期から，保育園や幼稚園あるいは子育て支援センターなどを通して毎週違う本を子どもたちに持ち帰らせるシステムの導入など，家庭に欠如しているヒューマンキャピタルを強化する支援を入れる。また，親子ともに居場所によってさまざまなつながりができ，ソーシャルキャピタルを強化する支援になる。

　そして，学校内では，各担任から気になる子どもをピックアップできるようなスクリーニングシートが配布回収され，そこを議論する組織体として，養護教諭，生徒指導，教育相談，特別支援，スクールソーシャルワーカー，スクールカウンセラーなどがチーム学校として毎月1回定例で検討会を開く。そこから子ども家庭に応じたニーズを拾い上げ，スクールソーシャルワーカーが具体的にさまざまな支援につないでいく，というような仕組みを作る。

　自立支援相談機関や福祉事務所，児童相談所，サポートセンターなど外部関係機関とも定期的に連絡会を開催することで学校からの出口も明確になる。保健所，幼稚園や保育所も定例で連絡会議に参加することによって今までの経緯を責任もって引き継を受ける形が重要である。

　これらの案は，さまざまな専門人材が学校に入ることであって，教師が担う

のではない。ただし校長のマネジメント力は問われる可能性は大きい。そのために学校の概念を変えていくこと，研修を必須化することの必要性は高い。

7　今後の施策への提言

■経済的資本の重要性

　以上，子どもの貧困に関して，とくに教育の視点から，つまり定義で述べた経済的資本以外のヒューマンキャピタルのこと，ソーシャルキャピタルのことを中心に貧困概念とも照らして述べてきた。それだから経済的資本が不要だと述べたつもりはない。経済的資本があってこその残りの2つである。筆者の専門性から残りの2つを中心に述べることになったが，3つがそろうことで，子どもたちの最善の利益を保障できる。

■貧困政策の明確化とその評価

　スティグマにならないよう細心の工夫は必要であるが，貧困対策としては，経済的資本，ヒューマンキャピタル，ソーシャルキャピタルの3つが最もそろっていないところに重点施策を打つべきである。ターゲットを明確にし，政府・自治体それぞれが何を担うのか，何によって取組みの成果を見るのか，役割や評価に関して明らかにして施策を打つべきである。覚悟をもった方策を正面から検討すべきである。今までの心情的な導入でなく，科学的に可視化することによって，誰もがそのことを意識でき中途半端な支援策にならないよう実施をしなければならない。スティグマを生まないためには，取り組むメンバーへの研修なども合わせて必須条件である。

　いずれにしても，どこまで公開するのかは別として自治体の責任者は，ターゲットを明確にし，施策を打ち，その評価を行い，改善を繰り返す[16]必要がある。

　そう考えると，実態調査をする前に政策や評価方法がイメージされていなければならないが，現状では一つひとつが切れ切れになりつつある。実態調査は調査でなされ，NPO は NPO で動いているが予算が十分ではないといった状況である。あるいは，調査結果とはまったく関係なく施策が打たれている。調

査結果を活かして，課題の高い地域に重点施策として支援を投入すべきである。施策と関連せずに個人の頑張りだけの支援では，バーンアウトしてしまう可能性もある。

■教員養成課程に福祉科目の投入

　現在，福祉科目は教職課程科目にまったく入っていない。今の教師は，貧困とは何か，支援とは何か，連携の意義や手法など全く学ばないまま，さまざまな難しい親も含めて貧困事例そのものと，そして関係機関と対応しなければならない。

　学校の同僚性，学校文化，その歴史などから簡単に学校が変わることは難しい。そのためにも教員養成の段階で全員が受ける科目として，学校の体質に柔軟性や変化をもたらすためにも，福祉科目を入れてそもそもの貧困の理解を促すべきである。

■コラボレーション教育の必要性

　貧困に対応する可能性の高い，チーム学校や学校プラットフォームには，多職種協働や協働理論をベースにした学びと実際にチームで実習を行うなどコラボレーション教育[19][20]，高齢者領域で進んできたIPE（Inter Professional Education）が今後必要となるであろう。学校が教員一色の時代から転換しようとしている。貧困の理解のためにもさまざまな見方，生じる葛藤，そのなかで目標を1つにしながら，自発的に違った役割が見えてくる，こういった教育を受けることがまさに必要になっていると考える。

1) Child Poverty Action Group (http://www.cpag.org.uk/content/what-is-poverty)
2) 所道彦 2015「イギリス」埋橋孝文・矢野裕俊編著『子どもの貧困／不利／困難を考える Ⅰ』ミネルヴァ書房189-203頁。
3) ルース・リスター 2011「貧困の再概念化」北海道大学教育福祉研究17号1-8頁。
4) リスター・前掲注3)。
5) 原田正文ほか 2004「児童虐待発生要因の構造分析と地域における効果的予防法の開発」平成15年度厚生労働科学研究（子ども家庭総合研究所保護事業）報告書。
6) 山野則子 2005「育児負担感と不適切な養育の関連に関する構造分析」『平成16年度厚生労働科学研究（子ども家庭総合研究所保護事業）報告書』118-137頁。
7) 法務総合研究所 2001「『児童虐待に関する研究会』のまとめ（第1報告）」法律総合研究

所研究部報告11号116-125頁。

8) 安部計彦 2011「要保護児童対策地域協議会のネグレクト家庭への支援を中心とした機能強化に関する研究」こども未来財団。

9) 国立教育政策研究所 2014「教員環境の国際比較——OECD国際教員指導環境調査（TALIS）2013年調査結果報告書」。

10) 阿部彩 2008『子どもの貧困——日本の不公平を考える』岩波新書，山野則子ほか 2015「キャリア・ナビ事業評価」大阪府立大学・大阪市立大学『新たな生活困窮者自立支援制度のあり方等調査研究』63-101頁。

11) 山野ほか・前掲注10)。

12) 山野則子・三沢徳枝 2015「学習支援プログラム参加者の状況を視野に入れた支援の可能性——アセスメントシートの分析から」社会問題研究64号（通算143号）47-57頁。

13) テス・リッジ 2010『子どもの貧困と社会的排除』桜井書店。

14) 阿部彩 2015「子どもの自己肯定感の規定要因」埋橋孝文・矢野裕俊編著『子どもの貧困／不利／困難を考えるⅠ』ミネルヴァ書房69-96頁。

15) 文部科学省 2014「家庭教育支援関連予算」（http://katei.mext.go.jp/contents2/pdf/H27_kanrenyosan.pdf）。

16) 山野則子編 2015『エビデンスに基づく効果的なスクールソーシャルワーク——現場で使える教育行政との協働プログラム』明石書店。

17) 山野則子・山縣文治 1999「子どもの相談援助システム構築の必要性と課題」大阪市立大学生活科学部紀要第47巻。

18) 小川正人 2016「子どもの貧困対策と『チーム学校』構想をめぐって」スクールソーシャルワーク評価支援研究所（所長 山野則子）編『すべての子どもたちを包括する支援システム』せせらぎ出版。

19) 山野則子監修 2016「スクールソーシャルワーク教育課程＆コラボレーション演習2015年度報告書」大阪府立大学教育福祉学類。

20) 梅田直美・山野則子 2013「子ども家庭福祉分野における専門職間関連教育の可能性——教員免許更新講習『学校コラボレーション講座』の効果測定調査結果から」子ども家庭福祉学13号77-87頁。

第**6**章

居住・生活支援による住まい・まちづくりをどのように支えるか?

高齢者・生活困窮者の住宅確保と地域包括ケア連携への取組み

滝脇　憲

1　ふるさとの会の取組み

　東京・山谷地域を拠点に活動するNPO法人自立支援センターふるさとの会（以下「ふるさとの会」）は，主として単身の生活困窮者を対象に，都内5つの区で1186名の利用者を支援している（数字は2015年10月現在）。**図表6‒1**で示す通り，利用者のうち，65歳以上の高齢者は過半数に上る。要介護認定を受けている人，認知症の人，障害のある利用者も多い。

　利用者の居所に着目すると，ふるさとの会を利用する前は，病院，保護施設，刑事施設などにいて帰住先がなかったり，住まいがなく路上やネットカフェ等で生活していたり，DVや虐待から避難する必要があった等，広い意味での「ホームレス」に該当する人たちが多い。しかしながら，最近顕著になっているのは，自宅（持家ではなく借家）にいる人たちが抱える問題である。その中には，ふるさとの会の支援を受けて今のアパートに入居した人もいれば，自宅での生活支援が必要だという理由で新規に相談を受けたケースもある。具体的な事例としては，近隣トラブルにより退去を求められる，保証人がいなくてアパートの更新ができない，ADL（日常生活動作）や認知機能の低下のため独居が困難になる，介護者の高齢化等により世帯分離を余儀なくされる等の問題が挙げられる。

　図表6‒2は，現在アパートでの一人暮らしが難しくなってきている利用者を，任意で抽出したものである。この人たちが，5年後，10年後も，今のアパートで独り暮らしをしている姿は想像しにくい。近年，安価に入居できる介護施設や高齢者用住宅を求めて，都市の高齢者が地方で介護を受ける「介護移住」が増えていると言われるが，その本質は必ずしも介護の問題とは限らない。むしろ，このような状態が進行したときに，制度のサービスを利用しなが

図表6-1　現在の支援対象者

四重苦を抱える人　97人
2015年10月現在

全体　1186人	
30代以下	76
40代	106
50代	169
60代	425
70代以上	410

独居　770人	
30代以下	42
40代	69
50代	117
60代	299
70代以上	243

共居　416人	
30代以下	34
40代	37
50代	52
60代	126
70代以上	167

65歳以上

663人　55.9%	422人　54.8%	241人　57.9%

3障害・認知症・がん

身体障害	107
知的障害	52
精神障害	228
認知症	101
がん	46
HIV	7
要介護	281

延べ　822人

身体障害	38
知的障害	22
精神障害	137
認知症	28
がん	26
HIV	1
要介護	107

延べ　359人

身体障害	69
知的障害	30
精神障害	91
認知症	73
がん	20
HIV	6
要介護	174

延べ　463人

※四重苦とは，低所得要介護高齢（65歳以上）でかつ精神障害，知的障害，認知症，がんのいずれかを抱えている状態を指す。
平成23年10月までの統計では，高齢（60歳以上）で，要介護，精神障害，知的障害，認知症，がんのいずれかを抱える状態としていた。

出典：ふるさとの会作成

　ら地域での生活を可能にするための，住まいと生活支援がないということにあるのではないだろうか。
　ふるさとの会の活動は，「認知症になっても，がんになっても，障害があっても，家族やお金がなくても，地域で孤立せず最期まで暮らせる」ことを目標にしている。そのために，①安定した住まいを確保するための《居住支援》，②地域で安心して暮らし続けるための《生活支援》，③地域の中で仲間をつくり役割を得るための《互助づくり》，④人生の最期まで孤立せず生きることを支える《在宅看取り》の4つの取組みを柱にしている。「地域包括ケアシステムの捉え方」（図表6-3）によれば，居住・生活支援は，地域の中に「植木鉢」と「土」をつくる事業である。

年　齢	生活状況
60代後半	腰痛あり。天候次第では動くのも辛い。
80代後半	下肢欠損あり。介護保険サービス利用。アパートが老朽化し，生活しづらくなっている。
70代前半	認知症。介護保険サービス利用。ADLの低下，服薬忘れなどが目立ってきている。
70代前半	認知症疑い。時々，物忘れがみられる。アパートの階段が急なので，将来的に1階物件に転居が必要。
60代後半	飲酒・隣人トラブル歴あり。家主から退去を求められている。
70代前半	がん療養中。要介護1。飲酒トラブルの経歴あり。ふらつきがあり，体調に不安を抱えている。
60代後半	下肢障害。介護保険サービス利用。2階居室で階段が急なため，1階の物件を探している。
60代後半	元路上生活者。アパート転宅時は介護サービス利用していたが，現在は回復し，福祉用具の利用のみ。将来的には独居が困難になると思われる。
70代前半	終の棲家がほしい，最期に一人では不安という気持ちをもっている。
60代後半	体調に不安を抱えるが，通院（受診）を拒否している。今後介護ニーズの発生が予測される。
70代前半	ゴミ屋敷状態。独居生活に困難がある。

出典：ふるさとの会作成

2　空き家を利活用した居住支援

■空き家の状況

　地域で「植木鉢」になりうる資源として，空き家の活用が考えられる。総務省の平成25年住宅・土地統計調査によると，空き家数は820万戸と過去最高となり，全国の住宅の13.5％を占めている。空き家については，少子高齢化の進展や人口移動の変化などにより，増加の一途をたどっており，管理が行き届いていない空き家が，防災，衛生，景観等の生活環境に影響を及ぼすという社会問題が起きている。また，少子高齢化が進展する中，空き家の有効的な利用のための対応が各地において必要とされている。[1]

　東京都内においても，約82万戸の空き家があるが，居室内での事故等への家主の不安から，高齢者の民間賃貸住宅への円滑な入居は困難となっている。株

図表 6 – 3　地域包括ケアの概念図

出典：平成27年度〈地域包括ケア研究会〉地域包括ケアシステム構築に向けた制度及びサービスのあり方に関する研究事業報告書

式会社三菱総合研究所の調査では，高齢者に対して物件を貸さない理由として，「事故等に伴う原状回復や残置物処分等の費用への不安」（58％），「事故等後に空室期間が続くことに伴う家賃収入の減少への不安」（49％），「家賃の不払いなどに対する不安」（39％），「居室内での事故等発生への漠然とした不安」（39％），「高齢化対応等のハード・ソフト（運営）などが整っていないため」（39％），「他の入居者との協調性に対する不安」（16％），「住居の使用方法に対する不安」（14％）などが挙げられている。

■ 社会的不動産事業による空き家の活用

これは裏を返すと，家主の不安に寄りそい，満室経営，家賃保証，事故対応，トラブル対応などを行えば，高齢者や障害者など住宅要配慮者が暮らせる住まいは供給されうるということである。

その実例として，ここでは株式会社ふるさと（東京都台東区）による「社会的不動産事業」を紹介したい。同社はふるさとの会のグループとして家賃債務保証などを行ってきたが，2015年3月から不動産事業を開始し，家主から所有物件の活用について相談を受けてきた。中には，空き家ではないものの，戸建てに所有者一人で住んでおり，固定資産税等が負担で賃貸に出したいという相談もあるという。

そこで，家主にその気があれば，住宅を高齢者や障害者向けに改修することを提案し，サブリースを希望すれば，同社が借り上げ，空室保証を行う。空室リスクを請け負うことになるが，満室で経営できれば利益は得られる。収益の一部をふるさとの会に委託し，生活支援を行うことにより，入居者や地域のトラブルは抱え込まずに済む。

具体的には，2015年7月より，墨田区京島と八広にある2軒の戸建てをグループリビングに改装し，6名が入居した。さらに，京島の商店街に「えんがわサロン京島」というサロンを開設し，日常生活の困りごとの相談を受け付けることにした（相談業務はふるさとの会に委託）。気軽に立ち寄れる憩いの場でもあり，入居者は定期的に食事会や商店街のイベントに参加している。サロンの運営費は，家主から受け取る管理料で賄う。戸建て2棟の管理料では賄えないので，採算が取れるよう管理物件を増やし，30名で一つのユニットを形成する

ことを目指している。同社はこれを「寄りそい地域事業」と呼んでいる。

　その他にも，同区内には戸建ての空き家を「支援付きアパート」（後述）に転換した事例が2軒あり，いずれも満室が続いている。

■ふるさとの会の居住資源

　同社は従来から，施設や病院等から在宅生活に移行する際など，保証会社の審査に通らなかったケースの保証人を引き受けてきた。生活支援は利用者がふるさとの会と契約を結び，月額1000円の会費を払う。ふるさとの会は地域生活支援センターを拠点に，居場所づくり（共同リビング），仲間づくり（イベント，クラブ活動，共済会），訪問による安否確認，相談支援（住宅相談，健康相談，就労相談等），介護や医療など福祉サービスのコーディネートなどの支援を行ってきた。しかし，当然のことながら，月額1000円の会費では生活支援の人件費を賄えない。さらに，利用者の高齢化に伴い事故率が増加すると，保証事業は困難に陥る。

　一方で，家主もまた高齢化し，アパート経営に困難を抱えている。都内には，自宅敷地内にアパートを建てるなど，零細的な立場の家主も多い。そこで，家主から相談を受け，家主のニーズに対応して，アパートの管理委託を受けるケースが生まれた。住宅の借上げ管理運営を受託し，入居制限の原因となるような入居者のトラブル（騒音クレーム，死亡事故，賃料滞納，ゴミ処分など）に所有者から対価を得て対応する。こうして図表6-4の実績の通り，保証実績を土台に，不動産事業者として賃貸管理・サブリース事業を展開するようになった。

　寄りそい地域事業はこの延長で生まれた。これを軸に，自立援助ホーム（共同居住）と支援付きアパートを配置し，独居支援（家賃債務保証と独居支援）とともに地域包括ケアシステムの「植木鉢」（居住・生活支援事業）をつくっている。それぞれの事業のスキームを整理すると，以下のようになる。

(1)寄りそい地域事業（戸建て・長屋化・サロンづくり）

　株式会社ふるさとが，一定の地域の中で，複数の戸建て住宅を確保し，「互助ハウス」としてサブリース方式で利用者に提供する。利用者の居場所となるサロンを設置し，併せて生活支援を提供する。株式会社ふるさとから委託を受

図表6-4 株式会社ふるさと

賃貸借保証事業

事業内容：賃貸借保証契約に基づき貸主に対して，賃料と原状回復費用の保証を行う。また，NPOふるさとの会地域生活支援センターと連携し，借主が居宅生活を継続できるようにトラブル等を予防，早期発見，対応を行い貸主の安定した賃貸経営のサポートを事業として行う。

> 不動産店取引実績：都内15区　計89店
> 累計保証契約：1824件（平成27年7月末現在）
> 現契約者：509名（平成27年7月末現在）

不動産賃貸管理・サブリース事業

> 管理委託：1棟5戸（平成27年7月末現在）
> サブリース：7棟28戸（平成27年7月末現在）

出典：㈱ふるさと提供

けたふるさとの会の生活支援職員が定期巡回を行い，30名程度を一つのユニットとして，24時間体制で入居者の生活を支援する。

(2)自立援助ホーム（共同居住）

　ふるさとの会が設置運営する自立援助ホームに，利用者が入所する。生活支援を実施する生活支援職員が常駐し，24時間体制で入居者の生活を支援する。

(3)支援付きアパート

　賃貸住宅の家主から，株式会社ふるさとがサブリースし，利用者に賃貸借契約で貸し出す。利用者の居場所となるサロンを拠点に，株式会社ふるさとから委託を受けたふるさとの会が生活支援を提供する。居場所提供の他，月1回の訪問による安否確認，相談支援等を実施する。株式会社ふるさとが貸主（大家）であるため，高齢者等の入居支援と入居後のトラブル対応が円滑に行われる。

■サロンの機能

　居住資源はサロンを介して地域と繋がる。サロンを通じて住まいを見ると，人は「家に住む」のではなく，「街に住む」のだと発想が転換する。「地域が近い」と言ってもいいだろう。サロンにはふるさとの会でケアしている高齢者だけでなく，地域の子供が集まり，さらに近所の主婦が立ち寄り，地域が身近に

経験される。地域の多様な人びとの互助やネットワークが醸成されていく。

　サロンではひきこもりや介護の悩みなどの「なんでも相談」を始めた。サロンの中に職業紹介機能を設け，不安定就業者やひきこもりの人には生活支援の仕事など，就労の場を提供している（ふるさとの会の職員289名のうち，116名は支援を受けながら就業している）。そのために，後述する通り，生活支援員を育成するための研修・検定制度もつくっている。

　また，家族の介護で苦労している人には，互助ハウスをセカンドハウスとして提供し，負担を軽減することも考えられる。仲間遊びが苦手な子供の子育て支援や，授業理解が困難な児童のための学習支援なども行えば，貧困の再生産というコミュニティのリスクを軽減することができる。

　障害が重くなったり，高齢化が進んで要介護や認知症になった時には，ふるさとの会の自立援助ホームに移るといった選択肢もある。地域の全体的な支え合いの中で，認知症になっても，馴染みの地域で，最期まで暮らせるようになる。

3　生活支援の援助論

■居住継続のための生活支援の必要性

　図表6-5は，ふるさとの会および株式会社ふるさとの居住資源を，地図に表示したものである。居住資源のエリアマネジメントによって，利用者は心身の状態に応じてこれらの社会資源を利用し，住み慣れた地域での生活が可能になる。ただし，留意しなければならないのは，空き家を資源として考えるには，生活支援が欠かせないということである。

　生活困窮の状態にある人たちが抱えている問題は，単に経済的に困窮し，仕事が見つからないということではなく，何らかの人間関係の困難を抱えている。生活が困窮してしまうに至る過程には，孤立があり，何か困ったことに遭遇したときに，それを解決するための人間関係がなかったり，トラブルによって関係が壊れてしまった人が少なくない。このような生きづらさを抱える人の地域生活を支えていくためには，さまざまな形で現れる孤立やトラブルをどのように解決していくのかが重要になる。

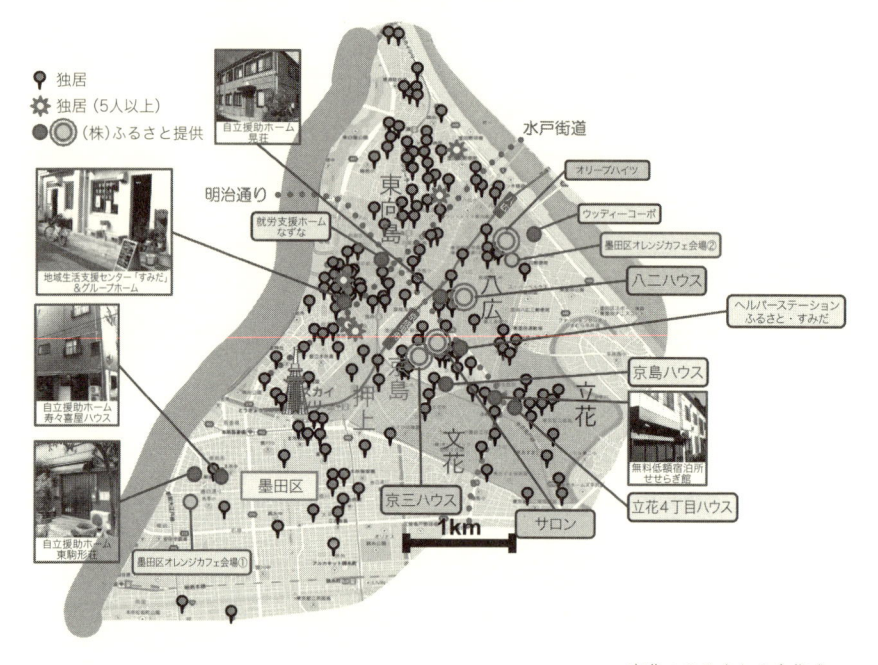

図表6-5　ふるさとの会　墨田エリアマップ

■トラブル対応事例（物盗られ妄想）

　A氏は，東京23区内のアパートに暮らしていた80代の女性である。既往症に，軽度のアルツハイマー型認知症と妄想性障害がある。そのせいで，自分が住んでいるアパートの住人が勝手に部屋に入り，自分の物が盗られていく，こんな物騒なところでは暮らせないという観念にとりつかれ，自らアパートを退去することになってしまった。

　区役所の依頼により，ふるさとの会の共同居住に入居して3ヶ月後，トラブルが発生した。ある日の夕方，B氏（80代の男性，軽度の認知症）が「Aさんが隣の人と揉めている」とD職員に伝えに来た。様子を見に行くと，A氏が居室の扉を開けて入口に座っていた。無言で隣を指差すので，D職員が「Cさんのことですか？」と尋ねると，「そう。何度言っても駄目なの。私がいない時，勝手に部屋に入ってくるの。だからここから離れられない」と言う。部屋に鍵

をかけても駄目。食事にも行けない。「部屋をあけておくのは危険だから，もう部屋から出ません」と引きこもってしまった。

　D職員は隣のC氏（70代，統合失調症）に事実確認をしたが，やはり「一度も入った事ないですよ」と言う。そこでB氏も交え，どのようにA氏の誤解を解くか話し合った。実際に入っていなくても，入っていないと言ってしまうと，さらに反発が強くなる。そこで，部屋に入ったことは否定せず，食事の時間になったのでA氏を呼んだが返事がなかった，無事かどうか心配になって確認するために入ったということにして，A氏の部屋へと3人で向かった。

> 　A：何でしょう？
> 　D：部屋に勝手に入ったという件で。
> 　C：すいませんでした。
> 　A：貴方ね。他人の部屋に返事もないのに勝手に入ったら駄目でしょう。
> 　B：まぁまぁ落ち着けよ。Cさんは心配してくれただけだから。
> 　C：部屋をノックしたけど，返事がなかったので心配で入りました。
> 　A：どういう事？
> 　D：ここにはお隣同士の安否確認をする習慣がありまして。Cさんも悪気があって部屋に入ったわけではないんですよ。
> 　A：あらそうなの？　わかりました。でも今度から返事もないのに入ってきちゃ駄目よ。
> 　C：はい。気を付けます。
> 　B：俺もいるからいざって時は言ってくれ。すっとんで来るから。な？（笑）
> 　A：あらやだ，約束よ（笑）

と不機嫌だった表情が笑顔になった。

> 　D：という訳なので。
> 　A：わかったわ。私も言い過ぎちゃったみたい。ごめんなさいね。
> 　C：いえ，大丈夫です。こっちこそすみませんでした。

　こうして，部屋から一歩も出ないという勢いだったが，話し合いの後は食堂に一人で来て，普段通りに過ごした。

　この話し合いは，A氏を含めて当事者が集まり，「勝手に部屋に入られた」

というA氏の世界を皆で一緒に見て，共に解決策を考えている。そのことによって，「部屋に入った」ということの意味が変容し，今後は「お隣同士の安否確認をする」という新たな役割関係が生まれた。

そのうえで，D職員は非常勤を含む他の職員とミーティングを行い，A氏のケアマネージャー，主治医，家族とも対応を共有した。職員ミーティングの内容は，就労支援の観点から，後ほど改めて紹介したい。

■ 寄りそい支援——機能障害を生活障害にしない生活支援

慣れ親しんだ人たちと，慣れ親しんだ場所で，慣れ親しんだ時間を過ごすことが，不安・混乱を減らし，認知症の進行を緩和する可能性があると言われる。生活支援は，機能障害（たとえば物忘れ）があっても，生活の場所で，生活の障害につながらないような支援を考え，つながりを大切にした住まいの中で行う。

繰り返しになるが，利用者の多くは居場所を失い，孤立を経験してきた。したがって，生活支援は「基本的信頼関係」を構築することが基礎となる。「問題行動」があっても，それは本人の困り事の表現であるから，まずは相手の気持ちを受け止める。職員は利用者をよく知り，生育歴や家族関係，近隣関係，医療・看護・介護等関係を把握し，相手から信頼されるキーパーソンになるよう努める。また，一般に家族が行っているような生活介助も行う。そして，安心生活の場の確保のために，利用者同士の相互理解と共感をつくっていく。職員個人で支えるのではなく，同じ生活空間を共有している人たちがお互いに支え合う関係になることを目指す。

生活の中でトラブルが起きた時はミーティングを呼びかけ，「なぜなんだろう」，「どうしたらいいか」を皆で考え，一人ひとりの課題を皆の課題にしていく。参加者は，問題を起こさざるを得ない人のために自分ができることを考え，自分も「支えられている」という安心と，他の人を「支えている」という誇りが芽生える。お互いに承認しあう関係が生まれることによって，一人ひとりが生活の主体となり，地域や施設では「トラブルメーカー」だった人が，精神的に安定し，意欲的になっていくことが多い。空き家を活用するには，このような互助的支援が必要である。

4 地域の互助

　生活支援を通じて培ったノウハウは，地域の支え合いを促進することにも活用している。前述のサロンやふるさとの会が運営するカフェには，居場所，相談窓口，社会資源の交流という機能があり，町会や老人会の人，民生委員，ふるさとの会の利用者等が立ち寄る場所となっている。医療・介護など社会サービス，行政や警察とも連携し，必要な場合は制度のサービスにつなげ，カンファレンスを呼びかけることもある。

　利用者は，利用者同士の生活の互助にとどまらず，地域の行事に参加し，地域清掃やお祭り，火の用心など，地域の中で役割をもちながら暮らしている。次もミーティング記録からの引用であるが，そこで暮らす人が，地域とどのようにつながっているかを物語っている。

　　ずっとどっかに閉じこもるんじゃなくて，外に出て行く。外に出て行くとね，これが結構おもしろいんですよ。犬の散歩してる人とかね，掃除してる人とかね，いろんな人とつながっていく。住んでいるところだけじゃない，いろんな人たち。そういう人たちとあいさつして世間話することがね，すごく気持ちいいんです。

　このミーティングは，ある利用者が病気を苦にして引きこもってしまったことをきっかけに行われた（同じ病気をもつ利用者の発言である）。地域の人と話すことが気持ちよく，地域の中で溶け込んで生きていく。地域の人びとに心を開き，社会の偏見や排除的な気持ちも変わってゆく。

　互助ハウスで入居者の一人が亡くなった時は，近所の奥さんが「寂しくなるわね」と声をかけてくれた。車いす生活の入居者が，デイサービスのない日は日中一人になってしまうことを心配してくれたのだ。奥さんも夫の介護中で，互いの体調を気遣いあった。

　支援付きアパートに住む60代の男性は，地域の子どもを見守り，声かけをしている。そのおかげか，Ｉさんがケガをしたとき，顔見知りの子の母親が一緒に救急車に乗ってくれた。

地域の全体的な支援のなかで，地域で孤立せず最期まで暮らせるようになる。寄りそい地域事業は，地域に支えられながら地域を支え，地域の課題解決に貢献する事業である。

5　寄りそい地域事業とまちづくり

■生活支援の検定研修制度

寄りそい地域事業は，「社会的不動産事業」の一つの提案である。不動産事業者がサブリースをするということは，家主に代わって空室リスクを請け負うことである。このリスクは，満室経営によって解決するが，そのためには，入居者を確保する営業と，入居した人が住みつづけることが必要である。住みつづけるためには生活支援が欠かせないが，行政の補助金を頼ろうという発想ではない。

とはいえ，家主が安心して空き家を提供するためには，生活支援への信頼，つまり質を確保するための認定や保証の仕組みづくり，職員研修など，公的なオーソライズが重要な要素が多い。また，サブリースのリスクは事業者の努力だけでは回避できない。これらの点は行政と民間が一緒に知恵を出し合うべき課題である。

ふるさとの会では，生活支援をする際に必要な基本的な知識を習得するための「ケア研修」（図表6-6）を実施し，常勤職員には「ケア検定」（図表6-7）を実施している（NPO法人すまい・まちづくり支援機構に委託）。職員は生活支援の実践を発表し合い，利用者の生活世界に寄り添って支援計画が考えられているか，自分の事業所だけで抱え込まずに地域の機関とカンファレンスを開催して役割分担ができているか，利用者がトラブルになった際にミーティングを開催して新しい役割関係をつくることができているかなど，他の職員の実践の工夫を学ぶ機会となっている。

支援者が利用者に一方通行でサービスを提供し，足りない部分を補うという発想には限界がある。地域社会はミックスト・コミュニティであり，一人ひとりの課題を皆の課題にしていくことによって，安心できる互助関係を保障することが必要だ。それが日常生活の中で積み重ねられているからこそ，先ほど例

図表6-6　ケア研修（監修：的場由木〔保健師〕）

目的：
①日常生活支援に必要な幅広い「基礎的知識」の習得
②緊急時に必要なアセスメントと「初期的対応」ができるようにする

> 誰でもが生活支援を
> 行うことができる

Ⅰ　制度理解	Ⅱ　対象者理解	Ⅲ　コーディネート	Ⅳ　生活支援
生活保護	高齢者に多い疾患	カンファレンス	介護基礎知識①外出移動
ホームレス自立支援法	糖尿病/高血圧	アセスメントの方法	介護基礎知識②食事
介護保険	脳血管疾患/高次機能障害	ケアとアート	介護基礎知識③排泄
障害者自立支援	知的障害/発達障害	社会サービス機関との連携	介護基礎知識④保清・着替え
就労支援	認知症		感染症対策
更生保護	アディクション		金銭管理
多重債務	統合失調症		喫煙対応・防災
権利擁護	気分障害/不安障害/PTSD		応急処置・救急搬送
個人情報保護・守秘義務	育ちの支援/人格障害		体調不良時の対応・計測
	摂食障害/解離性障害		医療的ケアの範囲
	自殺のリスクと対応		服薬管理
	性の理解		
	緩和ケア		
	HIV/肝炎		
	結核		
	虐待/暴力		
	路上生活		
	刑事施設出所者		

出典：NPO法人すまい・まちづくり支援機構提供

に挙げたようなミーティングが成立するのである。

■雇用創出と就労支援

　今後の展望として，家主や不動産屋なども研修に参加すれば，生活支援の担い手にさらに拡大するであろう。全国で社会的な大家または社会的な不動産事業が展開し，民間資金で地域福祉を支える可能性がある。地域包括ケアシステムの土台を支える生活支援の人材育成や地域の雇用創出にとっても，寄りそい地域事業の拡大は有益な取組みになると思われる。また，生活困窮者が生活支援のスキルを身につければ，就労の機会が拡大する。地域経済への波及効果も期待できる。コミュニティづくりが事業になり，支援付き雇用の場を広げ，生活困窮者自立支援法の理念が実現に向かう。

図表6-7　ふるさとの会ケア検定・昇級制度

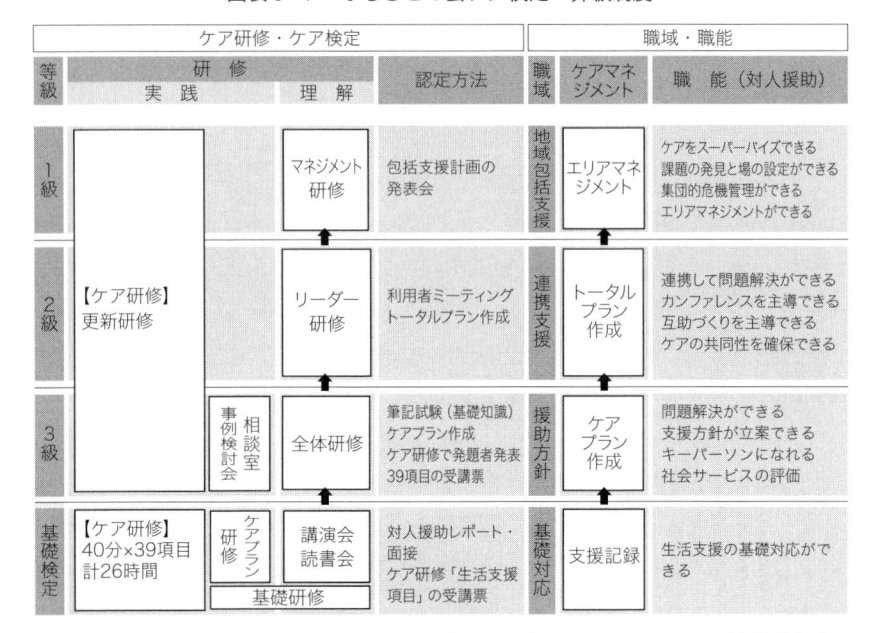

等級	研修		認定方法	職域	ケアマネジメント	職能（対人援助）
	ケア研修・ケア検定			職域・職能		
	実践	理解				
1級	【ケア研修】更新研修	マネジメント研修	包括支援計画の発表会	地域包括支援	エリアマネジメント	ケアをスーパーバイズできる 課題の発見と場の設定ができる 集団的危機管理ができる エリアマネジメントができる
2級		リーダー研修	利用者ミーティング トータルプラン作成	連携支援	トータルプラン作成	連携して問題解決ができる カンファレンスを主導できる 互助づくりを主導できる ケアの共同性を確保できる
3級	事例検討会／相談室	全体研修	筆記試験（基礎知識） ケアプラン作成 ケア研修で発題者発表 39項目の受講票	援助方針	ケアプラン作成	問題解決ができる 支援方針が立案できる キーパーソンになれる 社会サービスの評価
基礎検定	【ケア研修】40分×39項目 計26時間	ケアプラン研修／講演会読書会 基礎研修	対人援助レポート・面接 ケア研修「生活支援項目」の受講票	基礎対応	支援記録	生活支援の基礎対応ができる

出典：NPO法人すまい・まちづくり支援機構提供

　では実際，支援される人が支援する側に回るということがどのように経験されているのか，先述のトラブル対応事例後に行われた非常勤職員ミーティングを事例に挙げてみよう。

　職員Dの主催で非常勤職員8名が参加。支援記録を共有の上，概要を説明した（ここでは3名の発言から抜粋）。Eは70代の非常勤職員で，かつて路上生活者であった。Fは40代の非常勤職員で，かつて派遣労働に従事し，ネットカフェに居住したこともあった。

　　D：Eさんだったらどうしますか？　もし，勝手に部屋に入っただろうって言われたら。
　　E：そりゃ入ってないって言うよ。
　　F：それじゃ駄目だよ。否定するとかえって反発が強くなるから。
　　D：この時は，なぜAさんが部屋に入っていないのに入ったと主張しているのかを，Aさんの立場にたって考えました。つまり，視点の転換を

したわけです。「すみません」とＣさんが謝ったのは，視点を転換しなければ出てこない言葉ですよね。Ｃさんは実際には部屋に入ってない訳ですから。

Ｆ：Ｃさんはよく謝りましたね。

Ｄ：そのことでＡさんは相手の話を聴き入れる姿勢になりました。話し合いの中で，Ｃさんは「部屋に無断で入る浸入者」から，「心配してくれる隣人」へと意味が変わり，さらにＢさんが「困った時は助けにいく」と役割を担ってくれた事で，安心がうまれ，頑になった心が溶けて，部屋から出てくる事ができました。認知症などの病気によって生じた誤解が，こういう関わり方をする事によって，日常生活が阻害されないよう，解決する事ができました。

Ｆ：どんどん他の利用者をまきこんで，当事者になってもらえばいいと思うんですよ。この人がパニックになった時は，この人と一緒に対応するみたいな。

Ｅ：まず話しを聴いて。えーそれからなんだ，他の利用者さんにも協力してもらって一緒に考えてやるって事でいいか？

Ｄ：視点の転換をして相手の立場で考える。その人の見ている世界を一緒に見るという事ですね。

Ｅ：相手の立場で考える。わかった。

　Ｅ職員は最後に「相手の立場で考える。わかった」と発言している。Ｄ職員だけでつながりを大切にした生活はつくれない。就労支援を経て支える側に回った人も含めて，皆でトラブルを起こした人の見ている世界を皆で一緒に見るというマネジメントが，生活支援の「品質管理」に不可欠なのである。

■寄りそい地域事業の射程

　これまで書いてきた居住支援，生活支援，互助づくりなどの取組みは，制度化されていないインフォーマルな領域である。今後単身世帯の割合が増え，低所得の高齢者などが増えてくれば，インフォーマルケアの役割はますます重要になるだろう。これを仕組みにすれば，家賃を支払う入居者の権利擁護にもつながるし，要介護者や認知症の人，障害のある人やその家族など，現状では入院医療や施設での生活に頼らざるを得ない人にとっても，在宅生活を選択する可能性が広がる。広く福祉的な支援やケアを必要とする人の在宅生活を持続可

能にし，家族介護の負担を軽減することも期待できる。

　団塊世代が後期高齢者になる2025年に向けて，各地で共生社会の実現が目指されている。共生社会とは，失業した若者にも，末期の時を迎えようとしている人にも，皆に「役割」がある地域の姿ではないだろうか。人が地域に住みつづけることが，社会保障を下支えする。そして家族を支える社会の絆をつくる。寄りそい地域事業はそのための社会資源となりうる。本章で紹介したのは，「家主も担う地域包括ケアシステム」ということができるが，これは貧困・格差への対応は言うまでもなく，年金，医療，介護，子育ての諸問題も射程に入れた実践である。

　　1）　総務省統計局「共同住宅の空き家について分析——平成25年住宅・土地統計調査（速報集計結果）からの推計」。
　　2）　株式会社三菱総合研究所「高齢者等の室内での死亡事故等に対する賃貸人の不安解消に関する調査」（平成25年 3 月）。

第7章

精神障害者が働くことをどのように支援するのか？

就労移行支援事業所からみた精神障害者の就労支援の課題

安尾　真美

1　困窮者自立支援制度と障害保健福祉施策

　筆者は障害福祉サービスの一つである就労移行支援事業を行う特定非営利活動法人に所属し，主に精神障害者（発達障害者含む）の職業訓練と就労支援に携わっている。その立場から，近年の厚生労働省が述べるように，困窮者の支援において障害福祉サービス事業者がもつ支援ノウハウが有効であるということに異論はないのだが，しかし問題は，①なぜ彼ら・彼女らが障害者総合支援法における障害福祉サービスにつながっていないのか，②障害福祉サービスにつながらない人たち（本人が望まない，あるいは「疑い」と呼ばれる人たち含む）をどう支援するのかという点にあると考えている。

　なぜこのようなことを述べるかというと，2015年3月27日厚生労働省による「生活困窮者自立支援制度と障害保健福祉施策との連携について（通知）」において，困窮者の支援現場では障害者（障害のある可能性があることが疑われるものを含む）からの相談も多く見受けられることから，新制度の担当部局と障害保健福祉担当部局との連携，障害福祉サービス事業所などの関係機関との連携体制の構築，具体的には障害福祉サービス事業者が困窮者自立支援制度における自立相談支援事業・就労準備支援事業の受託や就労訓練事業を運営することがあげられている。しかしそれだけでは不十分だと考えるからである。

　そこで本章では，精神障害者の一般就労を支援する上で，関係する機関がどのような役割分担で連携をしていけばよりよい支援ができるのか，就労移行支援事業所の立場から現状の課題を整理し検討する。第2節でなぜ福祉サービスにつながらない人たちがいるのかを精神障害者への就労支援の現状と歴史から述べ，第3節で精神障害者（および「疑い」）の就労支援にどのようなことが求められるのかを整理したのち，第4節で結論を述べる。

■特定非営利活動法人さらプロジェクトとさら就労塾の概要

　本章で事例として取り上げる特定非営利活動法人さらプロジェクトと就労移行支援事業所さら就労塾について，以下に概要を述べる。

［特定非営利活動法人さらプロジェクト］

　「自立しながら支え合い地域で生活をしていく力を養う」というミッションのもと2000年より活動を開始した。現在，杉並区ゆうゆう館3館の運営受付受託と障害者就労移行支援事業所4事業所（世田谷区，豊島区，台東区，横浜市神奈川区）の運営を中心に事業を行なっている。その他，発達障害の大学生・大学院生向けに「さらぽれ就活塾」，また2015年度は独立行政法人福祉医療機構の社会福祉振興助成事業として，地域若者サポートステーションとの連携により若年層向けに「『働く力』をつける研修事業」にも取り組み，若年層の就労支援の事業化を進めている。

【就労移行支援事業所さら就労塾】

　2007年10月，障害者の職業訓練と就労支援を行う目的で世田谷区に「IT特化型就労移行支援事業」さら就労塾千歳台事業所を開設し，以後，2009年12月に池袋事業所，2011年11月に秋葉原事業所，2015年3月に横浜事業所を開設し現在4事業所を運営している。就労移行支援事業に関わる職員は30名。利用者は主に精神障害者保健福祉手帳を持った人達で，具体的な障害名はうつ，双極性障害，統合失調症，広汎性発達障害等である。発症時期は学生の時や働いていた時などさまざまなことから，一人ひとりの経歴や年齢も異なる。各事業所の定員は20名，在籍している利用者数は4事業所の平均で26名，月間利用者数平均22名である。

【さら就労塾の就労実績】

　入所から就労までの平均期間は1年半である。2016年9月末までに訓練を受けて就労した就労者数は238名（再就職を含む延べ人数），その約8割が一般事務職・事務補助職についている。また，一般企業に障害開示で就職した場合，3ヶ月未満で離職する率が29.5％と約3割を占め，1年未満では約5割が離職している中，現在までに訓練を受け就労した利用者の1年定着率は9割を超えている。

2 支援対象者はどこにいるのか——精神障害者の就労状況と支援の歴史

　近年，精神障害者の就労件数は着実に増加しており，障害福祉サービスの一つである就労移行支援事業所を利用して就労する人たちも増えている。しかしながらまだまだ支援が届かない人たちがいる。たとえば，就労移行支援事業所の職員が「ひょっこり」やってくると表現する福祉とのつながりがなくやってくる人たちがそうである。

> 【Aさん】
> 発達障害で働いたことなくって30何歳って人も，その家の中で納まっていれば全然保健師さんは知らない。(福祉に) つながってない人もひょっこり就労移行っていうことでくるの，ひょっこり。で，「あなた保健師さんは？」っていうと「そんな人知らない」って。

　Aさんは実家暮らしで，発達障害のため周囲と上手くいかずにひきこもりとなっていた。働いた経験がないまま30歳になり，ふと「このままではいけない」と思い立ち，自力で自身の障害のことや支援について調べて就労移行支援事業所を訪ねてきた。

> 【Bさん】
> 彼女なんかずっと統失（統合失調症）じゃないですか，全然だれも知らないですよ，区は。で，働こうと思って（ファストフードの）△△に行って半日ももたなくって，私障害はあるけど働きたいって保健所の窓口に言ったんですって，なんとか働き口ないかって。それで保健所の（自立支援医療の）受給者証発行する窓口で「さらぽれ（さら就労塾）行ってごらん」って言われてきたのが初めて福祉サービスに彼女結び付いたんですよ。困り事がないと（福祉サービスには）つながらないんですかね，医療が（自立支援医療）受給者証切ろうが何しようが……。

　病気や障害のため医療との関わりはあっても自治体の保健師やケースワーカーとのつながりはなく，病院や保健所の窓口で知り，あるいはインターネットで自ら調べて連絡をしてくる人たちは珍しくない。なぜこのようなことに

なっているのか。

　本節では，まず精神障害者の就労支援の現状を統計データで確認し，次に就労支援の歴史から支援対象者の発見における課題について，さら就労塾職員へのインタビュー内容も交えながら述べる。さらプロジェクトが精神障害者の就労支援に取り組み始めた2000年代後半の様子からは，精神障害者（の就労）に対する理解がどれだけなかったか，未知の領域であったかということを具体的に確認することができる。

■精神障害者の就労状況

　2005年に障害者自立支援法が成立して以降，「福祉から雇用へ」の基本的な考え方を踏まえ，「『福祉から雇用へ』推進５か年計画」が進められてきた。その目的は，障害者，生活保護世帯，母子家庭世帯等公的扶助（福祉）を受けている者等について，セーフティネットを確保しつつ，可能な限り就労による自立・生活の向上を図ることである[2]。このようにして障害者への就労支援の強化が図られたことにより，雇用者数は着実に増加し12年連続で過去最高を更新している（図表7‐1）。

　また，ハローワークを通じた障害者の就職件数は，2014年度の８万4602件から2015年度は９万191件（対前年度比6.6％増）となり，７年連続で過去最高を更新している[3]（図表7‐2）。なかでも精神障害者の就職件数は2006年度の6739件から2015年度には３万8396件と10年で約６倍になっている。

　この精神障害者の増加について，小川浩は，「2006年の障害者雇用促進法改正による精神障害者の雇用率算定」が，「就労支援対象者の大きな変化，さらに就労支援の在り方にまで大きな影響を与えた」と指摘している[4]。平成28年度版障害者白書によれば，精神障害者数は20歳以上65歳未満で202.3万人，精神障害者保健福祉手帳所持者数は65歳未満で41万8700人である。一方で民間企業における雇用者数は３万4637人，2018年には精神障害者の雇用義務化を控えていることから，今後も精神障害者の就職件数は増加が見込まれる状況だ。現に筆者が所属する就労移行支援事業所にも連日のように企業から問い合わせがある。しかしながら，このように精神障害者の就労状況が変化してきたのはごく最近のことである。

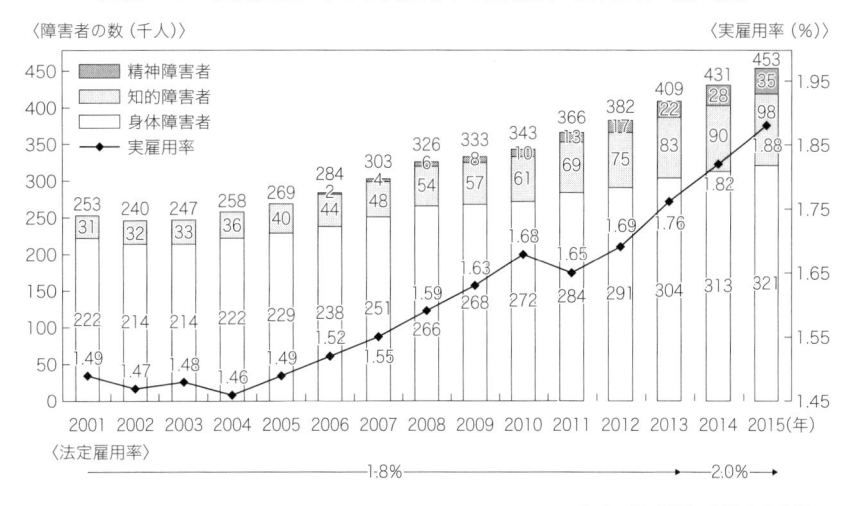

図表 7-1　民間企業における実雇用率と雇用される障害者の数の推移

〈障害者の数（千人）〉　　　　　　　　　　　　　　　　　　　　　　　　　　　　〈実雇用率（％）〉

凡例：
- 精神障害者
- 知的障害者
- 身体障害者
- 実雇用率

出典：平成28年度障害者白書

図表 7-2　障害種別職業紹介状況（前年同期比入り）

	就職件数						
	障害者計	身体障害者		知的障害者		精神障害者	その他
			うち重度		うち重度		
2006年度	43,987 [100]	25,490 [57.9]	10,024〈39.3〉	11,441 [26.0]	2,823〈24.7〉	6,739 [15.3]	317 [0.7]
2007年度	45,565 [100]	24,535 [53.8]	9,835〈40.1〉	12,186 [26.7]	3,090〈25.4〉	8,479 [18.6]	365 [0.8]
2008年度	44,463 [100]	22,623 [50.9]	8,884〈39.3〉	11,889 [26.7]	3,010〈25.3〉	9,456 [21.2]	495 [1.1]
2009年度	45,257 [100]	22,172 [49.0]	8,460〈38.2〉	11,440 [25.3]	2,869〈25.1〉	10,929 [24.1]	716 [1.6]
2010年度	52,931 [100]	24,241 [45.8]	9,289〈38.3〉	13,164 [24.9]	3,211〈24.4〉	14,555 [27.5]	971 [1.8]
2011年度	59,367 [100]	24,864 [41.9]	9,678〈38.9〉	14,327 [24.1]	3,547〈24.8〉	18,845 [31.7]	1,331 [2.2]
2012年度	68,321 [100]	26,573 [38.9]	10,296〈38.7〉	16,030 [23.5]	3,940〈24.6〉	23,861 [34.9]	1,857 [2.7]
2013年度	77,883 [100]	28,307 [36.3]	11,069〈39.1〉	17,649 [22.7]	4,207〈23.8〉	29,404 [37.8]	2,523 [3.2]
2014年度	84,602 [100]	28,175 [33.3]	11,181〈39.7〉	18,723 [22.1]	4,248〈22.7〉	34,538 [40.8]	3,166 [3.7]
2015年度	90,191 [100]	28,003 [31.0]	11,321〈40.4〉	19,958 [22.1]	4,339〈21.7〉	38,386 [42.6]	3,834 [4.3]

出典：厚生労働省（2016）「平成27年度　障害者の職業紹介状況等」

■精神障害者への就労支援の歴史

　戦後，傷痍軍人の救済策として1949年身体障害者福祉法が制定された（図表7-3）。知的障害者については1952年親の会である「全国精神薄弱児育成会」（別名手をつなぐ親の会）が結成され，育成会による運動から1960年精神薄弱児福祉法が制定されている。一方精神障害者については，ながらく医療の対象者である「患者」として扱われ，福祉の対象となるのは精神病院における人権侵害事件を契機として精神衛生法が精神保健法に改正された1987年からである。同年，身体障害者雇用促進法が障害者の雇用の促進等に関する法律に改正され，精神障害者も障害者に含まれることになった。身体障害者への就労支援と比べ40年以上遅れて精神障害者への就労支援は始まったのだ。加えて，当時は精神障害者が自らの障害を開示して就労することなど稀なことであった。

　障害者自立支援法が施行された2006年の翌年（2007年）に，さらプロジェクトは最初の就労移行支援事業所となる千歳台事業所を開設した。企業もようやく障害者雇用の対象として精神障害者を考え始めた頃であり，パソコンを使った職業訓練を行う施設が珍しかったため多くの企業が見学にきていた。そして2008年に企業の雇用率に短時間労働の精神障害者が算入可能になる。このようにようやく始まった精神障害者の就労支援は後述するように福祉事業者も自治体もそして精神障害者自身も手探りの状況であった。

■福祉事業者の固定観念

　2000年頃の精神障害者の就労に対する見方について，福祉作業所に勤務していた経験のある職員は次のように述べている。

> 　私が（作業所に）勤めていた時代，精神の人は職につけないというのが定説に近かった。（今から）10年前，15年前くらい。……実際（障害を）オープン（にして働く）なんて本当になくてクローズで（障害を隠して職場に）行って何日間かで辞めてきちゃうっていうのがざらだったんで。この（自立支援法の）法律ができて精神の人も就労して。私がここ（さら就労塾）にきて，精神（障害）の人がこんだけ就労してるっていうのは本当にびっくりした。

　また，別の職員はさら就労塾開設初期，パソコンを使った訓練を行うことに

図表7-3 福祉行政と労働行政の年表

	福祉行政	労働行政
1947年		職業安定法制定
1949年	身体障害者福祉法	
1950年	精神衛生法	
1960年	精神薄弱者福祉法	身体障害者雇用促進法 ・雇用率は努力義務
1970年	心身障害者対策基本法 (1993年障害者基本法に改正)	
1976年		身体障害者雇用促進法改正 ・雇用率を努力義務から法的義務へ
1987年	精神保健法(精神衛生法の改正)	身体障害者雇用促進法を「障害者の雇用の促進等に関する法律」に改正 ・対象がすべての種類(精神障害含む)の障害者に拡大
1988年		同法により知的障害者も雇用率の対象へ ・義務化は伴わない
1993年	障害者基本法 精神障害者が「障害者」と明記	
1995年	精神保健及び精神障害者福祉に関する法律 (精神保健法の改正)	
1997年		障害者雇用促進法改正 ・知的障害者雇用義務化 ・精神障害者保健福祉手帳所持者も助成対象へ
2005年	障害者自立支援法制定	障害者雇用促進法改正 ・精神障害者を雇用率算定対象へ
2008年		障害者雇用促進法改正
2010年		同法により短時間労働者も雇用率算入可能に
2011年	障害者基本法改正	
2013年	障害者総合支援法施行	障害者雇用促進法改正

出典:松為信雄・菊池恵美子編(2006)『職業リハビリテーション学』協同医書出版社をもとに筆者作成

ついて「(他の)福祉の団体からみると『あの人たちなんでパソコンやってんの福祉で』みたいな反応」だったという。わずか10年,15年ほど前の精神障害者の就労に対する周囲のとらえ方の一例である。

■自治体のとまどい

　精神障害者は福祉の対象ではなく医療の対象であり，当時福祉に関わる行政にとって，福祉の支援対象として可視的な障害者は身体障害者であり知的障害者が主であった。なぜなら1965年の精神衛生法改正により精神衛生行政の第一線機関には保健所が位置づけられていたためである。それが2005年障害者自立支援法によってサービスの提供主体が市町村に一元化されたのだ。それまで自治体の窓口は障害者としての精神障害者に接したことはなかった。2007年さら就労塾千歳台事業所開設初期，障害福祉サービス受給者証を発行してもらうために自治体の窓口に職員が相談をすると「大卒なのに福祉が必要なんですか？」という対応もあった。自治体職員から「大卒なのに」という言葉がでてくるほど精神障害者への対応は未知の領域であったのだ。

■「障害者」になることへの抵抗

　そして当事者の側にも「障害者」となることへの抵抗があった。当時を知る職員は次のように述べている。

> 　今でこそ精神の（精神障害者保健福祉）手帳を持ってる持ってないってあるけど，私が当時いた頃なんて「あんなのとるだけ損」って言われてた。「わざわざ障害者のレッテルを貼られるだけ」，「なんで障害者になんなきゃいけないんだ」って（本人や家族は思っていた）。この手帳を持つことのリスクのほうが高い，だから行政の窓口にいかない，手帳をもってない精神の人は本当に多かった。

　現在は手帳をとることで障害者雇用という働き方が選択できるようになり，手帳をとることが就労する際のメリットの一つとして捉えられるようにもなってきている。

> 　ここ（さら就労塾）に来て手帳を取る（精神障害の）人もいますよね。それは企業の方で障害者を採るにあたって手帳が有る無しっていうのがあるから，ここで（企業に就労して）オープンで（障害を開示して）働くなら必要だってね。手帳もだからこの法律（自立支援法）で取る人も増えたんじゃないかな。

1995年に精神障害者保健福祉手帳制度が創設され，1996年に5万9888件だった手帳交付台帳登載数は2014年には80万3653件まで増加している。

　　親の理解的にも，病気だっていうことを近所にも伏せるっていう。通院先も近所じゃない。わざわざ遠出する。近所だと近所の目があって，ちょっと離れた精神科に行くってのが通常だったからね。

　こうした状況は改善しているものの，今でもあえて遠くの就労移行支援事業所を選んで来る人がいる。とくに実家暮らし場合は，本人や家族が近所に知られたくないという気持ちからわざわざ遠くの病院に行き，地元の自治体へも相談しない。そして就労を意識した時にどこかで就労移行支援事業所という存在を知り，障害福祉サービスの利用のために就労移行支援事業所から紹介されて自治体の窓口に行く。そこで初めて自治体側が把握するという事例は決して少なくないのだ。

■医療・保健・福祉の連携

　平成28年度版障害者白書によれば，精神障害者数は20歳以上65歳未満で202.3万人であるのに対して精神障害者保健福祉手帳所持者数は65歳未満で41万8700人である。手帳を持たない人の中には自立支援医療さえ知らずに利用していない人たちもいる。そのために自治体に把握されていない人たちが数多く存在しているのだ。では，彼ら・彼女らはどうすれば障害福祉サービスにつながることができるのだろうか。

　筆者は，まずは医療と福祉の連携を強化していくべきだと考える。なぜなら問題なのは今も障害福祉サービスどころか自立支援医療さえも知らない人が就労移行支援事業所にやってくることであり，訓練生の言葉を借りれば「そもそも働こうと思ったとき（に受けられる）福祉（サービス全体）の枠組みがわからないし，（主治医の）先生に聞いても知らない」という状況にあるからだ。なかでも，精神科診療所と地域の連携が重要だと考える。精神科病院との連携が必要ないと言っているわけではない。ただ病院の場合は2004年に厚生労働省精神保健福祉対策本部報告「精神保健医療福祉の改革ビジョン」が示されて以降「入院医療中心から地域生活中心へ」という方策のもと，長期入院精神障害者

の地域移行を進める中で，地域とのつながりがつくられてきている。

　一方，精神科診療所は近年増加傾向にあるものの，医師以外に看護職員，精神保健福祉士をそれぞれ一人以上有している精神科等診療所は3297診療所中約12％である⁵⁾。もちろん積極的に地域との連携を図り運営されている診療所もある。しかしながら，診療所を訪れる精神障害者が必ずしも診療所がある基礎自治体の住民とは限らず，加えて全員が障害福祉サービスが必要な人とも限らない中で，複数の自治体から来る患者にそれぞれに応じた障害福祉サービスを紹介することを医師に求めるのは無理がある。しかも自治体ごとに資源も対応も異なるのだ。であるならば，地域とのつながりをコーディネートする存在が必要だ。そしてその役割を任せるのは，対象者が複数自治体という広域にわたることから，保健所および市町村保健センターだと考える。

3　就労支援と就労継続の課題

　ここまで述べてきたように，この10年あまりで精神障害者の就労環境は大きく変化してきた。十分とは言えないものの支援を望む人にとっては前進していると考える。一方で，現在課題となってきているのが「働き続ける」ということをどのように支援していくのかということである。本節では現在，精神障害者への就労支援がどのように行われているのかについて就労施行支援事業所を例に示したのち，なぜ「働き続ける」ことの支援が課題となっているのかについて述べる。

■障害者総合支援法における就労系障害福祉サービス事業
　2005年障害者自立支援法制定時に障害者への「就労支援の強化」を目的として創設されたのが就労系障害福祉サービス事業であり，その一つが就労移行支援事業である（図表7-4）。平成27年3月時点で，事業所数は2985事業所，利用者数は2万9626人。現在の障害者総合支援法において次のように定義されている。

【事業概要】

就労を希望する65歳未満の障害者で通常の事業所に雇用されることが可能と見込まれるものに対して，①生産活動，職場体験等の活動の機会の提供その他の就労に必要な知識及び能力の向上のために必要な訓練，②求職活動に関する支援，③その適性に応じた職場の開拓，④就職後における職場への定着のために必要な相談等の支援を行う。

【利用期間】　2年

　　※市町村審査会の個別審査を経て，必要性が認められた場合に限り，最大1年間の更新可能。

【対象者】　企業等への就労を希望する者

■就労移行支援事業所が行っている就労支援

　就労移行支援事業所では先の【事業概要】に示された①から④の支援が行われている。たとえば，さら就労塾では，通所開始から最初の4ヶ月間は同時期に入所した6名前後の訓練生と1つのチームになり基礎コースというプログラムに参加する。基礎コースにおいて最も重視するのは，健康管理と生活リズムである。統合失調症やうつ病，双極性障害等を発症し，あるいは発達障害の診断を受けた人たちが対象である。自らの症状や特性は「治る」ものではなく「コントロールする」ものとして付き合っていかなければならない。そのため，自分自身の健康管理と生活リズムを整えていくことが重要となる。

　基礎コースが終了し5ヶ月目になると就職準備コースに移り，実務訓練や実習を行いながら就労活動をはじめる。実務訓練の中でさまざまな業務に取り組みながら自分のできること・できないことを明確にし，配慮事項として企業に求めることを整理していく。職員にとっては，この「できないこと」へどう取り組むかが重要になる。「できないこと」が，障害によるものなのか経験の無さによるものなのかを見極め，障害のためであれば対策を共に考え，経験のためであれば必要な訓練を増やすことを行う。

　加えて，家族や生活に困難をかかえている人も多く存在するため，安定した就労継続のためには生活面の支援も必要となる。医療機関への通院同行，ケースワーカーや他の支援機関との連携を通じて，解決策や対策を検討し就労後に向けて支援体制をつくっていく。そして就労活動を経て就労後は，職場で困っ

図表 7 – 4　障害者総合支援法における就労系福祉サービス

	就労移行支援事業	就労継続支援Ａ型事業	就労継続支援Ｂ型事業
事業概要	就労を希望する65歳未満の障害者で，通常の事業所に雇用されることが可能と見込まれる者に対して，①生産活動，職業体験等の活動の機会の提供その他の就労に必要な知識及び能力の向上のために必要な訓練，②求職活動に関する支援，③その適性に応じた職場の開拓，④就職後における職場への定着のための必要な相談等の支援を行う。 （利用期間：2年） ※市町村審査会の個別審査を経て，必要性が認められた場合に限り，最大1年間の更新可能	通常の事業所に雇用されることが困難であり，雇用契約に基づく就労が可能である者に対して，雇用契約の締結等による就労の機会の提供及び生産活動の機会の提供その他の就労に必要な知識及び能力の向上のために必要な訓練等の支援を行う。 （利用期間：制限なし）	通常の事業所に雇用されることが困難であり，雇用契約に基づく就労が困難である者に対して，就労の機会の提供及び生産活動の機会の提供その他の就労に必要な知識及び能力の向上のために必要な訓練その他の必要な支援を行う。 （利用期間：制限なし）
対象者	①企業等への就労を希望する者	①就労移行支援事業を利用したが，企業等の雇用に結びつかなかった者 ②特別支援学校を卒業して就職活動を行ったが，企業等の雇用に結びつかなかった者 ③企業等を離職した者等就労経験のある者で，現に雇用関係の状態にない者	①就労経験がある者であって，年齢や体力の面で一般企業に雇用されることが困難となった者 ②50歳に達している者又は障害基礎年金1級受給者 ③①及び②に該当しない者で，就労移行支援事業者等によるアセス面とにより，就労面に係る課題等の把握が行われている者
報酬単価	711単位（平成27年4月〜） ※利用定員が21人以上40人以下の場合	519単位（平成27年4月〜） ※利用定員が21人以上40人以下の場合	519単位（平成27年4月〜） ※利用定員が21人以上40人以下の場合
事業所数	2985事業所 （国保連データ平成27年3月）	2668事業所 （国保連データ平成27年3月）	9223事業所 （国保連データ平成27年3月）
利用者数	2万9626人 （国保連データ平成27年3月）	4万7733人 （国保連データ平成27年3月）	19万6019人 （国保連データ平成27年3月）

出典：厚生労働省　社会保障審議会障害者部会（第72回）資料1

ていることの相談にのり，企業とも調整を行いながら就労継続のための定着支援を行う。

　こうした支援を通じて精神障害者の就労者数が増加していく一方で，現在課題としてあげられているのが就労継続をどう支援していくかということであ

る。

■なぜ精神障害者の就労継続が課題なのか

　就職した精神障害者の離職が少なくないのだ。一般企業に就職した場合，3ヶ月未満で離職する率が29.5%と約3割を占め，1年未満では約5割が離職している。加えて従来のリハビリテーションの一環として「病気が治ってからの就労支援」から，再発・再燃の可能性が残存する精神疾患においては，「治療と仕事の両立支援」が新たな課題として提示されている[6]。身体障害者，知的障害者と異なり，症状も変化する精神障害者に対する就労支援の歴史は浅く，理解も支援のノウハウもまだまだ充分とはいえない。精神障害者の就労者数が増加する中，従来とは異なる支援が求められている状況なのである。

■働き続けるための支援──生活支援の重要性

　では，具体的にどのような支援が求められているのか。筆者が最も重要だと考えるのは生活面の支援である。2015年12月の「障害者総合支援法施行3年後の見直しについて〜社会保障審議会障害者部会報告書〜」においても，「就業に伴う生活面での課題等を抱える障害者が早期に離職することのないよう，就労定着に向けた支援を強化するための取組をすすめるべきである」とされている。

　精神障害者は病気が治ったから就労するのではなく，服薬管理を含む生活全般の（自己）管理を通じて自分自身の症状をある程度コントロールできるようになることで就労につながる。この状態は就労後も続き，そのためたとえ安定して就労していたとしても，職場環境や家庭・生活面での変化によって影響を受け就労継続が難しくなるケースが少なくない。この点については多くの支援機関が共有する課題である。

　一方，この支援をどこが担うのかという課題も出てきている。なぜなら精神障害者は長期的な支援が必要となることから，支援機関にとっては就労後の就労継続支援のフェードアウトまでに時間がかかり，支援対象者が累積的に増加していくためである[7]。

4　おわりに

　以上，本章は就労移行支援事業所から見た精神障害者の就労支援における課題について，対象者の発見と就労継続の課題に絞って述べてきた。自治体にとって精神障害者が「患者」から「障害者」へと変わり，福祉や就労支援の対象者として現れたのはごく最近である。支援を受け就労していく機会が着実に増加している一方で，障害福祉サービスにつながらない人たちがいる。障害福祉サービスを知らないためや，「障害者」になることを望まないために適切な支援を受けられない人がいるのが現状である。では「生活困窮者に対する支援の現場においては，障害者（障害のある可能性があることが疑われるものを含む。以下同じ）からの相談も多く見受けられる」状況において，どうすればより良い支援を行うことができるのか。以下 2 点述べたい。

　第 1 に，困窮者自立支援制度における自立相談支援事業と医療および保健所・市町村保健センターとの連携を強化することである。とくに保健所がコーディネーター役となり精神科診療所と地域資源をつなぐことでより早期に，具体的には自立支援医療受給者証の発行の段階から適切な支援へとつなげることができると考える。

　第 2 に，福祉サービス事業者がより「本人」のいるところへ出ていくべきだ。たとえば就労移行支援事業所であれば，その設備・人員を就労準備支援事業に活かしていくことである。2016年 9 月16日に行われた生活困窮者自立支援制度全国担当者会議において，すでに就労準備支援事業の充実のため就労移行支援事業所の活用が示されている[8]。それぞれの事業所毎に得意不得意や開設場所，実績の偏りはあるものの，すでに就労移行支援事業所は全国に2985ヶ所ある。精神障害者の支援における専門性が活かされるものと考える。また，当法人の例で言えば，就労移行支援事業所がどのようなことを行なっているのかについて，地域ではまだまだ知られていないと感じることが多い。障害福祉サービス事業者側の地域への関わり方も問われている。

　最後に，精神障害者の就労支援は就労までのプロセスは改善されてきたものの，就労継続における課題，生活面の支援については障害福祉においてもまだ

模索中のことである。長期的な視点が求められることであるからこそ，「誰が
いつまでどのように支援していくのか」という問いの答えは，当事者が生活し
ている地域の中に作っていくべきだと考える。2016年6月29日開催の厚生労働
省「これからの精神保健医療福祉のあり方に関する検討会」では，日本医師会
より「精神障害者地域包括ケア」の構築も提言されている。医療・保健・福祉
各分野において目指す方向は同じである。互いの連携によって精神障害者が排
除されるのではなく，安心して生活をしていくことができる地域社会をつくっ
ていく必要がある。

1) 独立行政法人高齢・障害・求職者雇用支援機構障害者職業総合センター 2014「精神障害者の職場定着及び支援の状況に関する研究」。
2) 厚生労働省 2007「『福祉から雇用へ』推進5か年計画」首相官邸 HP（http://www.kantei. go.jp/jp/singi/seichou2/dai4/siryou4.pdf，2016年2月1日閲覧）。
3) 厚生労働省 2016「平成27年度　障害者の職業紹介状況等」。
4) 小川浩 2013「地域の就労支援の拡充と制度面の課題」職業リハビリテーション27巻1号48-53頁。
5) 厚生労働省社会・援護局障害保健福祉部 2016「これからの精神保健医療福祉のあり方に関する検討会　第4回新たな地域精神保健医療体制のあり方分科会」。
6) 独立行政法人高齢・障害・求職者雇用支援機構障害者職業総合センター 2014「就労支援機関等における就職困難性の高い障害者に対する就労支援の現状と課題に関する調査研究」。
7) 独立行政法人高齢・障害・求職者雇用支援機構障害者職業総合センター 2016「地域の就労支援の現状把握に関する調査研究Ⅱ──障害者就業・生活支援センターの現状把握と分析」。
8) 厚生労働省 2016「生活困窮者自立支援制度全国担当者会議資料について（平成28年9月16日）【資料2】平成29年度概算要求等について」。

経済を拓く

第Ⅲ部

すべての市民が安心して働き，暮らすことのできる「第2のセーフティネット」をいかに拡充するか？

多様な主体の協働・共創による「コミュニティ経済」の育成・活性化

関口　昌幸

1　はじめに

　生活困窮者自立支援法は社会保険制度や労働保険など安定した雇用を土台にした「第1のセーフティネット」と生活保護による「第3のセーフティネット」の間に存在する「第2のセーフティネット」の拡充を目的に制定されている。ちなみに第2のセーフティネットとは，社会保険や労働保険を利用できる環境になく，なおかつ何らかの困難を抱え，生活保護に移行するリスクが高いと考えられる市民に対して，安心して生活できる環境を提供すると共に，就労等を通じて社会・経済的自立を促していくための仕組みの総体をいう。

　生活困窮者自立支援法が制定されるに至った背景には，1990年代後半以降いわゆるニートやひきこもりのなどの若年無業者や非正規就労に従事する単身女性やシングルマザーなど，経済的な基盤が不安定な市民が増えることで，第1のセーフティネットからこぼれ落ち，また第3のセーフティネットでは何らかの理由で支援できない「生活困窮者[1]」の存在が「格差と貧困」の象徴としてマスメディアを通じて注目を浴びると共に，リーマンショックや東日本大震災などを契機として，生活困窮に陥る市民層が拡大し，常態化することで，いわゆる貧困の連鎖が，社会的に看過できないほど深刻化したことが挙げられる。また，これまでであれば，このような生活困窮者を生活保護に移行する手前で包摂していた家族や地域社会，職場による互助機能が脆弱化し，これら中間集団によるセーフティネットが機能不全に陥っている点も見逃せない。

　1960年代から90年代半ばにかけての日本社会の成長拡大期には，仮に個人が病気や失業，離婚や家族との死別などのアクシデントに遭遇したとしても，生活保護制度を利用する手前で，血縁や地縁を軸にしたコミュニティや終身雇用

制を前提とした企業福祉が個人の生活を支えた。いわば法制度によらない中間集団による互助機能が第2のセーフティネットの基盤となっていたのである。

　ところが90年代後半以降の社会経済の構造的な変化がこの基盤を突き崩した。この構造的変化とは，たとえば，超高齢・人口減少社会の到来であり，未婚化・晩婚化による単身世帯の増大であり，経済のグローバル化による貧困と格差の拡大などである。いずれにしろこの第2のセーフティネットの基盤が崩れることによって，成長・拡大期と比べて2000年代以降，どれだけ多くの市民の生活が不安定となり，不安を抱えるようになったかは，たとえば横浜市が市民の意識や生活行動の変化を把握するために実施している「横浜市民意識調査」の結果から覗い知ることができる。

　横浜市民意識調査では1970年代前半から経年的に市民に対して生活の不安や心配事を尋ねる質問を行っている。この調査によると1980年代後半から90年代にかけては，ほぼ2人に1人の市民が生活に不安や心配事はまったくないと答えていた。ところが2000年代に入ってから自分の老後や家族のこと，仕事や職場のことなど不安を抱える市民が急増し，現在では10人のうち9人が，「不安や心配事がある」と答えるようになっている。

　仮にある市民が生活困窮に陥った原因が，病気や障がいなど個々人の事情によるものだけでなく，社会の構造的変化に起因するものであるのならば，そのリスクは地震や台風などの天災と同じように年齢や性別，社会的属性などにかかわらず，誰もが自分事として感じざるを得ないものとなる。別の言い方をすれば，今の日本社会に生きる私達は，すべからく生活困窮者自立支援法の対象になり得るリスクを抱えながら生活しているということである。

　そうであるのならば，この法律の趣旨を本当に実現するために自治体が行うべき施策やサービスは，すでに生活困窮状態にある市民を対象に総合相談窓口を設置し，必要に応じて学習支援や就労支援をするというターゲットアプローチのみならず，市民のあらゆる層の安全・安心を図るために第2のセーフティネットを拡充するというポピュレーションアプローチも求められるのではないだろうか。

　本章では，このような問題意識に立って，最初に第2のセーフティネットの基盤となる家族や地域，職場などの中間集団の互助機能を社会の構造的な変化

に応じて再構築し，拡充していくための政策フレームとして「コミュニティ経済」という概念を提示する。そしてコミュニティ経済を自治体レベルで育成・活性化するために横浜市で構築・運営されている「ローカルグッドヨコハマ」というプラットホームについて紹介する。

　さらに「ローカルグッドヨコハマ」がもたらした社会的効果を検証し，第2のセーフティネットを拡充することを通じて，仮に困難を抱えていたとしても身近な地域に自分の居場所を見出し，さまざまな中間集団に包摂される中で，誰もが自分の心身の状態や資質や能力に応じて働くことのできる社会のあり方を展望したい。

2　コミュニティ経済──市場経済とコミュニティ活動との共領域の拡大

　第2のセーフティネットの拡充を目的に，脆弱化している家族や職場，地域などの中間集団の互助機能を再構築するには，どのような政策が有効なのだろうか？　たとえば単身化の著しい進展によって家族の機能は縮小し続けている。また働き方が多様化し，非正規就労やフリーランスの労働者が増える中で会社や職場に対して帰属意識をもつ市民は減っている。すなわち家族や職場の互助機能をエンパワーメントしていくことは，現在および将来の社会的トレンドから客観的に顧みて容易ではない。それでは地域社会のもつ互助の機能については，どうだろうか？

　2011年3月に起こった東日本大震災の直後，「つながり」や「絆」という言葉が流行り，被災地での復興支援のみらず，身近な地域での市民による互助や共助が活発化した。その前年には単身高齢者や困難を抱える若者の社会的孤立がマスコミによって大きくクローズアップされ，「無縁社会」という言葉が流行語になったことが嘘のように，震災によって「地域の絆」が，あらためて見直されたのである。

　ところが東日本大震災から6年が経ち，介護や子育てなどのケア負担の増加を伴いながら，この列島において「無縁社会」はさらに広がり，深化しているようにみえる。一方で市民の互助活動は，少なくとも震災直後のような盛り上がりはみせていない。

やはり「喉元を過ぎれば熱さを忘れる」という言葉が示すように，一時的な
ブームとして盛り上がることはあっても，持続可能な形で地域社会の互助機能
を今の時代に再生することは，不可能なのであろうか？

　いや，私たちは，持続可能な地域社会の再生を，決して不可能ではないと考
えている。社会経済の構造的変化に応じて，地域社会の互助機能を育成・活性
化するための政策を革新しさえすれば，この時代に相応しい形で地域社会のも
つセーフティネットを編み直すことができると信じている。

　横浜市では，身近な地域での住民の互助活動や地域課題解決のための活動を
「コミュニティ活動」と呼び，これらの活動に対して補助金や活動の場所を提
供するなど，さまざまな形で支援策（コミュニティ施策）を展開してきた実績が
ある。この第2節では，横浜市におけるコミュニティ活動の歴史を振り返る中
で，現況の活動の課題と可能性について抽出する。そしてコミュニティ活動の
課題を解決し，その可能性を切り拓くための新しいコミュニティ施策のあり方
について検討し，第2のセーフティネットを拡充していくための方向性につい
て明らかにする。

■ コミュニティ活動から経済活動へ

(1) コミュニティ活動の定義

　まず「コミュニティ活動」とは，そもそもどのような性格の活動を指すのか
というところから定義してみよう。わが国において，最初にコミュニティ活動
を行政との関わりのなかで定義づけ，提唱したのは，1969年に発行された国民
生活審議会の報告書「コミュニティ——生活の場における人間性の回復」で
あった。この報告書では，コミュニティを「生活の場において，市民としての
自主性と責任を自覚した個人および家庭を構成主体として，地域性と各種の生
活目標をもった，開放的でしかも構成員相互に信頼感のある集団」であると
し，続けて「従来の古い地域共同体とは異なり住民の自主性と責任性にもとづ
いて，多様化する各種の住民要求と創意を実現する集団」でもあるとしてい
る。この定義に従えば「住民の自主性と責任性に基づいて，要求と創意を実現
する活動」が「コミュニティ活動」と言える。

　この報告書が発行された時代背景として，1960年代の高度経済成長期の農村

から都市へ大量の人口流入によって，これまでの家族と地域社会によるプレモダンなセーフティネット（大家族制度と地域共同体）が崩壊しつつあったことが挙げられる。

　また公害問題や都市問題など新たな社会的課題が全国的に噴出する中で，地域開発などに反対する住民運動が盛んになりつつある時代でもあった。一方で，核家族と企業そして行政のトライアングルによる第2のセーフティネットの基盤が形成されつつある時代でもあり，国としても，住民運動などに見られる地域住民のエネルギーを新たな社会的セーフティネットを補完するものへと回収する意図をもって「コミュニティ活動」を称揚したのかも知れない。

　いずれにしろ，この国民生活審議会の定義を参考にして，本市におけるコミュニティ活動の歴史を俯瞰すると，住民相互のつながり方や活動スタイルなどのタイプが異なる2つの「コミュニティ」が横浜には存在していることがわかる。

(2) 自治会・町内会を中心とする地縁型コミュニティ

　一つは，「町内会・自治会」に代表される地縁型のコミュニティである。横浜市では，1955年頃から地域振興協力費の支出を中心とした，自治会・町内会に対する補助事業が行われ，防犯，防災，消費生活，青少年指導，ゴミ処理など，市民生活のさまざまな側面についての施策を，自治会・町内会を通して委嘱した各種の委員の力を借りて進めてきた。この結果，自治会・町内会が行政と強いつながりをもっているのが，横浜のコミュニティ活動の特徴である。

　一般に自治会・町内会は，単位自治会・町内会とその連合体である連合町内会・自治会によって形成されており，地域で行政が計画づくりや施設整備などを実施する際に，（連合）自治会・町内会の参加と承認は欠かせない。また指定管理者制度が導入されるまでは，地区センターなどの地域施設は，地元の自治会・町内会を中心とした管理運営委員会によって，担われるのが通例であった。

　このため，あたかも自治会・町内会が，住民の自主性と責任性に基づく「コミュニティ」というよりも，生活審議会の報告書が指摘する「古い地域共同体」と見なされたり，行政の下請け機関的な性格が強調されることがある。しかし本市のコミュニティ活動の歴史を紐とけば，1970年代前半の郊外部の団地

においては，団地の生活環境の未整備——道路や学校や保育所，商店街，バス路線などの問題——から，住民の権利と連帯の意識とが芽生え，住宅公団や横浜市を課題解決の交渉相手とするために「自治会」が形成されるケースが多くあった。また1970年代前半から80年代の中頃ぐらいまでは，自治会・町内会が中心となって，ごみ焼却場や斎場の整備，海岸線の埋め立てや高速道路の整備など行政が計画した公共事業に対して，住民の激しい反対運動が展開されるケースも多かった。まさに「住民の要求と創意を実現するコミュニティ活動」の場として自治会・町内会が機能していた側面もあったのである。

　こうした地縁組織が本来もっている住民自治のエネルギーに着目して，本市では，現在でも「町内会・自治会」をさまざまなコミュニティ施策を展開する際の主要なパートナーとなる組織として位置づけている。

⑶テーマによってゆるやかに結びつく知縁型コミュニティ

　横浜市におけるコミュニティ活動のもう一方の主役は，テーマコミュニティである。町内会・自治会などの地縁型のコミュニティの構成員は，なんらかの強制力のある義務的な活動を求められるのに比して，テーマコミュニティは，同じ関心やテーマに基づく，個々人の自発的でゆるやかなつながりによって活動しているのが特徴だ。

　横浜の郊外部においては，人口急増のために身近な地域施設の整備が遅れる中で，1970年代の初め頃から，子育てや親の介護，環境問題など日々の生活の必要に駆られ，町内会・自治会とは別に，住民が自発的に結びつき，活動を始めたのが，テーマコミュニティの起源である。その後，住環境が一定程度整備され，社会全体に「ゆとり」が出てきた1980年代中ごろから，生涯学習や文化・余暇活動をきっかけにして，市域全体に広がった活動スタイルである。

　このようなテーマ（知縁）型コミュニティは，1990年代中頃に実施された本市のパートナーシップ推進モデル事業の中で，行政における地域の事業パートナーとして，初めて位置づけられた。それは，地域課題にアクティブに取り組むテーマ型コミュニティとの協働がなければ，行政としても地域の課題解決がなしえなくなってきたからである。

⑷超高齢化・人口減少社会におけるコミュニティ活動の課題

　横浜のコミュニティ活動には，このように地縁型コミュニティとテーマコ

ミュニティの両者が存立し，行政とは時に摩擦を引き起こしながらも，協働で活動を進めてきた歴史がある。しかし，これらの活動にも大きな構造的変化の波は，打ち寄せてきている。

その一つとして，まず挙げられるのが活動の担い手の減少である。たとえば，1980年の時点では，94.9％あった自治会・町内会の加入率は，年々減少し続け，2016年には，74.8％となっている。また，会を支えるリーダー層が高齢化しており，活動を支える会長や役員が，すべて後期高齢者という町内会・自治会も生まれてきている。こうした傾向は，テーマ型コミュニティも同じであり，1990年代に活動のリーダーだったメンバーが，年齢を重ねても，そのままイニシアティブをとっている団体も多い。

このようにコミュニティ活動の担い手の高齢化が進んでいる背景には，人口構造が高齢化しているだけでなく，活動をするだけの時間的余裕やきっかけを見つけにくい，結婚後も働き続ける女性や，退職後も仕事を続ける高齢者が増えるなど，そもそもコミュニティ活動の潜在的な参加層が希薄化している事が大きな要因として挙げられる。したがってこの問題は，個々の団体が人材育成などに力を注げば，解決できるというものではない。成長・拡大期に形成されたコミュニティ活動のあり方そのものや，それに対する行政の支援の仕方を，社会の構造的な変化に適応したものへと創り変えていく必要がある。

■コミュニティ活動と市場経済とのつながりを創る

(1) コミュニティ活動の経済主体化

横浜のコミュニティ活動の歴史を振り返ると，「地縁型コミュニティ」にしても「テーマコミュニティ」にしても，市場経済と結びつくことに対しては，慎重であった。もともと地域活動とは，自発的かつボランタリーな行為として行うものという市民の意識が色濃くあり，コミュニティ活動を専従的に担うスタッフが活動そのものを金銭を得るための手段や職業，生業にすることに対しては，ワーカーズコレクティブの活動などを除けば，概ね市民も行政も無関心であった時代がずっと続いた。その一因として，生産の場（東京）で稼ぐ夫と生活の場（家庭や地域）で育児や介護をする妻という性別役割分担が明確であった成長・拡大期の核家族にあっては，生活の場である地域において経済を

活性化し，雇用を生み出すことへのモチベーションが，総体的に低かったから
ではないかと考えられる。

　コミュニティ活動に対する行政からの金銭的援助が，長年の間，事業そのも
のに対する助成金や補助金が主であり，スタッフの「人件費」は対象外であっ
たことからも，そのことは窺える。

　しかし，先に述べたように1990年代後半以降，成長・拡大期の横浜を規定し
ていた職住分離の原則や核家族と企業による第2のセーフティネットの基盤
は，解体しつつある。社会の構造的な変化に対応していくためには，コミュニ
ティ活動に経済活動としての機能を付加することで，市場経済とをつなぎ，地
域に必要なモノやサービス，情報を循環させていくことが求められるのではな
いか。すなわち，地域課題の解決に向けて，住民が相互に資金を出し合い，ま
たは民間企業に資金提供を求め，あるいは新しい公的資金の導入の仕組みなど
を創出する中で，地域経済を活性化し，雇用を生み出していくことをコミュニ
ティ活動の目的の中に織り込んでいく必要がある。コミュニティ活動が，住民
にとっての就労や雇用の機会や場になれば，活動へ参加する層も飛躍的に広が
るはずだ。

(2) コミュニティ経済の芽生え

　現実に，2000年代以降，横浜の地域社会においても，「コミュニティ活動」
と「市場経済」をつなぐ動きが，芽吹き始めている。

　転機は，1997年に制定された「介護保険法」と1998年の「NPO法」であっ
た。それまで，地域社会でのひとり暮らしや病弱な高齢者に対する配食サービ
スや家事援助のサービスは，民生委員やボランティア団体など主に専業主婦を
担い手とする地域コミュニティやテーマコミュニティが，会費制や利用料金な
どで運営していた。ところが，「介護保険法」と「NPO法」が施行されたこと
で，2000年代に入ると，これらのコミュニティ活動を担う団体の中にはNPO
法人の認証をとり，介護保険の事業所等となることで，一挙にサービスを拡充
し，本格的な事業を展開するようになっているケースも多い。

　さらに介護の分野だけでなく，子育て支援や障がい者支援の団体なども
NPO法人の認証を得て，次世代育成支援法や障害者自立支援法など法制度の
施行によって，行政からの補助金が期待できる子育てや保育，障がい者の自立

支援の分野で事業を展開する団体も育ってきている。ちなみに，2000年の時点では，64団体に過ぎなかった市内のNPO法人数は，2016年末には1467団体と急激な増加をし，その半数が「保健・福祉・医療」の分野で活動している。

　このような公共サービスの事業主体として成長したNPOは，その出自が地元密着型の活動であり，単に，行政からの受託業務のみを定型的にこなすのではなく，地域のニーズにできるだけ対応しよう，という柔軟な運営と包括的な支援サービスを志向しているところが多い。また，スタッフも，身近な地域の住民であることが多く，地域社会に新たな雇用を創出する場ともなっている。

　NPOによる地域社会での「保健・福祉・医療」活動のコミュニティビジネス化に加え，既存の町内会・自治会，テーマコミュニティの間でも，会員やメンバーが自発的に，資金を出し合うことで，団地の空家や商店街の空き店舗を借り上げて改装し，地域の交流拠点として運営する試みが広がり始めている。一般にコミュニティカフェと呼ばれるこうした地域の交流拠点は，住民がふらっと立ち寄り，食事や喫茶をしながらお互いに会話を楽しむ場としてだけでなく，一人暮らしの高齢者に対する見守りや，買い物支援，児童の放課後の居場所づくりなど多様なコミュニティ活動を支える場にもなっている。

　このように，コミュニティ活動が地域のニーズに対応した公的サービスを担い，その経済基盤は，行政の委託や補助のみでなく，サービスの生産と消費という経済活動の側面をもち始めている。いわば，「コミュニティ活動」と「市場経済」が出会うことで，地域社会の中における「ヒト・モノ・カネ・サービス・情報」の流通が生まれ，「コミュニティ経済」とも呼ぶべき地域内の経済循環を現実化させる大きな潮流になりつつある。

■シェアリングエコノミー──コミュニティとつながる「市場経済」

　一方で，市場経済の側でも，「コミュニティ活動」と「市場経済」とのつながりを，後押しするような新しい動きが始まっている。

　SNS等のICTインフラが市民の日常の暮らしに浸透していくことで，モノ，お金，サービス等の交換・共有の可能性が飛躍的に高まり，時間，場所，契約にとらわれない経済のあり方として「シェアリングエコノミー」という言葉が注目を集めている。

シェアリングエコノミーは，空き部屋や空き家などの貸出から，料理やDIYの代行など「個人が保有している遊休資産や余暇時間を他者に貸出し，有効に活用することで，社会全体にとって新たな価値を生み出すビジネスモデル」であるといえる。シェアリングエコノミーにおけるモノ，お金，サービスの交換・共有は，インターネットを介在して行われ，インターネットがあるからこそ成立するサービスである。

　シェアリングエコノミーは，消費者，事業者，働き手のそれぞれにメリットがある。まず消費者にとってのメリットは，企業の仲介が減少し中間マージンが抑えられ，これまでより低料金でサービスやモノを手にすることができるということ。事業者にとってのメリットは，クラウドソーシングなどに代表されるように，自ら所有しなくても，インターネットを介在して，外部からスキルや資金を容易に調達することが可能になったということ。そして，働き手にとってのメリットは，組織や集団に雇われ，時間や場所を拘束され，単一の仕事に専念するというこれまでのような就労形態を必ずしもとらなくても多様な働き方のできる選択肢が広がったということである。たとえば介護や子育てなどのため長時間労働が不可能な市民であっても，ニートなど困難を抱える若者やシングルマザーであってもシェアリングエコノミーの仕組みと循環の中にコミットメントすれば，それぞれの事情に応じて無理のない形で，就労に向けた一歩を踏み出すことのできる社会経済的な環境が整いつつあるということである。

　そんなシェアリングエコノミーの担い手として代表的な企業が横浜市中区に所在する株式会社 AsMama である。AsMama は，シェアリングエコノミーの分野でも「子育てシェア」という新しい概念を横浜発で社会に発信した企業である。AsMama のビジネスモデルは，同じ園や学校に通うママ・パパ友だちや顔見知りの友だちとつながって子どもの送迎や託児を頼り合う仕組みを構築しているところにある。必要な時に自宅等の登録地点から概ね半径2kmの範囲の知り合いに1対多で「助けて」を発信。さらに長時間保育等近隣では預かってくれる人が見つかりにくい場合にも，半径5km，10km，20kmと段階的に範囲を広げて発信ができるようになっている。助けてくれた人には1時間500円〜の謝礼を払う仕組みや，万が一のけがや事故が起こった場合に保険がきく制度をもうける等，子育て世帯と地域の顔見知りで子育てを手助けしたい人たち

にとって，かゆいところに手が届くオンラインサービスとして，累計利用者数は，まもなく5万人に達するなど全国にも広がりを見せている。

このように SNS を介して，助けたい人と助けてほしい人が出会う仕組みが浸透していけば，近所に暮らしながらも知り合っていなかった人たち同志が出会い，サービス利用者だった人がサービス供給者側に回る等，善意の循環が地域を結び付けていく可能性が飛躍的に拡大する。

すなわち AsMama は ICT を活用することで「雇用によらない多様な働き方」を支援すると共に，子育てを通じて地域コミュニティの関係性を再構築していく活動の媒体にもなっているのである。

■コミュニティ活動と市場経済の「汽水域」を広げる

1990年代後半以降の社会の構造的な変化に対応していくためには，既存のコミュニティ活動を「市場経済」とつなげる必要があり，また，つながる兆しがうまれてきていること，一方で，市場経済の側にも「シェアリングエコノミー」という形で，コミュニティ活動とつながるための汽水域ができ始めていることを素描した。

コミュニティ経済を育成・活性化するとは，このようにコミュニティ活動と市場経済の両者が接近することで，交り合う「汽水域」を拡大していくことに他ならない。ただし，市場経済が ICT を活用することで時間や空間の制約から解き放たれ，その担い手は匿名化，グローバル化し続けているのに対して，コミュニティ活動は，お互いの顔が見える，身近な生活圏を活動範囲とした個別的かつ完結充足型の活動である。また市場経済が個人の利益を最大限追求することを，その活動の源としているのに対して，コミュニティ活動は，他者とのつながりによる共同の利益を達成することを目的とした行為である。

したがってコミュニティ活動が市場経済とつながることによって，市場経済に飲み込まれ，本来の目的や内容が変質しないよう十分に配慮すると共に，「シェアリングエコノミー」の動きなどを媒介にしながら，現在の市場経済を，2000年代以降の社会変動に対応できるものへと変革していく視座をもつことが大切である。

このような方向性で自治体として「コミュニティ経済」を育成・活性化する

ことによって，第2のセーフティネットを拡充していくための筋道が見えてくるのではないか。

3　ローカルグッドヨコハマが目指す「コミュニティ経済」

　以上で述べてきたコミュニティ経済の育成・活性化に向けて横浜市において2014年から稼動している仕組みの一つが「ローカルグッドヨコハマ」である。
　「ローカルグッドヨコハマ」は，外資系コンサルティング会社のアクセンチュアとNPO法人のコミュニティデザインラボが構築・運営するICTを活用した地域課題解決のための総合的なプラットホームである。このプラットホームは主に3つの機能をもつ。1つ目は，ソーシャルメディアやスマートフォンアプリなどを活用して広く市民が抱える課題を集める。2つ目は，集めた課題を3Dマップ上に表示したり，イラスト化したりといった手法でわかりやすく伝える。さらに，インターネットを活用して，課題解決のために市民自らがプロジェクトを立ち上げ，不特定多数の市民から資金を調達することを支援するクラウドファンディングの機能である。ちなみにこのプラットホームの運営にあたって，本市はオープンデータという形でのデータの提供や市民がプロジェクトを実現するための対話の場づくりには協力しているが，システム構築や運営に費用は一切，供出していない。
　それでは，ローカルグッドヨコハマは，具体的にどのような形で，本市におけるコミュニティ経済の育成・活性化や，それを通じた第2の社会的セーフティネットの拡充に寄与・貢献しているのであろうか？　ローカルグッドヨコハマのクラウドファンディングを活用することで成立したNPO法人や社会福祉法人による社会課題解決のためのプロジェクトをいくつか取り上げ，その趣旨や内容を検討・分析することで考えてみよう。

■ローカルグッドヨコハマ（クラウドファンディング）の3つのプロジェクト
　ローカルグッドヨコハマがそのクラウドファンディングの立ち上げと共に，最初に支援したプロジェクトは，「いのちの木のおばあちゃんの編み物会社」と「ファールニエンテのコミュニティガーデン」，「田奈高校のバイターン」の

3つであった。以下にそれぞれのプロジェクトの趣旨内容について概説する。

(1) いのちの木「おばあちゃんの編み物会社」プロジェクト

　横浜市営地下鉄ブルーライン仲町台駅そばにあるコミュニティカフェ「いのちの木」には，毎週水曜日になると，高齢の女性たちが集まる。無垢材でできた大きなテーブルを囲み，色とりどりの毛糸を使っておばあちゃんたちは編み物を始める。

　NPO 法人「五つのパン」が運営する「いのちの木」がオープンしたのは2012年 1 月のこと。同じ都筑区内で「マローンおばさんの部屋」というカフェを開き，障がい者の社会参加を模索してきた同法人だが，「いのちの木」という場を創ったのは「障がい者」という認定がないまでも，さまざまな「生きづらさ」を抱えて苦しんでいる人たちに対するケアの仕組みを創っていくためだったという，すなわち地域に根差した NPO 法人として，発達障がいや高齢者など「制度にのらない」人たちの孤独感や社会とのつながりの希薄さをどのようにケアしていくのかが，活動の大きなテーマだったという。

　「いのちの木」運営が始まって約 1 年後の2013年，「自分ではもう編み物が編めない，だれか続きを編んでほしい」という近隣のおばあちゃんの呼びかけに答えたことがきっかけとなり「編み物サークル」が始まった。

　そして2014年の春，このいのちの木の編み物サークルにファッションエディターの楠佳英さんが訪れ，ハンドメイドバッグブランド「Beyond the reef（ビヨンドザリーフ）」で販売するニットクラッチバッグ製作を依頼した。これが契機となってバッグ作りに参加したおばあちゃんたちは，熱心に研究を重ね，ていねいに作品づくりに取り組んだ。その甲斐あって，「JJ」（光文社）などで紹介されたニットクラッチバッグは非常に好評で，オンライン出品後，約30分で完売する人気となった。

　こうした成功体験によって自信をつけてきた彼女たちには，次第に「自分たちのブランドをつくりたい」という想いがわきあがってきたという。編み物サークルに参加している一人暮らしの高齢者は「編み物サークルを始める前では，一日テレビをみて，ひまをどうやってつぶそうかという生活でした。ここで編み物を始め，作品ができあがることも楽しいし，それが売れればもっとうれしい。張り合いがあります。近くに住む子どもたちにも『おかあさん，元

気になったね』といわれるんですよ」と話す。

　高齢の女性たちのパワーを眠らせておくのはもったいない。この力を活かし，「いのちの木」に集う人々や，周囲の人たちのサポートを得ながら，高齢女性が自分たちのブランドを自分たちで立ち上げ，運営していく「おばあちゃんの編み物会社」の設立を目指すというのが，このプロジェクトの目的であった。

　そのための第一歩として，まずはブランドの目玉となる素敵な商品の開発をする。

　取り組むからには，若い女性たちに「素敵だな，ほしいな」と思ってもらえるデザインを手がけたい。そのためには，技術とセンスをもった専門家の指導とよい素材＝毛糸の調達が必要となる。そのための資金的なサポートを，今回クラウドファンディングで訴えた。

　この「いのちの木」のプロジェクトは，目標金額30万円に対して，42万6800円という寄付額を集め，プロジェクトが成立。プロジェクト実施中に新聞やテレビなど複数のメディアに取り上げられたことで，デザイナーや子育て中の主婦など多くの協力者が現れ，プロジェクト成立から1年後にニット帽やアームウォーマーを製品として開発し，ドルカスという新ブランドを立ち上げた。

(2) ファール　ニエンテ「みんなの庭」プロジェクト

　2014年11月15日，横浜市営地下鉄ブルーライン・下飯田駅のすぐ近くに，社会福祉法人「開く会」が，障がい者の働く場としてパン製造販売，イタリアンレストラン，小麦や野菜の生産を行う「ファール　ニエンテ」を開設した。

　「ファール　ニエンテ」とは，イタリア語で「なにもしないこと，無為」という意味である。「dolce far nientet ＝甘美なる無為」という慣用的な使い方をすることが多く「なにもしないことを楽しむ，味わう」という意味，価値観の転換をこの新しい場所に込めているという。

　「開く会」は，1975年にさまざまな地域の福祉課題に取り組もうと現理事長の鈴木が設立した「んとすの家」を母体に「障がいを持つ人のために役立ちたい」と自らの土地と家を提供し，彼らの居場所として「共働舎」を設立したことから，活動が始まった。

　以来，24年の間にわたって活動を続け，「障がい者の社会参加の場」を地域の理解のもと，少しずつ着実に広げてきた。現在は陶芸・パン・農園芸・販売

の4部門をもつ作業所・9軒のグループホーム・3カ所の地域ケアプラザ管理運営を担うなど，泉区・戸塚区の福祉に必要な地域資源となっている。

　2014年11月に開設された「ファール　ニエンテ」は，敷地が2400平方メートル，延床面積は約380平方メートルで，吹き抜けのある平屋建てがメインの建物である。

　敷地にはハウス栽培用の温室・作業小屋が建てられ，ハーブの栽培や周辺の畑で収穫した野菜の処理・販売などが行われている。メインの建物では，パン製造・販売，イタリアンレストランの運営が行われている。

　この場所は，これまで「共働舎」運営などで積み重ねてきた実績を，障がいをもつ人たち自身がその姿をもって，地域に伝える場となっている。具体的には，パン製造販売・イタリア料理，小麦や野菜の生産を仕事として，日々訪れる人をもてなしている。近くに借りている畑では，小麦を育て，「泉区産の小麦を使ったパンやピザ」を創っている。

　今回，ローカルグッドヨコハマのクラウドファンディングを活用して呼びかけられたのは「ファール　ニエンテ」に誰もが憩える「コミュニティガーデンをつくろう」という提案であった。

　障がい者福祉に関心がなくても，時に園芸教室などが開かれたり，地元の野菜の直売などの市が立ったりする場に，自然と足が向く。そこで時折，障がいはあってもいきいきと働く人たちの姿を目にする――。

　樹を植え，木陰をつくり，その下で風吹かれ，人が笑顔になる――。何をするでもなく，ただ，そこにいて，心地よい，そういう居場所づくりのために「樹」を植える，このプロセス自体に「公共的」「共生的」な色合いをもたせたいと考え，資金的なサポートをお願いすることが今日のプロジェクトの目的であった。

　この「ファール　ニエンテ」のプロジェクトは，目標金額20万円に対して，32万1500円という寄付額を集めてプロジェクトが成立。これによって，ファールニエンテの敷地内に「コミュニティガーデン」が整備され，「ファール　ニエンテ」で働く障がい者と住民の交流の場となっている。

⑶ 有給職業体験プログラム「バイターン」実施プロジェクト

　「バイターン」とは職業的経験であるアルバイトと，企業内の教育的なイン

ターンシップをかけあわせた新しい「中間的就労」のモデルである。

　「普通科課題集中高校」と呼ばれる高校には，生活困窮世帯などさまざまな困難を抱えている，もしくは困難を抱えるリスクの高い生徒が多く在籍している。バイターン実施プロジェクトは，高校を卒業後に就職を希望する生徒に，本プロジェクトが開拓した企業を紹介し，3日間の職場体験「インターン」を実施するというものである。

　この3日間を面接機会として，学生と企業のマッチングを図る。3日間のインターンのあと，希望した生徒と企業は「アルバイト」の雇用契約を結び，高校生はアルバイトを開始。アルバイト期間中も，企業・学校・本プロジェクトのコーディネーターが生徒の成長を見守り，卒業後の正規雇用への移行サポートを行うという継続的な就労支援プロジェクトである。

　「バイターン」は，もともと2012年1月〜2013年3月末まで，神奈川県の「新しい公共支援事業」の支援金を受け，神奈川県立田奈高等学校，株式会社シェアするココロ，NPO法人ユースポート横濱，パソナ，横浜市が運営協議体を組み，実施してきた取組みであった。

　企業開拓から生徒のフォローまで一貫して行い，地元企業を中心に説明して回った結果，受け入れに協力する企業は約40社まで増えた。これまでのバイターン事業で，インターンを行った生徒は28人，アルバイトについた生徒は21人，正社員として就職を果たした生徒は2人となっている。

　ところが，2013年4月からは神奈川県からの支援金はなくなり，当プログラム自体の運営継続が難しくなった。

　今回のクラウドファンディングでは，協力企業を募り，事業を周知し，生徒とのマッチングおよび伴走支援を行うための費用であった。具体的には，就職希望の生徒と新規受入企業のマッチング（生徒への丁寧な事前研修，不安の強い生徒の付き添い，生徒企業の双方に対するアフターフォロー，雇用契約時のサポート等）と日常会話を通じた学校図書館での交流相談（ぴっかりカフェの教員・生徒への浸透，延べ500名の生徒へのリーチ〔カフェ利用〕，教員との情報共有体制の確立）があげられている。

　この「バイターン」のプロジェクトは，目標金額60万円に対して，100万円という寄付額を集めてプロジェクトが成立。これによって，田奈高校の図書館

に「ぴっかりカフェ」が開設された。「ぴっかりカフェ」は，在校生や卒業生が，コーヒーやジュースを無料で飲みながら，くつろいだ雰囲気の中で生徒と先生が気軽に利用できる居場所として，また，若者を支援する専門家と大学生のボランティアがスタッフとなり，何気ない会話や生徒の悩みを聞いてくれる相談窓口として活用されている。

■「コミュニティ経済」を実現するうえでの3つのプロジェクトの共通点

　「いのちの木」「ファール　ニエンテ」「バイターン」という3つのプロジェクトは，いくつかの共通点をもっている。一つはひきこもりがちな高齢者であれ，障がい者であれ，困難を抱える高校生であれ，就労を通じた社会参加を目指している点である。しかもなるべく付加価値の高い働き方をすることで，労働の成果物に対して，市場から高く評価されることを目指して。これはまさに3つのプロジェクトともに社会的な困難を抱えていたとしても，働くことによって自己肯定感を高めることができるし，より高い賃金を稼ぐことで経済的自立が可能になるという考え方が貫かれていることがわかる。

　一方で働くこと（またはそれに向けた訓練）が，多様な人たちの交流において行われるという特徴をもっている。その場が図書館を活用したカフェであったり，社会福祉施設の敷地を利用したコミュニティガーデンであったり，いのちの木というコミュニティカフェそのものであったりするが，いずれもこの場（空間）を通じて，働くことが地域に開かれそれが参加者の活力や安心感の源になっている。

　またこれらのプロジェクトはいずれも地域社会に根差して，働き，地域の中で経済を回していくことを志していることも特徴だ。地元の高校を出て，地元の企業で働く。長年の経験で培った生活技術を活かして，地域でモノづくりをする。自分たちで麦や野菜を栽培し，それを原料にパンやピザを焼き，自分たちのお店で販売する。

　これらの活動に共通しているのは，何らかの困難を抱え，生活保護に移行するリスクが高いと考えられる市民に対して，多様な他者との交流やケアを通じて，安心して生活できる環境を提供すると共に，就労によって社会・経済的な自立を促しているという点である。すなわち，いずれも「第2のセーフティネッ

ト」を拡充するという困窮者自立支援法の趣旨を具現化した活動であるのだ。

　また，この3つのプロジェクトは，行政の補助金や委託事業としてではなく，ローカルグッドヨコハマという ICT プラットホームを通じた多様な主体の連携と市民の大衆的な力によって実現したという点が注目に値するだろう。

4　おわりに

　本章では「生活困窮者自立支援法」の趣旨を具現化していくためには，すでに困難を抱えている特定の市民のみを対象にして事業やサービスを展開していくのではなく，2000年代以降，生活に不安や心配事を抱える市民が増えていく中で，あらゆる市民が依って立つ「第2のセーフティネットの基盤」（家族や職場，地域社会等による相互扶助・支援機能）そのものを社会の変化に応じて再構築していくことも必要ではないかという仮説に立って論を進めてきた。

　そのための政策フレームとしてコミュニティ活動と市場経済の汽水域としての「コミュニティ経済」という概念を提示し，それを育成・活性化するためのプラットホームとして「ローカルグッドヨコハマ」の取組みを紹介した。ただしローカルグッドヨコハマは，コミュニティ経済を具現化していくための一里塚に過ぎない。コミュニティ経済を着実に育成し，第2のセーフティネットを拡充していくためには，たとえば町内会・自治会，NPO，企業，大学研究機関，行政が連携し，共創することで新たなビジネスや事業，仕組みを創発していくための拠点（リビングラボ）を地域に整備するなど今後，検討され，取り組むべきアイデアや施策，事業は，まだまだ多いと考えられる。

　「生活困窮者自立支援法」の趣旨である第2のセーフティネットを拡充していくことは，横浜市のみならず，他の自治体においても重要な政策課題であるはずだ。本章を契機に横浜に留まらず，同じ志をもつ全国の自治体職員やNPO スタッフ，企業人の方々と目的達成に向けたアイデアや情報の交換・交流ができれば幸いである。

　　1)　生活困窮者自立支援法において「生活困窮者」とは「現に経済的に困窮し，最低限度の生活を維持することができなくなるおそれのある者をいう」（2条1項）と定義されている。

第9章

人口減少社会に求められる生活困窮者自立支援制度のあり方とは？

地方創生への貢献

切通 堅太郎

1 "人口減少社会"の到来

■ 消滅可能性都市896の衝撃

2014年 5 月 8 日，日本創成会議・人口減少検討分科会が，日本の自治体の約半分にあたる896の市区町村を「消滅可能性都市」と発表し（図表 9 - 1），日本中に大きな衝撃を与えた。ここでは国立社会保障・人口問題研究所における全国市区町村別推計に基づいた独自推計を行い[1]，若年女性（20〜39歳）が今よりも50%少なくなる市区町村を「消滅可能性都市」と位置づけ，さらにその中でも 1 万人未満の市区町村を「消滅可能性が高い」と指摘，それらの市町村リストが発表された。若年女性に注目したのは，人口の再生産を中心的に担うのが「20〜39歳の女性人口」であるためであり，地域の人口の再生産力を表す指標として取り上げられたのであった[2]。

ここでは「消滅」というインパクトのある言葉があえて用いられた。それは将来的に住民が本当にゼロになるという意味で用いているのではなく，地域の若年女性（20〜39歳）が減少することにより人口の再生産力が低下すれば人口が一挙に減少し，行政体としての機能を維持することが難しくなるという意味で「消滅」という言葉が使われたのであった[3]。この発表は，人口減少の危機感を広く国民に周知させ，その対策に取り組まなければならないという機運づくりには大きく貢献したと言える。

■ 日本全体における人口減少──出生数の減少

わが国における人口は，住民基本台帳ベースでは2008年をピークに減少に転じ，国勢調査では2015年結果で初めて減少した。人口減少になった最大の要因は，図表 9 - 2 で示すように，第 3 次ベビーブームを形成できなかったことに

図表 9 - 1　2040年に20〜39歳の女性が50％以上縮小する市区町村[4]
　　　　　（消滅可能性都市）

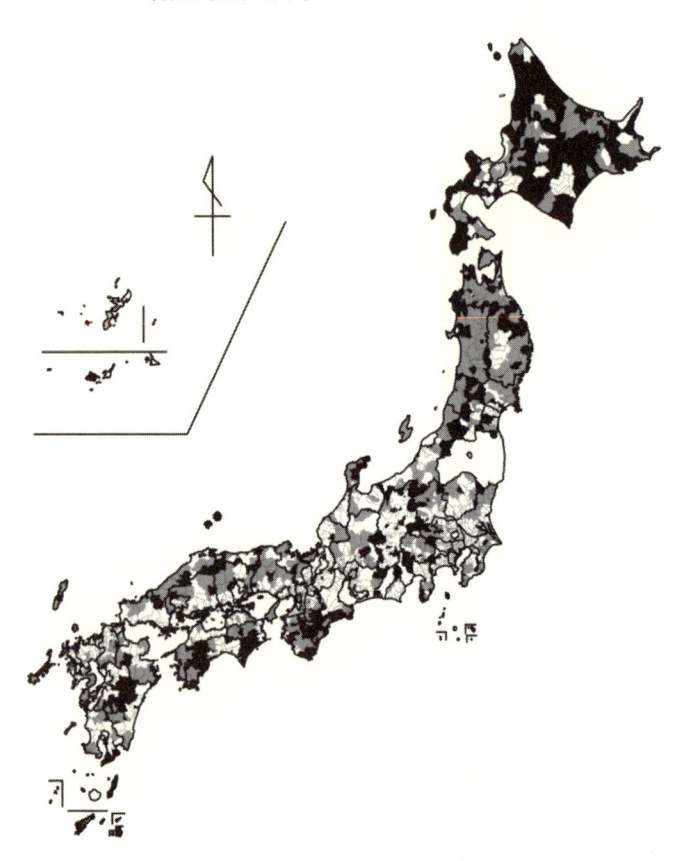

　　人口移動が収束しない場合において，2040年に若年女性が50％以上減少し，
　　人口が1万人以上の市区町村（373）
　　人口移動が収束しない場合において，2040年に若年女性が50％以上減少し，
　　人口が1万人未満の市区町村（523）

出典：一般社団法人北海道総合研究調査会作成

ある。戦後，2回にわたるベビーブームがあったが，団塊ジュニアによる第3
次ベビーブームは発生しなかった。なぜ第3次ベビーブームが発生しなかった
かについては諸説あるが，団塊ジュニアのさらにその子どもが20代〜30代にな
る時期とバブル崩壊以降の不安定経済が重なっていることは一つの要因と考え

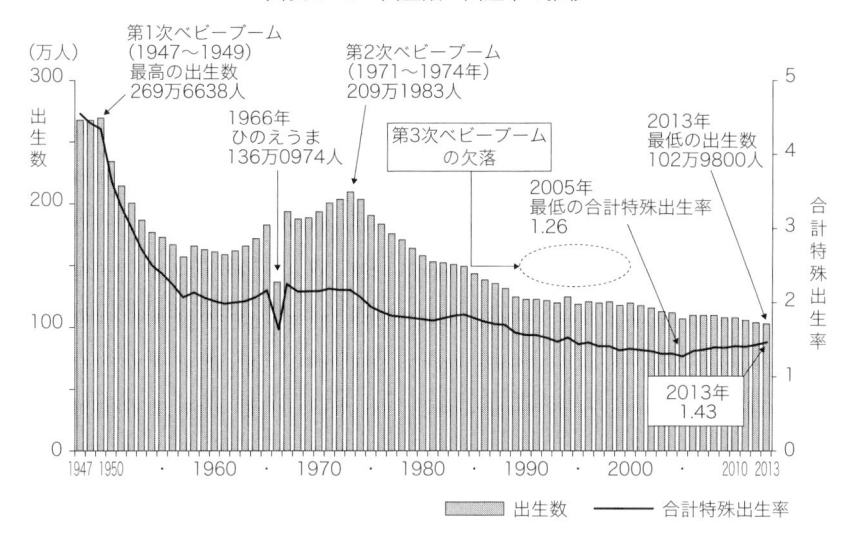

図表 9 - 2　出生数・出生率の推移

出典：まち・ひと・しごと創生本部「総合戦略」資料より
　　　（http://www.kantei.go.jp/jp/topics/2015/panf20150213.pdf）
出典元資料：人口動態調査

　られ，このことは生活困窮者自立支援制度の成立の背景と通底している。

　図表 9 - 2 の右軸で示した合計特殊出生率とは，「 1 人の女性が生涯で産む子供の平均数を示す人口上の指標」であり，その1970年代以降の数値をみると低く推移している。人口規模を維持する出生率は2.07であり，それを下回るといずれ人口規模を維持することはできなくなる。わが国は2.07を下回ってから久しいが，人口の慣性（後述）が働き2008年までは人口が増加し，それより後は，出生数よりも死亡数が多くなり，人口減少段階に陥った。

　なお，2014年 1 年間の出生数の推計値では100万1000人であるが，今後，出生率の低下と出産可能な若い世代の人口が減少していくことと相まって，出生数の減少も加速化が見込まれ，人口の減少も進むことが予想されている。

■ 地方における人口減少──人口の流出

　日本では海外からの転入数はごく限定的であるため，日本全体の人口動態は

図表 9 - 3　北海道の都市部と地方部の人口動向

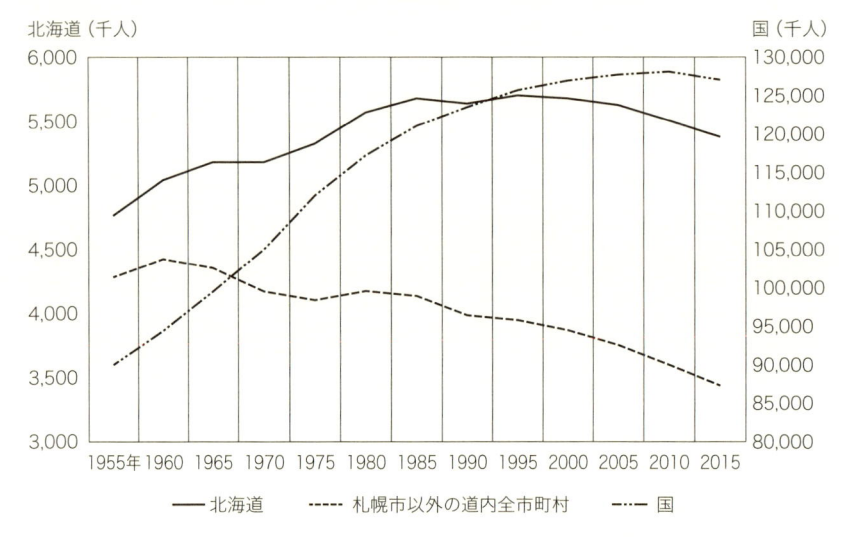

出典：国勢調査より作成

自然増減（出生数，死亡数）に起因する。しかし，日本の各自治体の立場からすると，自然増減に加え，転入・転出者の社会増減の影響も大きい。日本全体では2008年からの人口減少であっても，地方では，出生率が高かったとされる1950年代からすでに人口減少が始まっているところもある。

　図表9 - 3は，北海道における国勢調査ベースの人口動態を示したものである。札幌市以外の人口の推移をみると，1960年をピークに減少している。この減少は社会減，つまり，転出超過の影響が大きい。

　図表9 - 4は，東京圏への人口移動（転入超過数）と地域間所得格差の推移をみたものである。地方からの人口流出および東京圏への人口集中は，経済・雇用情勢の格差が影響しているとみることができる。このことは，逆にみると，地方における雇用の創出が，東京一極集中の是正につながることを示唆している。

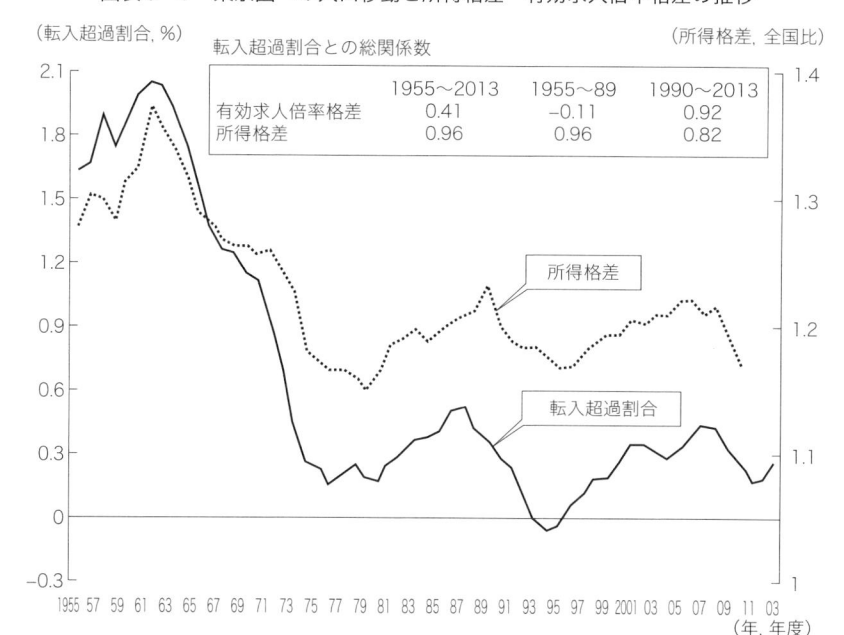

図表 9 – 4　東京圏への人口移動と所得格差・有効求人倍率格差の推移

出典：まち・ひと・しごと創生本部「総合戦略」資料より
　　　（http://www.kantei.go.jp/jp/topics/2015/panf20150213.pdf）
出典元資料：総務省「住民基本台帳人口移動報告」，厚生労働省「一般職業紹介状況（職業安
　　　定統計）」，内閣府「県民経済計算」より国土交通省国土政策局作成
※東京圏は，埼玉県，千葉県，東京都，神奈川県。
※転入超過割合は「（転入者－転出者）／総人口」，所得格差は「1人あたりの県民所得の東京
　　　圏平均／全国値」，有効求人倍率格差は「有効求人倍率の東京圏平均／全国値」で計算。グ
　　　ラフ内の数字は各期間の転入超過割合と格差指標の相関係数。

2　人口減少に対しての政策的対応

■国と地方の政策的対応

　地方ではすでに高齢者の人口さえも減り始めており，多くの自治体において
人口減少は避けられない。この潮流を見据え，人口減少社会に陥るスピードを
緩め，その間に人口減少下にふさわしい社会システムを構築することが求めら
れる。前述の日本創成会議による発表は，将来に向けての地域戦略を早急に練
り直すことも迫っている。

図表 9 – 5　国と地方の人口ビジョンと総合戦略

	ビジョン	総合戦略
国	【国の長期ビジョン】 2060年に1億人程度の人口を確保する中長期展望を提示	【国の総合戦略】 2015〜2019年度（5か年）の政策目標・施策を策定
地方	【地方人口ビジョン】 各地域の人口動向や将来人口推計の分析や中長期の将来展望を提示	【地方版総合戦略】 各地域の人口動向や産業実態等を踏まえ，2015〜2019年度（5か年）の政策目標・施策を策定

出典：まち・ひと・しごと創生本部各種資料より

　そうした警鐘に対して，政府としても2014年6月の「経済財政運営と改革の基本方針」（いわゆる「骨太の方針」）の素案において，「50年後に1億人程度」という数値目標を設定，同年9月には内閣官房に「まち・ひと・しごと創生本部」が設置され，省庁横断的に人口減少や少子化対策へ取り組むこととなった。同年11月にはまち・ひと・しごと創生法が制定，同年12月には日本全体の人口減少対策の戦略として，「まち・ひと・しごと創生総合戦略」が閣議決定された。ここでは，全国の地方自治体に対し，人口動態の要因や展望等人口分析を行う「地方人口ビジョン」の策定や，それを基に今後5年間の目標・基本的目標・施策を提示する「地方版総合戦略」策定を求め，2015年度は全国のほとんどの自治体において，「人口ビジョン」「地方版総合戦略」が策定されたのである（図表9 – 5）。

■政策の総動員の必要性

　人口増加・減少の動きは，巨大タンカーの舵取りと表現されることがある。巨大タンカーは舵を切ってから，慣性が効いて実際に船体が向きを変えるまで数キロもかかることもある。人口政策もそれと同様，今すぐ対策を講じても，その効果が出るのは後の世代ということもある。効果が出るまで時間がかかるので，施策としてこれまで後回しにされやすい政策だったとも言える。

　人口減少対策は早ければ早いほど効果が大きく，逆に言えば放置すればより一層人口減少は加速する。冒頭で触れた「消滅可能性都市」の発表は，危機感を煽り，地方に諦念の思いを抱かせたということで批判されることもあるが，これまでなかなか着手されづらかった人口政策に舵を切らせたという点では評

価されるべきであろう。

　また，人口減少対策は，とくに切り札がない政策とも言われている。自然減，社会減の要因が多岐にわたり，かつ，複雑に絡み合い，対策のモデルを構築しにくい分野である。そのため，国，地方自治体とも，それぞれの立場においての政策の総動員が求められる。

　そして，この生活困窮者自立支援制度は，政策総動員の中で鍵となる可能性がある制度と言える。その可能性について次節以降触れることとする。

3　生活困窮者自立支援制度が地方創生に果たす役割・可能性

■調整戦略と積極戦略

　人口減少対策の戦略として，主に人口の社会移動に注目した「調整戦略」と「積極戦略」という考え方がある。

　「調整戦略」とは人口が減少していく地域社会に即した効率的なまちづくりを推進する際に使われる，いわゆる「守り」の戦略と位置づけることができる。[5]人口減少が続くことにより，今の行政および民間サービスがそのまま継続して提供され続けることは難しい。限られた資源・機能を効率的に活用して，人口減少下であっても暮らすことができる社会を目指す戦略が調整戦略である。たとえば，散在している住居や生活機能をある拠点（街なか等）に誘導し，集住を促すコンパクトなまちづくりを目指すことや，拠点と集落とを交通ネットワークで結び社会資源・機能を効率的に活用していく「小さな拠点」などは，そうした調整戦略の一種と考えることができる。

　一方，積極戦略とは，定住人口・交流人口を積極的に増加させていく視点での戦略であり，いわゆる「攻め」の戦略と位置づけられる。たとえば，新たな働き口や産業創出を目指す施策や，移住促進のための窓口設置，住宅開発による定住人口の増加を目指す施策，さらには，観光などによる交流人口増加を目指す施策などもこの積極戦略であると考えられる。

　以下では，「調整戦略」と「積極戦略」の双方の視点から，生活困窮者自立支援制度が，人口減少下の政策として，また，地方創生の政策としてどのように連携し得るかについて，主に社会移動の視点において整理する。

■「調整戦略」の視点から

　人口減少社会における「調整戦略」として生活困窮者自立支援制度が担い得る役割とは，当該制度が，「横断的」な支援を追求していることに起因する包括性に見出すことができる。たとえば，地域包括支援センターや障害の相談窓口は，現在機能していたとしても今後人材不足等により相談に対応できない可能性がある。その他の既存の社会資源も，従来の支援手法では対応できなくなる可能性もある。支援の入口・手法の機能低下に対し，包括的な支援を目指す当該制度は，全般的にフォローし得る。ことに近年では，当該制度の成立背景にもあるように多問題を抱える世帯に対してのアプローチを求められることが多い。既存の行政の専門窓口，たとえば，介護，障害，母子など専門分野だけでは対応しきれない課題を包含することが期待されているのが自立相談支援機関であり，これからの地域全体の福祉を考えていく上で当該制度は重要な機能をもつと言える。

■「調整戦略」の具体的事例

　「調整戦略」の具体的な実践としてアウトリーチに関する取組みがある。1つ目の調整戦略の例として，限界集落に対しても積極的にアウトリーチを行っている徳島県三好市の事例を紹介する。三好市は平成の大合併で出来た自治体で，飛び地もある広域自治体であるが，相談支援員が個別訪問を積極的に行い，地域のSOSを拾っている。その中には，直接困窮に関係のない情報，たとえば，獣害の苦情や自宅前の史跡の活用など多様であるが，地元および近隣出身である相談支援員が日常的に情報収集，庁内の関係課等へつないで住民の課題解決の一翼を担っている。なお，相談の中で，困窮に関連する情報（例：受信料が払えない，年金が足りず生活できない等）については，自立相談支援機関としてすぐに対応していくこととなるという。広域な面積でありながら住民の小さなSOSも積極的にアウトリーチしていくということを，制度施行1年目から直営で実践している。

　また，調整戦略の2つ目の事例としては，社会福祉協議会が自立相談支援事業を受託し，社協のコミュニティソーシャルワーカー（CSW）と連携・展開している沖縄県糸満市を取り上げる。糸満市の場合，CSWも生活困窮者支援の

中でのコーディネーターとして機能しており，たとえば，ミニデイサービスが終わった後の場所を開放して「移動商店」を開催，そこで，市内の障害者就労継続支援施設で栽培した野菜を販売，相談者の居場所としても展開させている事例がある。ここでは，買い物難民対策としての「買い物支援」，障害者の自立に向けた「障害者就労支援」，移動商店で生まれるコミュニケーションによる「居場所づくり支援」といったさまざまな機能を生み出しており，生活困窮者の個別支援を通じた地域づくりへの相乗効果が出てきている。

　これらの2つの自治体の話はどちらも非都市部での事情であり，地方だからこそ展開できる調整戦略であるかもしれない。そこで，次に都市部の事例として東京都狛江市の事例に触れる。人口8万人で都心から電車で約30分に位置する狛江市にも，地方出身者は多数居住する。制度本格施行後にある相談として，狛江市に居住する地方出身の独居の若年者の中でのいわゆる「引きこもり」に対し，若年者の地元の親族が自立相談支援機関を通じて相談してくる事例である。いわゆる引きこもりに関しては，親と同居していてもアウトリーチが難しい事例の一つであるが，親元からの距離が離れていることでの支援の遅れ，問題の潜在化は避けられない。こうした問題に対し，自立相談支援機関が地方と都市をつないでいる事例もある。

　これら「調整戦略」取組みは，今すぐ人口増につながるものとは言いがたく，かつ，自立相談支援機関にとってケースが増える（負担が増える）というマイナスな面がある。しかし，こうした課題をもつ住民を看過していけば，より重度の事例として，いずれ顕在化する。人口の減少を受け止めた上で，より地域の負担を悪化させないための調整戦略として，生活困窮者自立支援制度を活用していくことは，これからの地域戦略の中で有効なツールと成り得る。

■「積極戦略」の視点から

　それぞれの地域が，人口減少を既成事実として捉えたとしても，「調整戦略」のみでは，人口が減少していくスピードを今よりも緩やかにすることはできない。現に国が定める「総合戦略」でも「地方の安定した雇用を創出」「地方への新しいひとの流れ」といったような積極的なひとの動きを求めており，こうした項目をベースにした「地方版総合戦略」を地方自治体にも構築するよう求

めている。積極的な人の動きを促進させる，または仕事をつくりだす戦略においても，生活困窮者自立支援制度の可能性を垣間見ることができる。

■「積極戦略」の具体的事例

　生活困窮者自立支援制度の取組みで「積極戦略」に該当すると思われる事例としては，大阪府豊中市や福岡県古賀市の事例を取り上げる。

　まず１つ目の取組みとして，豊中市での相談者が，インターンシップとして遠距離にある高知県れいほく地域で農業体験（野菜の収穫や育苗などの体験）を行い，当地にて８人（2015年６月時点）が就労したという実績を挙げる。これは，相談者の就労支援，とくに職業経験が少ない，職種転換が問われているなど，これから「キャリアを開く」段階の相談を支援したということに加え，高知側にとっては「転入数」としてカウントできる。むろん豊中市において，その数値はマイナスの「転出数」となるが，人口約40万人の豊中市でも用意できない農業分野の体験実習・就労の選択肢を提供できることは支援カードの一つになる。

　これは，新たな意味での「交流人口の拡大」とも言える。これまで「交流人口の拡大」とうたう場合は，そのほとんどが観光客の増加を目指したものであった。一方豊中市の取組みは，新たな職種へのチャレンジを他地域で体験・就労してもらうという点で，「雇用」と「就労支援」を切り口にした交流人口拡大の取組みとも言える。豊中市の就労支援施策は市民の職業選択の幅を広げており，このことは都市の魅力向上にもつながる。

　２つ目として，利用者の特性に合わせた出口の開拓とマッチングを行っている事例を２つ（豊中市と福岡県古賀市）取り上げる。豊中市での取組みは，「無料職業紹介」で職業を紹介するということにとどまらず，自立相談支援機関が，相談者の相談を踏まえアセスメントを深めつつ，その人に合った実習・出口（就労の場）を，市域を超えた企業から開拓している。単に地元企業に求人を依頼するだけではなく，その企業がどのような業態・業種・ミッションで，どのような分野の人を欲しているかどうかを把握，さらにはその企業の業務特性を踏まえ，自立相談支援機関の相談者の体験実習先や出口を確保するというものである。

また，古賀市は福岡県内において北九州市，福岡市に次ぐ3番目に無料職業紹介を開始するなど雇用施策には先駆的に取り組み，生活困窮者自立支援制度が本格施行された後は，福祉部門と企業支援部門のセクション間連携を深めている。企業支援部門の重要なミッションとして，求人と求職のミスマッチを無くすことを掲げており，この問題意識は福祉側の問題意識とも親和性がある。企業支援部門が地元企業に対し市としての施策説明を行って関係を築く中で，企業側が欲しい人材を把握，そのことを福祉部門と情報の共有を図り，企業と求職者とのマッチングを行っている。

　2つの自治体に共通するのは，地域の人材不足は深刻な地域課題ということと，その課題に対し，福祉だけの観点にとらわれず企業側の立場も踏まえた人材のマッチングを行っている点である。

　さらに言えば，これらの取組みは，自治体の労働政策の選択肢を増やして，地域の労働市場を多様なものとしているとも言える。国が取り組む労働政策では，国全体の企業・経済に影響を与えることができるが，そもそも自治体が取り組む従来の労働施策では，従業員一人に対して補助を出すということが一般的であり，自治体の施策効果は限定的にならざるを得なかった。しかし，生活困窮者の支援を契機とし，出口を開拓することや，他地域と連携して一人ひとりの職域の可能性を広げているこれらの事例は，自治体のおける新たな労働政策であり，積極戦略の一つであると言える。

4　おわりに

　本章では，近年大きな政策的課題である人口減少問題・地方創生について，生活困窮者自立支援制度とどのように連携し得るのかについて整理した。

　便宜的に調整戦略と積極戦略とに分けて具体的事例について触れたが，他にも，調整戦略と積極戦略とを厳密に分けられない取組みもある。たとえば，個別的支援を通じて明らかになってきた「多様な雇用の場の確保が必要」という課題に対し，中間的就労の場の創出の動きは全国で出てきつつある。こうした動きは調整・積極の両方の面があると言えるだろう。

　また，調整戦略と積極戦略双方ともに，主に社会移動の視点からの整理であ

り，今回，自然増減，とくに出生に関しての影響力のある取組みを紹介するに至らなかった。ただし，そうした自然増減にもいずれ影響を与える可能性を含むのが，この制度の特徴でもあると言える。

さて，生活困窮者自立支援制度では，個別支援を支えるための「対地域」へのアプローチ，いわゆる「地域づくり」も求めている。個別支援から見えてきた地域課題・地域ニーズに対し，新たな社会資源の創出や，既存の社会資源の活性化も期待されている。生活困窮者自立支援制度の「対地域」の取組みは，社会資源の創出・活性化という機能も担っており，人口減少下社会において求められる機能でもある。こうした「地域づくり」のニーズは，介護保険制度で新たに位置づけられる生活支援コーディネーターをはじめ，国全体で高まっていると言える。生活困窮者自立支援制度を活用した横断的な取組みが進むことは，こうした「地域づくり」を推進するだろう。

ただし，あくまでも個別支援での成果・課題整理の蓄積があっての「地域づくり」である。自立相談支援機関として「個」の支援の延長線上に，また，「個」への支援を支える環境整備のために，「地域づくり」が求められる。

そして，福祉や行政の分野のみからでは「地域づくり」のダイナミズムは生まれない。事例にも示したように，自立相談支援機関だけではなく，住民や民間企業等も含めた多様な主体が関わり，動き続けることで「地域づくり」の活性化へとつながる。

人口減少対策，地方創生では，政策の「総動員」を求められており，生活困窮者自立支援制度が活用され得る余地は大きいと思われる。一方，ここで取り上げた事例は一例に過ぎず，まだ制度は緒についたばかりである。自立相談支援機関での個別支援が蓄積されていき，生活困窮者自立支援制度が熟していくにつれ，地域の特性に応じたさまざまな取組みがなされ，人口減少社会に貢献する「地域づくり」が進むことが期待される。

1）独自推計の内容については，北海道総合研究調査会2014「地域人口減少白書──全国1800市区町村地域戦略策定の基礎データ」生産性出版に詳しい。
2）元々，国立社会保障・人口問題研究所（以下，社人研）においても，2013年1月に全国市区町村の2040年までの人口推計結果を発表していたのだが，2014年の日本創成会議の推計では人口移動が「収束しない」という前提での独自の推計結果として発表され，社人

研の発表よりも大きな反響を呼ぶことになった。

3）2014年5月8日の記者会見での日本創成会議・人口減少検討分科会代表増田寛也氏のコメント。詳細については北海道総合研究調査会 2014「人口『急減』社会を直視する」しゃりばり389号8-13頁参照。

4）福島県については，参照とした国立社会保障・人口問題研究所のデータが存在しないため計算から除外している。

5）調整戦略を「人口移動を政策的に誘導し調整する」という趣旨で使う場合も見られるが，ここでは，単純化して言葉を定義した上で述べることとした。

第 10 章

就労支援は地域政策になるのか？

「タテ型」の就労支援から統合型の就労支援へ

西岡 正次

　生活困窮者自立支援制度が2015年4月に施行された。厚生労働省社会・援護局が所管する法制度としてはかつてない特徴をもった制度であると言われている。名称の「生活困窮者」の意味はいろいろ連想させるが，法の規定は「『生活困窮者』とは，現に経済的に困窮し，最低限度の生活が維持することができなくなるおそれのある者」とされ，その解釈は「住居確保給付金，就労準備支援事業，一時生活支援事業については，具体的な資産・収入要件を定めることとしているが，相談事業の性格上，資産・収入に関する具体的な要件を設けるものではなく，複合的な課題を抱える生活困窮者がいわゆる『制度の狭間』に陥らないよう，できるだけ幅広く対応することが必要である」（質疑応答集）となっている。自立支援の対象には細かな条件はなく，幅広い対象の設定が可能である。しかも実施主体である自治体が対象のほか支援内容を裁量的に運営できる範囲も広い。「状態に応じた就労支援」「日常生活における自立や社会生活における自立」「働く場の拡大」「地域づくりを通じた孤立状態の解消など」の取組みに言及している。地方分権時代にふさわしい制度であるとの声がある一方，細かな規定がなく運営が難しいという指摘もある。制度化された事業には，自立相談支援事業（必須），居住確保給付金事業（必須），就労準備支援事業（任意），一時生活支援事業（任意），家計相談支援事業（任意），「貧困の連鎖防止」事業（学習支援等）（任意），就労訓練事業（受入れ事業者の自主事業），その他事業（任意）があり，詳細な運営や展開方針は自治体に委ねられている。自治体には一部負担が伴うが財源（国庫負担金，補助金）が措置されている。従来の年代別対象別サービス給付，「タテ割」サービスに比べると，幅広い対象に多様な内容のサービス給付が可能になり，「早期発見・早期支援」に向けて大きく動き出した反面，実施主体となる自治体や地域の支援団体の力量が改めて問われている。自治体の政策に期待が高まっていると言える。この制度の内容

や活用可能性等に関する議論も多いが，ここでは新しい発想が盛り込まれた就労支援を切り口に，自治体に何が問われているのか考えてみたい。

1　ある自治体の試み——雇用・就労支援の公共政策をめざして

　自治体による就労支援，そもそも自治体は就労支援を進めることに意義はあるのか，可能なのか，まず大阪府豊中市を事例に検討してみたい。

　同市は大阪市に隣接する人口39万4495人，世帯数17万274，面積36.6km²，人口密度１万778.6人／km²，就業者数17万2729人，事業所数１万3632[1]という都市で，交通利便性が高く，教育や福祉の水準が高い一方，人口規模に比べると産業規模は小さい（ただし事業所数は大阪府内４位の規模である）。1900年代に始まる沿線開発などを契機に住宅地開発等が進み，60年代にニュータウン開発の先駆けとなるなど，20世紀初めから住宅都市として成長してきた。

■自治体の労働政策と就労支援

　一般的に基礎自治体が行う雇用労働に関する事務事業は，わが国の雇用労働行政の歴史もあって，未だにその位置づけがはっきりしない分野の一つである。自治体が地域の雇用にまったく関与しなかった訳ではない。高度経済成長期から，都市整備などの公共事業や商業調整政策などを通して，雇用の創出や維持に結果として関わってきたが，それらは雇用労働の事業としてではなかった。現在でも雇用労働関係を所管する組織や予算の規模は小さく，「雇用・就労支援関係」「雇用創造関係」「労働相談等」の３つに分けて見ると，多くの自治体では「労働相談等」に分類される業務や中小企業の勤労者福祉，労働会館等の施設管理などが中心となっている。「雇用・就労支援関係」では福祉分野における「福祉から雇用へ」の取組みとの連携はほとんどなく，国や都道府県の雇用事業等を広報する程度である。新しい動きとしてはニートやひきこもりといった若者の社会問題化を契機に若者の雇用対策等を行う自治体が出てきている[2]。同市は，2003年から雇用・就労支援の分野を拡大している。現在は「くらし支援課」という部署名であるが，2003年当時は「商工労政課」，2009年に「地域経済振興室労働政策チーム」，2011〜2013年まで「雇用労働課」と名称と

図表10-1　対象別年代別サービス給付と豊中市の統合型就労支援

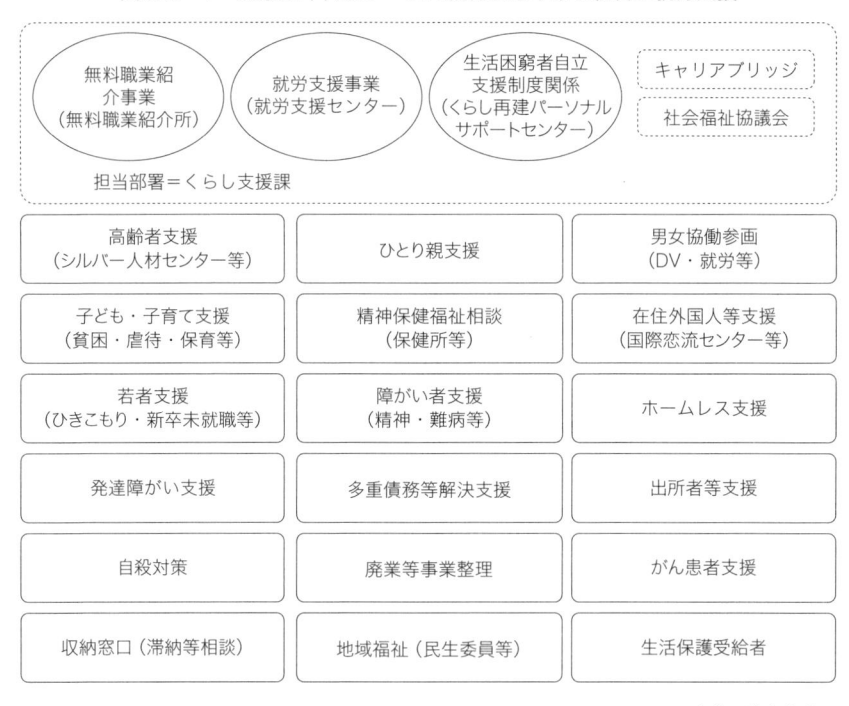

出典：筆者作成

ともに体制や役割を変化させている。

　「雇用創造」の分野は，自治体単独で行うことは少なく，経済対策として実施される緊急雇用創出事業の活用や地域雇用創造推進事業（パッケージ事業）を取組む場合に限られている。[3][4]

　同市の就労支援は，雇用労働部門が担当部署となり，**図表10-1**の「地域就労支援事業」「無料職業紹介事業」「生活困窮者自立支援制度関係」の３事業を中心に，庁内外の各種相談窓口や資源等を連携させ，生活再生や就労の相談に対応し，その相談支援は生活支援サービス等の調整や提供も含めてさまざまな自立就労支援メニューを提供し，職業紹介から定着支援などに及んでいる。福祉事務所等との共同事業も行われるなど，自治体の就労支援としてまとまった形で一元的に展開されている。

その規模は年間約1500人の相談支援を行い，3〜4割の就労のほか，訓練等を含む継続的な支援を実施している。就労支援センターやくらし再建パーソナルサポートセンターによる独自の相談支援のほか，障がい者の支援，子ども・若者関係，ひとり親や再就職をめざす女性の支援，高齢者支援，在住外国人支援などの個別の相談支援との連携，生活保護受給者等就労支援事業や独自の「意欲喚起事業・中間的就労事業」などの共同事業からなっている。受給期間や離職期間が長い相談者，職業経験の少ない若年者向けには孤立や自尊感情が低い状況等では相談から直ちに就職活動に移るのが難しい場合が多く，同じような事情を抱えた受給者や相談者を対象に交流の場（「居場所」とも言われる）やグループワーク，就労体験プログラムなどを提供するプロセスが用意されている。小さなステップをたどりながら，それぞれの適性や体力などを再確認したり，自己評価を見直したり，生活習慣の改善などを進める「プロセスとしての支援」メニューである。他の自治体，とくに雇用労働部門からすると異質な業務と映るようである。福祉分野等との連携を重視していることから「ソーシャルワークをベースにした雇用・就労支援」と表現されることもある。

　同市の就労支援のもう一つの特徴となっているのが労働需要側である企業等へのアプローチである。職業安定法に基づく無料職業紹介事業の届出を行い職業紹介機能をもち，地域経済との関係づくりを推進している。日常的な企業訪問を通じた求人の開発のほか，相談者に提供する体験実習などの訓練機会の開発と運営を行っている。経済団体等を経由して寄せられる企業からの相談，とくに障がい者雇用に関する相談やコーディネートをはじめ，事業所におけるメンタルヘルス対策やワークライフバランスの取組みなどの企業等の雇用・人事政策にも積極的に関わっている。同市は無料職業紹介所を「企業の応援団」と位置づけている。たとえば「豊中版ジョブライフサポーター（ジョブコーチ）養成講座」という事業は，経済団体や障がい者支援団体等と協力し，企業内のジョブコーチ（同市独自）養成を進めている。経営者には「メンタルヘルス・サポートや障がい者雇用，ワークライフバランスなどに共通する応援策で，働きやすく生産性の高い就業環境をつくるため」と訴え，従業員の受講を促し，多様な人材が能力や意欲を発揮できる生産性の高い職場づくりを応援している。介護事業所向けに行った事業協同組合の設立支援は，従業員のシフトや勤

怠の管理などの間接業務，人材確保や育成の共同化を支援するものである。

　企業等へのアプローチは，就労に関係する相談支援には欠かせないものである。多様な人材がそれぞれ思い描く仕事につき力が発揮できるように継続して支援するためには，就労の場となる企業等の対応力に期待するところが大きい。そのアプローチは求人への対応を超えた事務事業とならざるを得ないし，また中小企業はそうした支援を求めている。わが国ではメンバーシップ型の雇用・人事政策が一般的で，個々の適性や能力等に合わせた人材育成を外部の支援機関と連携して進める経験は少ないため，支援機関にとっても，働く現場はブラックボックス状態である。しかし，個別支援プランを踏まえた企業実習や職業紹介，定着支援を進めるためには，働く現場における企業等との連携が欠かせない。たとえば，企業実習を進める場合，支援機関がその相談者の支援プランを踏まえ，まず従事する実習内容（ジョブのパッケージ）を提案することから始まる。求人に応募する求職者ではなく，相談支援を利用する人材の扱いには不慣れな企業側にその受入れ，育成を一任することは避ける。実習内容（ジョブのパッケージ）が通常の業務として運営可能か，特別の負担とならないか，企業側が予測可能であるかなどを相互に確認するためには支援機関のイニシアティブが重要だからである。企業側に任せることは慣れない負担を強いることになったり，あるいは実習内容が既往の新人向け OJT メニューの焼き直しになる恐れもあるからである。実習内容（ジョブのパッケージ）が決まれば，職場環境の中で想定される相談者の阻害要因等への具体的な配慮を共有していくことになる。就労支援はジョブ型の雇用・人事政策にこだわった企業アプローチとなり，「提案営業」的なスタイルとならざるを得ない。訓練等の対象となる業務の切り出し（構造化）や環境整備，あるいは従事する時間の調整，その他働く上での配慮の調整など，具体的な雇用・人事政策等に踏み込んだ助言，支援が支援側に問われる。就労支援における企業等へのアプローチは，「多様な人材」の戦力化あるいは就労継続が見通せる「多様性の理解」をベースにした職場づくりとして結実し，企業等の人的資源の管理・開発の考え方を転換させる可能性もあると言える。

■ 就労支援の模索と形成

同市が自治体としては珍しく,「タテ割」相談支援をつなぐ「まとまった形の就労支援」に取り組んでいるが,そこまでにはいくつかの契機が見られる。まず2003年に始まる「大阪府地域就労支援事業」(以下「大阪版就労支援」という)である。働く意欲がありながら自力では労働市場への参加が難しく何らかの支援が必要な人,さまざまな阻害要因をかかえた人を「就職困難者等」と規定し,相談支援事業が2002年から始まった。地方分権改革後の地域労働政策の新しい方向として大阪府商工労働部が開発した大阪版就労支援である[5]。

市町村は当初戸惑いを隠せなかったが,3年間で全市町村に「就労支援センター」が開設された。同市も2003年8月に労働会館(商工労政課の所管)に就労支援センターを開設し,就労相談を開始している。すると,障がい者やひとり親,高齢者,若者,在住外国人など,さまざまな困難を抱え就労を希望する相談者の姿が見えてきた。また「福祉から雇用へ」「自立支援」が話題となっていた福祉分野の動きもあり,福祉等の部局から案内される相談も増え,瞬く間に就労の相談支援は拡大していった。

自治体の現場で一般化していた対象別年代別サービス給付に付随した就労支援(以下「『タテ』型の就労支援」という)と大阪版就労支援とは相談対象のとらえ方や,支援の方法論で大きな違いが見られる。『タテ』型の就労支援は対象を限定し,雇用システム(求人)につなぐ方法を重視していた。一方,大阪版就労支援は対象の限定はなく,直ちに求人にはつながることが困難な,就労まで距離のある人の相談支援にこだわって始まっている。共通していることは,何らかの支援を利用することによって雇用システムにつながる人たちの存在を位置づけたことであり,就労支援に踏み出したことであった。大阪版就労支援の開始にあたって市議会議員が「(市民の相談に対応して)ハローワークを案内するだけでは解決できない相談が多い」と苦慮していた事情を振り返ると,地域ではすでに就労支援の必要性は感じていたと言える。

大阪版就労支援は現在も続いている。府全体では相談件数も漸増しており,依然ニーズは高いと言えるが,取組み内容は自治体ごとに異なる展開を見せている。相談者の多くは,生活や健康面等で多様な困難を抱えている,あるいはキャリア面で目標や適性,能力等が見極められず思うような就労を実現できて

いない「キャリアの模索・検討」段階（80ページ 図表4-3参照）にある，そして所得面の不安が高いといった多様で複合的な困難を抱えている。そのため，包括的で継続した相談支援が問われた。とくに，キャリア面のサポートはエンパワーメントの典型で，めざすキャリアを開くために企業実習やオーダーメイドの求人などの多様なメニューを用意し，その意欲や能力等の開発プロセスを応援することにほかならない。そのためには独自の支援メニューや求人等の開発が問われるが，これら企業等との関係づくりを含む就労支援を政策として位置づけ，実行することができているかによって，自治体の取組みは異なる方向に進んだと思われる。①同市のように独自の支援メニューや資源開発を重視するタイプ，②既存の雇用システムに依存し「シュウカツ」的メニューを行うタイプ，③求人や職場実習等の資源開発を他機関に依存するタイプである。②のタイプでは，求人を起点に相談支援を組む傾向が生まれ，多様な困難を抱えるあるいは就労準備性が低い相談者は利用し難くなり，利用者数の拡大は見られていない。同じタイプの支援を行う『タテ』型就労支援との連携も進んでいないため，包括的な相談支援が困難になっている。③のタイプはエンパワーメントを図る個別支援の必要性は理解しているが，大阪府等によって用意された体験実習等の活用に留まっていることが多い。自治体の就労支援が政策として伸びるかどうかの分岐点は，企業等へのアプローチや無料職業紹介事業等の活用や位置づけ方にありそうである[6]。

　次に同市の就労支援で注目したいのが，すでに述べた無料職業紹介事業の活用である。その契機は，たとえ相談支援を経て就職できても，さまざまな困難（リスク）を抱えながら職業生活を継続するためには，引き続きなんらかの支援が欠かせないという新しい状況であった。就労支援センターの支援は相談や就職準備の支援，そして仕事へのマッチングでは終わらず，就労継続や定着にかかる支援が大きいことがわかってきた。同市は「就職した後も継続して支援する」ことを検討する中から，自治体による「無料職業紹介事業」にたどりつき，2006年に豊中市無料職業紹介所を開設する。企業等との関係というと，まず求人への対応，人材のあっせんが考えられるが，同市は単なる求人への対応に満足せず，紹介した人材の定着支援や，マッチングの精度を高める事前の企業実習等を工夫するなど，支援メニューを組み込んだ多様な就労機会（「支援付

き就労」という）の開発を推進してきている。ハローワーク等の求人情報は自治体にとっては独自に開発する必要がない資源であり，その求人を利用して相談者が就職したとしても，企業から自治体の相談支援は見えないし評価されることもない。当然，自治体と企業の関係は発展することもない。自治体が職業紹介機能をもち，人材の定着支援や企業実習の調整などを行うことによって，自治体と企業等との関係は大きく転換することになった。地域経済との新たなルートを開発することになったとも言える。雇用や訓練等で人材を受け入れる企業と支援（者）機関との信頼関係は，さらに多様な「支援付き就労」を生み出していくことになる。

　労働市場や雇用システムの変化が進む中で，中小企業の経営者は人材確保だけでなく，雇用・人事政策等を環境適応させるべく想像以上に悩み苦労しており，人材・労働力をめぐる企業の支援ニーズは拡大している。そして中小企業が抱える人材の確保や育成，雇用の質，労働生産性の向上に応えることによって，求人にとどまらない豊富な「支援付き就労」が開発されることになる。就労支援政策のアウトカムは相談者の就職件数だけではなく，仕事に基づく訓練や定着支援の展開，それらを通じた就業環境の向上といった企業支援の内容まで問うことが可能であろう。こうした発想は，2008年の「豊中市雇用・就労施策推進プラン」（同市の分野別計画の一つ）に体系化され，就労支援の転機ともなった。同計画は基礎自治体による雇用や就労支援が果たす役割や機能として，まず就労困難者や生活困窮者の自立就労支援を位置づけ，さらに『タテ』型就労支援の隘路を克服する庁内外の連携を打ち出し，同時に企業等へのアプローチや「支援付き就労」の資源開発の重要性を謳う内容となっている。[7]その後，同プランは地域雇用創造推進事業（新パッケージ事業。厚生労働省所管事業。市は2008〜2010年度に実施）をはじめ，緊急雇用創出基金事業を活用した雇用事業の組成，パーソナルサポートサービスモデル事業，生活困窮者自立支援モデル事業など，国の雇用創出や自立就労支援に関する事業（財源）を積極的に活用する上で，重要な役割を果たしている。緊急雇用創出事業は一般的には失業対策として臨時的な雇用を生み出す求職者支援として企画されることが多い。パーソナルサポートサービスモデル事業でも，さまざまな困難を抱える就労希望者を対象にした取組みとして理解されることが多い。同市は，そうした観点

に加えて，これまで看過されがちなテーマ，企業等と連携した就労支援や雇用を推進し，「支援付き就労」の可能性や課題を検証してきた。

豊富な相談実績（人材データ）と無料職業紹介事業を通じた企業等の取引ネットワークをベースにして，緊急雇用対策の活用は，1.38億円（2009年度），4.95億円（2010年度），7.2億円（2011年度），10.84億円（2012年度），14.52億円（2013年），7.26億円（2014年度）と，他都市に比べ大きな規模に上っている。実施体制も2010年度までは庁内連携でさまざまな部署が企画し臨時の雇用を生み出しているが，2011年度以降はすべての事業を雇用労働課が担当し，求職者対策に加えて，企業等と連携した就労支援の拡大策として実施されている。①就労困難者等向けの公的な就労訓練事業，②障がい者や高齢者等向けサービス，子育て支援などの社会サービス分野の仕事づくり，③人材需要が高い業種等に注目した起業支援と一体となった人材の確保・育成，④「多様な人材」の活躍をめざした新規事業開発といった観点から事業が企画され，実施企業等を公募し，企業等による就労支援の充実を図り，継続雇用の拡大へとつなげている。事業のスキームは，生活困窮者自立支援制度における就労訓練事業（雇用型）や，アメリカ合衆国の新法（労働力革新機会法。WIOA）に位置づけられた「仕事に基づく訓練」の考え方に似ている。一般就労でもなく，従来の福祉的就労でもない「支援付き就労」「訓練付き就労」と呼べるものである。

こうした「支援付き就労」から継続雇用の創出に至る展開は，まず就労を希望する相談者を広く発見する仕組みによって可能になっている。また「パーソナルサポート・モデル事業」などがめざした包括的な支援，ソーシャルワークと就労支援を一体的に推進することによって，支援（プラン）の精度をあげ，企業等との効果的な連携にも反映されることになる。また無料職業紹介事業による企業等との取引やそのネットワークは，人材需要のある業種や企業等の発見につながっている。求人・求職ニーズの機動的なコーディネートは，「支援付き就労」のプロセスも含めて職業紹介機能によって成り立っている。さらに地域創業ファンドといった起業支援を利用した事業に「支援付き就労」を組み合わせ，人材面からサポートするなど，産業振興策の拡充にも一役買っている。[8]

同市就労支援の4つ目の契機は，大阪府が「行政の福祉化」プロジェクト[9]として実施した公共調達（役務分野）における「総合評価一般競争入札」（政策入

札）である。その後市町村に広がり，同市は2006年に庁舎等の清掃委託業務において同入札事業を試行している。価格評価（500点）と技術・公共性評価（500点）を総合的に評価して落札者を決定する仕組みで，公共性評価は障がい者や就職困難者の雇用（点数配分が最も高い）や男女共同参画，環境対策，防災への協力に関する提案によって判断される。同入札を行う施設の所管部署と契約部門が中心となり，就労支援部門は応札を希望する事業所向けセミナーや提案する雇用計画の相談，落札された雇用計画の実現支援（人材紹介や定着支援など）を分担している。施設管理や契約業務と就労支援が一体化する行政分野の小さなイノベーションにほかならない。同じ発想は，生活困窮者自立支援法で設けられた認定就労訓練事業者に対する「３号随契」[10]による公共調達の制度に反映されている。最近「公契約条例」が話題になり，主に賃金の規制等が議論されているが，大阪の政策入札のように質の高い雇用をつくる，あるいは多様な「支援付き就労」を生み出す政策指向も重要なテーマであろう。

　５つ目の契機は，未だ相談につながっていないニーズを発見する試みである。拡大する低所得層（たとえば住民税非課税の対象等）や非正規雇用などの不安定就労が大きな話題になっており，その規模は自治体の各種相談の利用実績をはるかに超えており，潜在的な相談ニーズの大きさが想像できる。同市は潜在的ニーズに対する取組みの一つとして「転職カフェ」を始めている。不安定就労を繰り返し半ば固定化している人，相談できず孤立している人，自己有用感が低く「判断能力が不十分な」状態になっている人，既存の再就職セミナー等に展望を見いだすことが困難になっている人など，潜在的な支援ニーズを早期発見するには窓口で待っていては進まないという反省から始まった。「キャリアも収入もアップさせたい」という希望や悩み等を交流しながら，個別の相談支援を利用する仕組みで，平日の夜間や土曜日に開かれる。こうした再就職支援というアプローチが同市の就労支援の新たな転機となるかはまだ不明であるが，職業経験を通じたキャリアの開発から定着支援までのさまざまな個別支援を蓄積してきた経験から，雇用就労の実現が支援の終了ではなく，継続してキャリアの形成，「キャリア・ラダー」に関わり支援することが問われている。また非正規雇用が拡大している中，内部労働市場による正規化の支援には限界があり，外部労働市場をベースにした「支援付きの」「人材育成がセット

された」転職支援にも通じる支援策となるであろう。こうした継続した就労支援は、たとえば障がい者の雇用促進や就労継続を支える地域企業のネットワークづくり[11]や、労使と支援団体が互助の仕組みをつかって「支援付き就労」, 事業所を横断する人材育成とキャリア形成を継続させる方策などの検討が筆者の周りでも始まっており、期待したい。

2　就労支援をめぐる自治体の迷走と地域労働市場の不全

　わが国で議論, 実践されてきた「就労支援」は、主に福祉分野においてであった。しかも障がい者支援の中の就労支援や雇用促進をはじめとして, 高齢者対策の中の就労支援, ひとり親の就労支援, 生活保護受給者の就労支援, ホームレス対策の, 在住外国人の, 出所者等の, 多重債務相談支援の, がん患者の……といった, 年代別対象別サービス給付等に付随したもの, いわゆる『タテ』型の就労支援として取り組まれてきた。また, 就労支援に深くかかわる雇用システムと自治体との関わりは, とくに基礎自治体と雇用（政策）との関係は歴史的に弱く, 雇用労働政策への自治体の関与は限定的であり, 雇用問題を政策として扱うことはほとんどなかったと言える。また地方分権改革において, 従来広域自治体と国によって運営されてきた雇用関連事務が国に一元化されたため, 雇用の政策やシステムへの自治体の関与はより限定された内容になってしまった。

　一方, 国の動きを見ると, 福祉分野において「福祉から雇用へ」が重視され, 自治体は就労支援の事務事業を拡大することが求められ, さまざまな事業（財源）が用意されてきたが, 期待に反して満足できる効果を出せないばかりか, 就労支援は未だ自治体の政策として成熟するには至っていない。国レベルにおいて厚生行政と労働行政との間で「福祉から雇用へ」「福祉から就労へ」と銘打って推進されてきた就労支援政策の内容は「雇用システムに一方的に依存する」ものであり, 「就労支援は雇用行政が解決する課題である」という問題意識が強く攻防が続いているようである。自治体が行う『タテ』型の就労支援も, 福祉等のサービス給付によって阻害要因を一定解決することはあっても, 最終的には雇用システム（求人）につなぐことに解消してしまう図式は変

わっていない。自治体による独自の就労支援政策の形成が見られなかったのも仕方ないことであろう。自治体が独自に求人（仕事）を開発し，人材・労働力開発を推進するといったことは残念ながら最近まで見られなかった。ようやく独自に求人や訓練機会などを開発する取組みがわずかに見られはじめた程度である。

　2005年度に生活保護分野で始まった自立支援プログラムでは，「3つの自立へ」（就労自立，日常生活自立，社会生活自立）の考え方が示され，当事者のエンパワーメントを継続的に応援する個別支援が企図された。その意味は個々の自立支援プログラムの実現に欠かせない独自の資源開発や既存資源の活用を伴う個別支援のイノベーション，既存サービス等の調整に留まっていた限界を突破することを求めるものであった。しかし，独自の資源開発等の動き，とくに就労自立に関する資源開発等にはほとんどつながっていない。『タテ』型の就労支援を超えるトレンドとはならず，実態は雇用システムに依存した内容で「ハローワークへの同行」「履歴書の書き方支援」「面接対策の支援」「カウンセリング」など，よくある就職活動の応援メニューと似たものである。「タテ割」サービスの包括化は意識されるようになっているが，就労支援は依然として「一か八か」の求人へのマッチングを想定した「就活」を促すものや座学中心の「能力開発メニュー」が多い。相談者の就労が実現されるプロセスは，それぞれの働く意欲や能力，適性等が具体的な働く場やそこでの関係の中で醸成され達成されていくという理解は重要である。そのため就労支援は働く現場となる企業等へのアプローチや企業等との協働が欠かせない。自治体はここに立ち返る必要がありそうだ。

　「就労支援＝雇用システムに直ちにつなぐ」ことを前提に，その資源として求人（情報）しかないのであれば，当然個別支援プランの検討には限界がある。また求人につなぐ就労支援に終始すると，生活再生や自立支援，包括的な支援などの満足や評価が得られたとしても，相談者が希望する就労自立への期待が予感できなければ，相談窓口の魅力の向上やその利用の拡大にはつながらない。そして自治体や地域の就労支援はさらに迷路に入ってしまう。これまでこうした悪循環を繰り返してきたのではないか。その結果，雇用システムの利用につながらない層をさらに拡大させてしまっている。これまでの自治体による就労支援の迷走こそが求職者の減少，地域の雇用システムの不全を惹起する

図表10-2 国の動きと自治体・地域の課題

雇用政策研究会報告 (2014.2)
○外部労働市場の整備 ○個人主
導の能力開発 ○マッチング機能
強化 (自治体との連携等) ○全員
参加の社会 ほか

自立就労支援の変化
対象別年代別から全世代・
全対象型の包括支援へ
新たな福祉サービスビジョン
「地域共生社会」の実現

国と自治体が連携した
雇用対策へ
雇用対策法・職業安定法
の改正 (無料職業紹介の
届出廃止等)

自治体・地域

「支援付き就労」制度化
就労訓練事業ほか
自治体等の無料職業紹介
事業の広がり

一億総活躍社会の実現

「働き方」改革の推進

地方創生の本格化
「ひとの創生」ほか

雇用・労働サイドは, ミスマッチの拡大, 求職者の減少等を受けて, 自治体との連携を指向する動き。
福祉サイドは, 包括的な自立就労支援, 個別支援とエンパワーメント, そのための資源開発や「地域づ
くり」を重視へ。自治体は, この動きを統合的にとらえて, 多様な人材・労働力の開発を軸にした「一
億総活躍」「まちの創生」等の地域政策の推進へ。

出典：筆者作成

ことになっていないだろうか。自治体の就労支援は, 社会問題化する生活困窮
者や就労困難者等に対する包括的な自立支援が一つの側面であるとすれば, も
う一つ地域の雇用労働市場の不全に立ち向かうという自治体独自の政策課題で
あることを見逃してはならない (図表10-2)。

3 就労支援を自治体の政策として機能させるには……

自治体の就労支援は, 『タテ型』の就労支援の対象から見ても, 高齢者や障
がい者, とくに精神障がい者, 若者, ひとり親, 生活保護受給者では支援ニー
ズは拡大しており, 臨時福祉給付金の事業で明らかになった低所得層 (住民税
非課税対象) の規模や高い相対的貧困率, 4割を超えた非正規雇用などの不安
定雇用層などの拡大からも, 生活困窮のリスクを抱えて就労自立やキャリア
アップを希望する潜在ニーズはかなりの規模に達している。その支援は『タテ
型』の就労支援が想定してきた雇用システムにつなぐ手法, すなわち雇用シス
テムへの一方的な依存によって解決できるのだろうか。すでに, 就労支援の弱

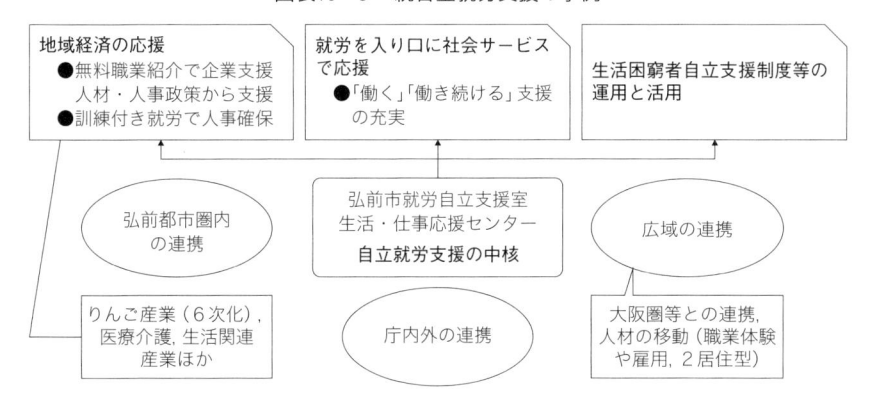

図表10-3 統合型就労支援の事例

出典:「弘前市就労支援プログラム」等から筆者作成

　さが雇用システムの不全にまで及んでいることを考えると，就労支援における自治体や地域の責任は大きい。一方，雇用システムの不全は自治体の産業振興や教育，高齢者支援，地域活性化等の政策に深刻な影響を与えている。「タテ割」サービスの枠組みで，それぞれ人材・人的資源をとらえ，サービス給付を行うだけでは，「合成の誤謬」とも言える悪循環をもたらしている。

　この循環を変えていく政策の方向は，まず『タテ型』の就労支援の隘路を克服する「まとまった就労支援」，統合型の就労支援に舵を切る必要がある。対象は従来からの「タテ型」就労支援の対象から，非正規雇用等の不安定就労からキャリアアップを希望する層まで広範囲に及ぶ（欧州では，普通教育と連動した職業教育の厚み，とくに仕事に基づく訓練等や企業等との連携に歴史があり，さらにアクティベーション等の就労支援が新たに展開されている。わが国では職業教育の規模が小さいため，就労支援がカバーする範囲が広いと言える）。また方法論では雇用システムとは異なる「支援付き就労」といった労働のステージ，企業等と連携した仕事に基づく訓練等を活用した支援方法が問われている。「支援付き就労」は人材需要の高い企業や事業所において開発され，同一企業等における継続したキャリア形成のほか，そうした企業をつなぐ「支援付き就労」をつなぐ互助システムや，外部労働市場をベースにした転職支援といった形で，支援付き人材・労働力の流動化を図り，地域経済の持続的な発展を展望する政策構想が考

えられる（図表10 - 3 ）。

　最後に自治体の就労支援の政策を規定すると，まず①「キャリアを開き・伸ばす相談支援，②ソーシャルワーク等をベースにした相談支援，③個別プランによる「仕事に基づく訓練」等を重視した相談支援，④外部労働市場をベースにした転職支援，キャリア形成をめざす相談支援，⑤支援付き人材が挑戦（移動）できるプラットフォーム（地域内・地域間）ということになる。財政の制約が厳しい中で，こうした機能をどう組織化するか，自治体政策のガバナンスが問われている。

　なお，豊中市の施策に関する記述は筆者個人の見解である。

1) 平成27年豊中市統計書。
2) 「若者自立・挑戦プラン」（2003年）を契機に，経済産業省（産業人材政策室）や厚生労働省（職業能力開発局）などが事業を行った。
3) 緊急雇用創出事業：厚生労働省「雇用創出の基金による事業」（http://www.mhlw.go.jp/bunya/koyou/chiiki-koyou3/index.html）。
4) 厚生労働省「地域雇用創造推進事業」（http://www.mhlw.go.jp/bunya/koyou/chiiki-koyou/dl/chiiki-koyou01.pdf）。
5) 地域就労支援事業：田端博邦編著 2006『地域雇用政策と福祉——公共政策と市場の交錯（東京大学社会科学研究所研究シリーズ No. 22）』東京大学社会科学研究所，福原宏幸 2007「就職困難者問題と地域就労支援事業——地域から提案されたもうひとつのワークフェア」埋橋孝文編著『ワークフェア——排除から包摂へ？』法律文化社，櫻井純理 2009「市町村による地域雇用政策の実態と課題——大阪府『地域就労支援事業』の交付金化に関する考察」現代社会研究12巻71-88頁，西浦祐紀子ほか 2009「地域就労支援から地域労働市場へ」北海道自治研自主論文ほか参照。
6) 大阪府「就職困難者のための地域雇用創出プロジェクト支援事例集」38頁。平成28年2月。
7) 豊中市「豊中市雇用・就労施策推進プラン（基本方向）」。豊中市の分野別計画の1つ（https://www.city.toyonaka.osaka.jp/joho/keikaku/bunyabetsu_keikaku.files/suisin_plan0807.pdf）。
8) 起業支援型地域雇用創造事業。雇用創出の基金による事業（厚生労働省）の1つ。
9) 大阪府「行政の福祉化とは」大阪府ホームページ（http://www.pref.osaka.lg.jp/fukushisomu/gyousei-fukushika/index.html）。
10) 3号随契：地方自治法施行令第167条の2第1項第3号の規定に基づく公共調達の契約手法。
11) 豊中市「地域特定企業と中小企業との連携・共同による障害者雇用促進制度」（http://www.kirt.co.jp/docs/innovattion%20report.docx.pdf）。「社会イノベーション推進のためのモデル事業」（内閣府平成23～24年度）として実施。

第 **11** 章

「労働力開発専門職」とは何か？

多様な従事者を「私たち」として組織化する

筒井 美紀

1 狭いイメージだとなぜダメか——本章の目的と構成

　生活困窮者自立支援制度を実のあるものとしていくには，自治体職員や議員をはじめ，多くの人びとが抱いている就労支援のイメージを，大きく変える必要があるのではないか。「就労支援とはこういうものだ」というありがちな，狭い発想に囚われていたら，同制度は形骸化して定着してしまうだろう。

　これではいけない。そこで本章は，狭いイメージ・発想を相対化すべく，「労働力開発専門職」を紹介し説明する。この言葉は，"workforce development professional" を筆者が邦訳したものだ。アメリカには，「全米労働力開発専門職協会（NAWDP）」という，日本風にいえば就労支援者の NPO 団体（職能団体）がある[1]。筆者はここ数年，現地を訪れての聴き取り・参与観察を行なっている[2]。そこでの発見から，日本の就労支援を照らし出してみると，視点を相対化するいくつかのヒントが得られると考える。

　本章の構成は以下のとおりである。次の第2節では，就労支援に関する一般的イメージについて，その特徴を4点に整理して解説する。続く第3節では，NAWDP という組織と認定資格の発行について，第4節では，年次カンファレンスやワークショップ，次世代育成イニシアチブについて説明する。最後に第5節では，日本の就労支援関係者への示唆について述べる。

2 就労支援って，知っていますか——4つの一般的イメージを検討する

■ 4つの言明

　「就労支援って，知っていますか？」と尋ねると，しばしば「仕事に就けずに困っている人の相談に乗ること」といった答えが返ってくる。「それはどん

な人たち？」，「いろんな種類のカウンセラーさんたち」。「では，相談に乗った
あとは？」，「ハローワークに行ってもらう」。「もし，職業スキルが不充分だっ
たら？」，「費用の安い公共の訓練学校などを紹介する」。「他にはどんなことが
就労支援だと思いますか？」，「うーん……思いつかない」。「なら，カウンセ
ラーさんって，どこかに勤めているような？」，「いやいや，独立して活動して
いる。伝手をたどって，自分の専門知識や技術を使って仕事をして，実績を積
んでいく」。

　以上のような会話が続くことが多い。これが，多くの人びとが抱いている就
労支援のイメージであろう。それは4つの言明に整理できる。第1に，就労支
援とは，カウンセリングないし相談のことであり，就労支援者とはカウンセ
ラーのことである。第2に，就労支援とは，既存の職業安定行政や能力開発行
政のシステムに乗せていくことである。第3に，就労支援とは，労働力供給側
にはたらきかけることである。第4に，就労支援者は人脈を活用するにせよ，
「個」として，労働市場でその労働力を売買している。これらが，就労支援の
一般的イメージだ。間違っている，といいたいのではない。実態と比べ，イ
メージが狭いのである。

■「就労支援≡相談」ではない

　第1点について。就労支援の一般的イメージは，非常に心理主義的だ。心理
主義とは，平易な言葉でいえば，世の中の多くの問題は，気持ちのもち方や心
のありようを変えれば解決できる，という考え方だ。けれども，社会のありよ
う——天下国家といったマクロなレベルでなくてもよい，職場や地域のありよ
うだ——を変えなくてはならないことも多い。働きにくい職場だから働けない
し，続かない。生きづらい地域だから内にこもっていたくなる。就労支援は対
象者に寄り添うことが不可欠だが，それは対面的なカウンセリングだけで充分
だということではない。職場や地域のありようを変える必要があるのだ。

　かくして，就労支援者の実態はもっと多様だ。たとえば，「あそこの就労支
援NPOの▽△さんは元プログラマーだから，IT業界で顔が利く」，「○○社
長のところは，就労体験を歓迎している」——ビジネスに強みをもつこうした
人材もまた集まっていないと，就労支援は回らない。多様な役割の担い手が，

チームやネットワークを組むことによって，就労支援は機能するのだ。

第2点について。もちろん，ハローワークや公共職業能力開発施設を活用するのが適切な支援対象者の場合はそうすればよい。けれども，その（ずっと）手前で課題を抱えている困難者は大勢いる。したがって，無理なく上がっていける小刻みなキャリアのハシゴ（キャリア・ラダー）を創り出すことも，就労支援における重要な要素である。すると第1点でも述べたように，労働力需要側との連携がなければ，就労支援は実質的に進まない。

第3点について。「仕事に就けない人を支援するのだから，労働力供給側にはたらきかけるのは，当然ではないか」と思われるかもしれない。けれども，それに終始するわけではない。ちょっとしたことがネックになって働きづらい職場。「普通の」人にとってすら，無理が大きい労働条件。そんな職場を訪れて，経営者や管理職の相談に乗る。助言を踏まえて改善すれば，どれだけ働きやすくなるだろうか。つまり，労働力需要側へのはたらきかけも，就労支援に不可欠なのだ。

第4点について。少なからぬ就労支援者は，自治体やハローワーク，就労支援事業を受託した人材企業やNPOに，半年や1年といった短期契約で雇用されている。この不安定就労に対する不安や不満，支援スキルをどう磨き，自身のキャリアをどう形成していくか。こうした悩みについては，信頼できる人に愚痴を聞いてもらったり相談したりしているようだ。ではその先は？　単年度契約を複数年度契約にするような交渉の余地はないのだろうか？──こんな問いが浮かんでくるのは，筆者の念頭に，NAWDPという組織があるからだ。NAWDPは，ここに挙げた不安や不満や悩みの集団的解決（collective solution）を図ろうと結成された。日本でこうした組織化は広がっていくのだろうか，と思うのである。

■名は体を表していない「就労支援（者）」

以上からわかるように，「就労支援（者）」という名は体を表していない。けれども，「就労支援＝労働力供給側へのテコ入れ＝カウンセラーの仕事」という，実態より狭く，かつ心理主義的色彩の強い捉え方が蔓延している。だが実際のところ，就労支援者とは多様な役割を果たす人びとの総称である。つまり

就労支援は，多様な役割が有機的に結びついてこそ成果が生まれる，幅広い営みなのだ。

　ここで定義を述べておこう。就労支援とは，一方では，（しばしば複合的な）就労困難を抱えた人びとに寄り添って，本人の意思を尊重しながら，どんなふうに働きたいか，どの程度までの仕事が可能か，そのために必要な準備や努力は何か，といった対話的了解を重ねつつ，就労（し続け）させるような支援のことであり，他方では，こうした就労困難者が従事できるような職務の切り出しや人材紹介を，地域の（中小零細）企業にはたらきかけ，あるいはまた，働きやすい（ビジネス）組織の起業を促進するような支援のことである。[3]

　大阪地域職業訓練センター（A'ワーク創造館）で事務局長を務める田岡秀朋氏は，就労支援というネーミングには問題が多いと指摘する。「就労支援というカテゴリーになってしまうと，当事者と支援者の関係だけで［理解やスキームづくりが］終わる。いや，就労って……開発につなげること」だと強調する。けれども，たとえば田岡氏が企業のなかに入って業務の切り分けや仕事づくりを応援している，と就労支援業界の外にいる人びとに説明すると，「みんな……は，既存企業のなかではなくて，『作業所とかそれに似たようなものをつくってんねんや』って」思ってしまう，とのことだ。[4]

　就労支援（者）という言葉の社会的一般化自体は，この営みの存在と必要性が認識され得るという点で喜ばしい。けれども，名が体を表していないのは，ちょっと困りものだ。そこで次節では，就労支援（者）という言葉に纏わりついている，狭くて固定的なイメージを振り払うべく，アメリカにおける就労支援者（というネーミングではないのだが）の職能団体であるNAWDPを見ていこう。

3　労働力開発専門職とは何か──NAWDPという組織と資格証明の発行

■全米労働力開発専門職協会の設立[5]

　NAWDP（National Association of Workforce Development Professionals）は1989年，連邦労働省からの助成金を得て設立された。現在同組織のエグゼクティブ・ディレクターであるBridget Brown氏は，当時の状況について次のよう

に語る。「当時は，われわれの経済が変化し始めていたときで，持てる者と持てざる者がくっきり分かれてきていた」。長期失業者の固定化や，働いても貧困なままのワーキングプアの増加は，政府予算を圧迫する。そこで政府は，「福祉から就労へ」政策によって，この問題を解決しようとした。それに応じて，こうした仕事の従事者の存在がクローズアップされてくる。つまり，ある型の公共政策（ワークフェア）が，それに関与するところの職業を，形づくり現出させ始めたのである。

　かくして，実態としては「福祉から就労へ」政策のさまざまな従事者はいるのだが，新たに現れてきたこの職業には，「ああ，あの仕事ね」とパッと掴める名前がない。だから彼らは，名付けによる社会的認知の必要性を痛感した。「われわれが携わる事業には，政府から資金が出ていたけれど，ひとつのまとまった全国的な声（a national voice）をもってはいなかった……合衆国は50の州と9つの保護領があって，［同じような仕事や関係の深い仕事をしていても］お互い誰も話したこともない。だからわれわれは，自分たちのやり方を確立しなければならなかったし，ひとつのまとまった全国的な声がほしかったってわけ」（Brown 氏）。

　このように，職能集団としての自他の認知を欲していた彼らは，労働力開発専門職，と自らを名付ける。開発とは，労働力供給側の開発であり，労働力需要側の開発である。「開発」と訳される development は，同時に「発達」をも意味する。つまり，需給双方の潜在能力を導き出していくのが development なのである。

　ところで Brown 氏は，労働力開発専門職という言葉には「公的領域における（in the public domain）」という修飾語がつく，と説明する。つまり，企業がさらに利潤を上げるような生産性向上を生み出す労働力の開発ではなく，就労困難者の就労や中小零細企業の成長に寄与するような労働力の開発に関わる専門職，という意味だ。本章では，冗長さを避けるため単に「労働力開発専門職」と記すけれども，それは「公共労働力開発専門職」ないし「公的領域における労働力開発専門職」であることに留意して頂きたい。

　労働力開発専門職が社会的認知を得るには，関係者を組織化し，その存在をアピールしていく必要がある（社会学的な言い方をすると，職業／専門職は集団的

設　立	1998年，連邦労働省の助成金を受けて設立
法人格	米国歳入庁のタックスコード501(c)3（いわゆる NPO）
会員数	4000〜4500で推移
会員資格と会費	同組織の倫理綱領に同意した申込書を提出し審査 会費は年間75ドル
組織の権限と意思決定	ディレクター会議（州，リージョン，全国区から選出された35人）による
活動内容	①年次カンファレンス・ワークショップ，シンポジウムやウェビナーの開催や機関誌発行を通じた，会員の学習促進と情報提供 ②認定資格（CWDP：Certified Workforce Development Professional）発行を通じた同専門職の質の維持・向上 ③労働力開発専門職の雇用・処遇改善を中心としたアドヴォカシーの展開

出典：NAWDP のホームページと Bridget Brown 氏の聴き取りより筆者作成

にしか成立しえない，ということだ）。かくして結成されたのが，NAWDP という職能団体なのである（図表11-1に概要）。

■NAWDP の活動内容と組織体制

では，「自分たちのやり方」（Brown 氏）とは具体的にどのような内容であろうか。NAWDP の活動内容は，次の３つに大別できる。①年次カンファレンス・ワークショップ，シンポジウムやウェビナー（webinar：web と seminar の合成語）の開催や機関誌発行を通じた，会員の学習促進と情報提供，②認定資格（CWDP：Certified Workforce Development Professional）発行を通じた同専門職の質の維持・向上，③労働力開発専門職の雇用・処遇改善を中心としたアドヴォカシーの展開。

これら３つの活動を遂行するために，以下のような組織体制がとられている。事務局は，エグゼクティブ・ディレクターの Brown 氏の下に，メンバーシップ・コーディネーターが１人。組織全体の運営は委員会方式を敷いている。州，リージョン（複数の州を束ねたもの），全国区の代表者の計35名が，さまざまな委員会やタスクフォース（アドヴォカシー委員会，研究委員会，専門職開発委員会など）を構成し活動している。

NAWDP の会員になるには，同組織の倫理綱領に同意した申込書を提出し，審査を受ける。年会費は75ドル。会員数は，Brown 氏によればかなり変動があり，近年は4000から4500のあいだを行き来している。なお，CWDP 資格は NAWDP 会員でなくても取得が可能である。

■CWDP 資格

　「CWDP 申請の手引き」によれば，労働力開発専門職として認定されるには，次の5要件を満たさなければならない。

- ① 学歴と労働力開発の職務経験における一定水準を満たすこと。
- ② NAWDP の労働力開発専門職倫理実践綱領に同意し署名すること。
- ③ （NAWDP を含めたいずれかの）労働力開発専門職団体のメンバーシップを維持すること。
- ④ 労働力開発に関する9つのコンピテンシーのスキルがあること，およびそれらをどのようにしてそれを得たのかを詳細に文章化すること。
- ⑤ 二通の推薦状（一通は必ず直属の上司）を提出すること。

　これらに関して2点，補足説明をしよう。まずは，「学歴と労働力開発の職務経験における一定水準」について。それは以下のとおりである。

　　大学院卒＋12ヶ月の職務経験
　　大卒＋24ヶ月の職務経験
　　短大卒＋48ヶ月の職務経験
　　高卒あるいは高卒程度認定証書＋72ヶ月の職務経験

　加えて，労働力開発の職務経験のうち12ヶ月は，直近24ヶ月のうちに含まれ，その職務経験は，最低週30時間の労働でなければならない。したがって，「2年前までは5年間ずっと，求職者の相談業務をしていたが，ここ2年間は専業主婦だった」，「2年前に社会福祉の修士号を得て，それからずっと，週10時間のパートタイム勤務で求職者の相談業務をしてきた」といったケースは，認定されない。つまり，多少のインターバルはありながらも，直近までのある程度の継続性と職務従事時間が要求されるわけである。

　補足の2つめは，9つのコンピテンシーについてで，これらは以下のとお

り。

　　１．経営と経済開発のインテリジェンス／２．キャリア発達原理／３．協働と問題解決／４．顧客サービス方法論／５．労働力開発におけるダイヴァーシティ／６．労働市場情報・インテリジェンス／７．コミュニケーションの原理／８．プログラム執行の原理と戦略／９．労働力開発の構造，政策とプログラム

　Brown 氏によれば，これらは「基礎的レベル」のものであるそうだ。とはいえ，申請者各人が広範囲にわたるこれら９領域をカバーするのは必ずしも容易ではないだろう。というのも，NAWDP の会員には，「若者の支援しかしたことがない，成人の支援しかしたことがない，あるいはまた，雇用主としか仕事をしたことがない」といった者が少なくない（Brown 氏）からである。だからたとえば，若者の支援経験のみの者のなかには，彼らの基礎学力向上プログラムの実施に集中してきたために，「１．経営と経済開発のインテリジェンス」や「６．労働市場情報・インテリジェンス」が足りない者がいるかもしれない。またたとえば，雇用主との仕事経験のみという者のなかには，求職者と一度も接したことがなく，「５．労働力開発におけるダイヴァーシティ」の項目が満たせないかもしれない。

　いずれにせよ，これら９項目からは，労働力開発専門職に必要なのはカウンセリングのスキルだけではないことは一目瞭然である。労働力需要側に関わる１や６のこと，政策とその執行に関わる８や９のことが，必須とされているわけだ。

　CWDP は，年４回の申請チャンスがあり，３年ごとに更新される資格である。更新の条件は，３年間で最低60時間の労働力開発に関する学習，である。年平均にすると20時間だ。それは大学や短大での科目履修で考えてみると，１科目で週１回の出席を半期続ける，といったところだろう。なお，CWDP の合格率は，新規／更新ともに６割弱である。かなり厳しい審査がなされているといえよう。

4　NAWDPのどこが面白いか
——年次カンファレンス／ワークショップと次世代育成イニシアチブ

■緊張感のあるシンポジウム／ワークショップ[6]

　NAWDPは年2回，全国大会を実施している。筆者の初参加は，2014年9月にシカゴで行なわれた，若者支援シンポジウム（Youth Development Symposium）である。この大会では，40近いワークショップも実施された。実践報告が圧倒的割合をしめ，対象とされる若者は，障害がある，薬物問題を抱えている，グループホームで育った，刑余者である，など多様である。また報告は，雇用主をいかにしてプログラムに関与させるかに焦点化したものも少なくない。

　報告者を含め参加者は，就労支援NPOやコミュニティ組織やワンストップセンター，高校や大学のカウンセラーやケースワーカー，求人開拓員（job developer），これらのマネジャーやディレクター，州や郡や連邦政府の職員，企業の人事担当者，人材ビジネスや教育ビジネス，助成財団の職員など，実に多様で，また参加者数としては優に300人を越していた。

　筆者は，すべての全体セッションと，6つのワークショップに参加した（20〜40人）。それによって「体感」したのは，次の3点である。

(1)十全な相互作用が可能な75分というワークショップの時間枠

　ワークショップのプレゼンターは，75分という時間を自由に活用してよい。通常設定さるような，「発表20分，質疑応答5分」といった区切りはまったくない。それにしても，なぜ60分でも90分でもなく，75分なのだろうか。それは，理解が深まり気持ちよく消化できるワークショップは，60分では短すぎるが90分では長すぎる，75分がちょうど良いからだと考えられる。

　報告が，出席者が初めて聴く内容であることを前提とすれば，30分から40分程度は説明に時間を割かないと，理解がされない／深まらないままに終わってしまう。30〜40分が説明だとすると，60分の時間枠なら，質疑応答など相互的なやりとりに20〜30分を割く勘定になる。だが，これでは短い。「温め」には時間がかかるからである。75分あると，30〜40分程度の説明に加えて，相互的

なやりとりを，導入部分，説明時間の早い段階，真ん中，終わりの部分など要所に入れて行なう時間が，たっぷりとある。

　こうした時間設定の効果は，出席者とプレゼンターのより能動的な学び合いが可能になることだけではない。出席者は発言や質問をすることで，自分が何者か，どんな関心やアイデアをもっているか，何で苦労しているかといったことを，その場で他者に提示する。筆者は，質問者や発言者に対して「あなたはさっきのワークショップでも発言されていましたね。私はすごく共感しました。今後とも情報交換ができたら……」といった会話が始まるのをしばしば観察した。十全な相互作用が可能な時間枠の設定は，新たな出会いと対話を生むのである。

⑵ よく練られ，かつコストの低い評価シート記入と提出

　評価シートの記入は，事務連絡のたびに出席者に強く依頼された。評価媒体はWEBのみである。紙媒体だと，その場で記入・提出せねばならず，またデータ入力・集計のコストがかかる。それを省くべく，参加者が各自，スマートフォンやタブレットで，いつでもWEB入力できるようになっている。データセットが自動的に作成され，あとは目的に応じて分析すればよい。

　評価シートの質問項目は（図表11-2），平易なうえにわずか7つと少なく，自由記述に凝らなければ3分とかからない。筆者がここで強調したいのは，評価シートの記入・提出のコストが低いことのみならず，質問項目の中味である。項目の1,2,6,7は，日本でもしばしば尋ねられているものであろう。しかるに，4や5については，必ずしも多くないのではないか。「ディスカッションに割かれた時間」や「出席者との相互のやりとり」が，厳選された，わずか7項目のなかに入れられているのは，その価値が重視されている証拠である。

　いずれにしても，こうした7つの評価項目（と自由記述）が，各プレゼンターにフィードバックされる。評価がなされるとあらかじめわかっていて発表するのだから緊張感がともなう。（全国から集まった同業／関連業の）出席者から良い評価を得たと報告できることは，たとえばそのプレゼンターが，就労支援事業を自治体から受託しているなら，再受託の可能性を高めることにつながるから，懸命であろう。また，今回は聴き手の立場であった会員も，将来は自分も報告しようと動機づけられよう。ワークショップ参加者の多くは，自治体か

図表11 - 2　ワークショップ等の評価シート（すべて WEB 入力）

		優れている	良い	普通	劣っている	悪い
1	将来あなたの仕事を改善する可能性の高い情報である	○	○	○	○	○
2	専門職としてのベスト・プラクティスである	○	○	○	○	○
3	プレゼンターの知識レベル	○	○	○	○	○
4	ディスカッションに割かれた時間	○	○	○	○	○
5	出席者との相互のやりとり	○	○	○	○	○
6	配付資料の価値	○	○	○	○	○
7	全体的な価値	○	○	○	○	○

出典：すべての参加者に案内される評価シートより筆者作成（英語を日本語にしたもの）
　　　自由記述欄は省略

　らの委託が取れるか，自らの雇用が継続されるか，政府や財団からの助成金が獲得できるかといったサバイバルに晒されている。評価という行為は，こうした文脈のなかで，プレゼンターそしてオーディアンスに緊張感をもたらしていると考えられる。

(3)参加者に対するアドヴォカシー（政策制度要求）の呼びかけ

　このシンポジウムでは新法 WIOA（労働力革新・機会法）の解説が行なわれた。登壇者は，全米若年雇用連合（NYEC：National Youth Employment Coalition）のエグゼクティブ・ディレクター，Mala Thakur 氏だ。NYEC は，若年雇用に関わる法律や政策の分析とアドヴォカシーを展開している NPO である。

　シンポジウムの開催時期が，連邦労働省・教育省・健康保健省による，パブリック・オピニオンの受け付け開始と重なっていたため，Thakur 氏は，最終連邦規則公布までの「時刻表（time-line）」をスライドで示し，アドヴォカシーの実践を，オーディアンスに強く訴えた。「みなさんは日々，若者と接しているわけですから，WIOA の若者プログラムに関して，どうすれば上手くいくのか，何が重要なことなのか，みなさんそれぞれの地域の選挙で選ばれた行政官（elected officials）に対して，たくさん話をしてください」。パブリック・オピニオンは，連邦政府に直接に表明（WEB への書き込み）することも，各自の所属組織やその上位組織や連携組織で集約して表明することもできる。

第3節で，NAWDP は労働力開発専門職の雇用・処遇改善を中心としたアドヴォカシーを展開していると述べた。それゆえ，メンバーの一人ひとりがそれを実践するよう，シンポジウムでも奨励されているのである。

■ 次世代育成——NEP イニシアチブの試み[7]

組織の維持・拡大に欠かせないのが，若い世代の組織化，次世代育成である。年長世代は遠からず引退していく。若い世代が，自身のキャリアのみならず労働力開発「業界」全体に対する展望を抱き続けることができるか。これは重要な課題である。そこで NAWDP は，2014年度から NEP（New and Emerging Professionals）イニシアチブ——「台頭する若手専門職」とでも訳せよう——を開始した。全国から選ばれた10人以内の若手（35歳以下）が，各自の業務・実践を研究テーマとし，メンターの指導のもと，定期的な会合で議論しながら追究していくのだ。

NEP 責任者の Kimberly Staley 氏が指摘するように，労働力開発専門職は社会的認知度がまだまだ低く，「人びとは，どんなキャリアパスがあるのか，はっきりとわからない（unclear）」職業である。したがって，職場における日々の実務だけでは経験できない諸機会を活用することで，リーダーシップ能力をつけ，より広い人脈を獲得し，より前進的なキャリアパスを描くべく，NEP のような機会が若手にとっては重要になってくる。

NEP の応募要件はいくつかあるが（詳細は省略），選考において最も重視されるのは「より上位の経営的・管理的役割を引き受ける準備・心構えができている」ことである。こうした志向性や資質の有無ないし高低については，ひとつには雇用主の手紙（欧米は「推薦状社会」だ），いまひとつは本人が書き込んだ応募様式をもって判断する。Brown 氏曰く「書きぶりを見るのよね」。

その「書きぶり」は，5つの質問で問われている。将来の NAWDP のリーダーとしての資質（の自己評価），取り組みたい課題，献身の中味，NEP 参加における目標設定，リーダーシップの理想像。これらに関する論述が，「より上位の管理的・管理的役割を引き受ける準備・心構えができている」かどうかを評価する実質である。しかも，1つの質問につき3パラグラフ以内という限定がついている。つまり，伝えたいことを構造化し，端的に論述する能力も求

められている。

　第1回目となった2014年度のNEPには，14人応募があり，10人を合格とした。うち7人が，2015年5月のワークショップで報告をし，このとき筆者は3人に聴き取りをすることができた。人材企業でケースワーカーらのスーパーバイザーを務めるKaren Cirincione氏は，さまざまなレベル・タイプの労働力開発専門職を雇用し訓練する必要があるため，それらの職務記述書を作成した。人材企業のソーシャル・メディア・コーディネーターのDiana Wong Saldivar氏は，ソーシャル・メディアを活用して，労働力開発専門職の社会的認知を向上させ，職業継続率を向上させるプロジェクトに取り組んだ。準公的機関の企業連携・雇用開発ディレクターであるDana Barton氏は，求人側が用いる「ミドル・スキル」人材という言葉が実際何を意味しているのかを，聴き取り調査をふまえて，求職者にわかりやすく具体化することに取り組んだ。

　彼らにとってNEPはどのような経験であったか。2点だけ指摘する。第1に，受講生たちは共同体感覚を得ている。「こうしたプロジェクトの意義を理解しあえる仲間（peer）から，多くの支援を受けられたのが良かった」（Barton氏），「経験豊富な専門職の多い職場で，若年専門職として孤独を感じているので，同様の経験と感情を抱いた同世代での集まりは，自分を勇気づけた」（Saldivar氏）といったように，ピア同士の支え合いという実感が，受講生を励ましている。

　第2に，NEPへの参加は，自己の職場の外部を広く見ることを促し，NAWDP全体あるいは労働力開発業界全体をより深く理解することにつながっている。「この業界は対人援助職が圧倒的に多く，上位にいくほどポジションが減ることがよくわかった。だからこの先どうしようかと考えてしまう」と述べるCirincione氏は，「米国の経済開発のありようが，労働力開発の構造と組織がどうなるかをきわめて大きく左右しており，しかもその地域的相違が大きい」と指摘している。また，Saldivar氏は，人がまだやっていないような仕事は，そもそも上位の職位がないらしいことに気づき，今後のキャリアパスを思案している。Barton氏は，NAWDPへの関与をより強めていくことを，将来的なキャリアパスとして描いている。

　以上，わずか3人の聴き取りにすぎないが，労働力開発の若年専門職の共同

体感覚，労働力開発業界に対する視野拡大，それを踏まえたキャリアパスの再考，といったように，クリティカルな経験が得られたことが確認される。

5　おわりに

　以上，本章は，多くの人びとが抱く「就労支援（者）」のイメージが実態より狭く，「就労支援（者）」という名は体を表していないことを説明したうえで，全米労働力開発専門職協会（NAWDP）の取り組みを紹介してきた。CWDP資格，年次カンファレンス／ワークショップ，NEPイニシアチブの内容からわかるように，NAWDPは，労働力開発専門職の質を厳しく担保すること，労働力開発に従事する多様な役割・立場の人びとに，共通性や一体感の意識をもたせることに加えて，業界全体を担う次世代の育成に取り組んでいる。つまり，労働力開発に関わる専門職である「私たち」としての組織化が続けられているのである。

　とはいえこれは，険しい道のりを進む努力であるようだ。労働力開発業界は連邦予算（WIOAに基づく支出）に大きく依存し，その増減は労働力開発従事者の雇用を不安定化させている。減少局面ではNAWDP会員数の減少にも結びつく。労働力開発専門職の社会的認知にしても，「『経済開発（economic development）とどう違うの？』とたびたび尋ねられる」(Staley氏）といった具合である。しかしだからこそ，職能団体は必要ではないか。

　この点に関しては，実は日本でもずいぶん前から認識されてはいる。たとえば，大阪市地域就労支援センターの初代所長を務めた冨田一幸氏は，早くも2005年に「府内で働く地域就労支援員の協会をつくりたい」と述べている。「介護福祉士会や看護師会のように，職業としての知名度，安定感，信頼感ができてくることが何よりも大事……今，支援員は市の職員もいれば，非常勤嘱託もいる，雇用条件もまちまちです。そのうえ，地方分権が進んで自治体間で共有するシステムがなくなり，交流が弱くなったらいけない。人権を守る意味でも，労働条件をしっかりさせたい。そして，就労支援を通じて得られた情報やアイデアが政策に生かされる仕組みをつくって……やりがいのある仕事として確立したい。同時に，『倫理規定』をつくりたい。……協会は支援員の会費

で運営する[8]」。

　就労支援／労働力開発に関する法律や制度を，国や自治体がどれほど整備しても，仕事の質を向上させ，従事者の権利と利害を護るのは，究極的には当事者の職能団体である。多様な役割，多様な立場を越えて，ひとつのインダストリーのもとにあるというアイデンティティをもつことができるか。それが日本の就労支援を左右し，ひいては生活困窮者支援の実質に影響していくだろう。それゆえ本章は，職能団体の形成と活動という視点から，就労支援（者）について考えてみたのである。

　　付記　本章は，平成26〜28年度・日本学術振興会科学研究費補助金基盤研究(C)「就労支援者の生きられた労働と変革的組織化に関する教育・労働社会学的研究」（研究代表・筒井美紀，課題番号：26381151）の研究成果の一部である。

　1）　NAWDP は，米国歳入法の501(c)(3)の地位をもつ，いわゆる NPO である。
　2）　筒井美紀 2016「米国労働力開発専門職協会（NAWDP）における州レベルの活動――組織機構およびディレクターの現職の分析から」生涯学習とキャリアデザイン13巻 2 号45-56頁，筒井美紀 2015a「米国労働力開発専門職協会（NAWDP）における次世代育成――NEP（New and Emerging Professionals）イニシアチブの試み」生涯学習とキャリアデザイン13巻 1 号49-59頁，筒井美紀 2015b「全米労働力開発専門職協会の若者発達シンポジウム／ワークショップ――日本の若者支援関係者が学べること」法政大学キャリアデザイン学部紀要12巻205-223頁，筒井美紀 2014「米国における公共労働力開発専門職の全国的組織化―― NAWDP の活動と日本への示唆」法政大学キャリアデザイン学部紀要11巻109-131頁。
　3）　筒井美紀・櫻井純理・本田由紀編著 2014『就労支援を問い直す――地域と自治体の取り組み』勁草書房。
　4）　田岡秀朋氏への聴き取り，2015年 4 月22日。
　5）　以下 3 つの小見出しの記述は，筒井（2014）・前掲注 2）に基づく。
　6）　この小見出しの記述は，筒井（2015b）・前掲注 2）に基づく。
　7）　この小見出しの記述は，筒井（2015a）・前掲注 2）に基づく。
　8）　社団法人おおさか人材雇用開発人権センター編 2005『おおさか仕事探し――地域就労支援事業』解放出版社106頁。

第12章

労働統合型社会的企業 (WISE) による社会的包摂は可能か？

日本における WISE の展開過程と生活困窮者自立支援法のもつ意味

藤井 敦史

1 社会的アクティベーションの担い手としての社会的企業

　日本において，初めて政府文書で社会的包摂が取り上げられたのは，2000年の厚生省社会・援護局『社会的な援護を必要とする人びとに対する社会福祉のあり方に関する検討会報告書』だと言われている。それ以降，2015年4月に施行された生活困窮者自立支援法に至るまで，日本では，さまざまな問題を抱え，社会的にも孤立した人びとに対して，就労と社会参加に向けて道を開くことで社会的包摂を目指すアクティベーション政策が多様な形で展開してきた。[1]しかし，福原宏幸によれば，2000年代に入って登場した日本のアクティベーション政策は，複数の異質な政策類型が並列する形で展開してきたという。アクティベーション政策は，福原が，以下の**図表12-1**で整理している通り，第一に，失業者を労働市場に送り出す際の制裁措置を伴う強制力の有無によって，ワークフェアと狭義のアクティベーションに分けられる。そして，さらに，前者のワークフェアには，福祉的支援と職業的支援を連動（たとえば，職業訓練を受けなければ，給付が受けられないといったこと）させることで労働市場に駆り立てる「福祉から就労へ」型ワークフェアとそもそも福祉的支援が欠落・縮小した中で労働市場へと駆り立てる「はじめに就労ありき」型ワークフェアが存在し，後者の狭義のアクティベーションには，職業訓練によって当事者の就労可能性（エンプロイヤビリティ）を向上させることに焦点を置いた就労アクティベーションと「健康・生活課題の解決・社会とのつながり・自尊感情の回復など社会参加に必要な条件を獲得した上で（あるいはそれと並行しながら）就労体験・職業訓練へと導いていく」社会的アクティベーションが存在する。[2]

　以上のような政策類型を前提とした際，福原によれば，2002～2004年に成立した複数の自立支援プログラム（母子家庭・若者・生活保護受給者・ホームレス等

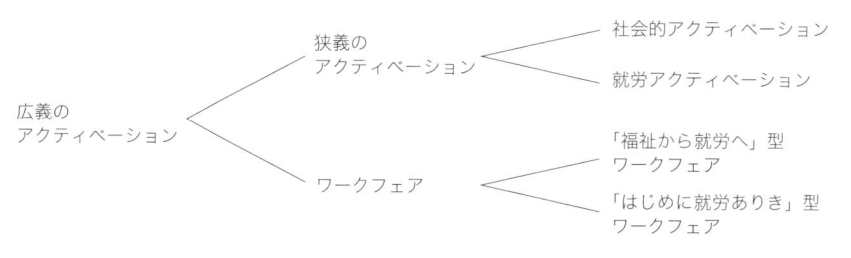

図表12–1　アクティベーションの政策手法をめぐる諸類型

出典：福原宏幸 2015（注２）126頁

に対する自立支援政策）の多くは，当事者の「意欲の貧困」を強調し，福祉的要素の欠如した「はじめに就労ありき」型ワークフェアであり，その後，2005年から開始された「生活保護受給者等就労支援事業活用プログラム」，2007年の「成長力底上げ戦略」の中の就労支援戦略は，就労アクティベーションとしての性格が強いという。そして，社会的アクティベーションは，2004年の社会保障審議会福祉部会『生活保護制度のあり方に関する専門委員会報告』において初めて政策枠組みとして提示されるが，実際には，2010～2012年のパーソナル・サポート・モデル事業とそれを引き継いで2015年に施行された生活困窮者自立支援法において本格的に実現していくことになった。

　これらの異なる複数のアクティベーション政策の内，社会的アクティベーションの重要な担い手として期待されているのが，社会的企業，とりわけ後述する労働統合型社会的企業（work integration social enterprise, 以下，WISE と略）だと言えるだろう。実際，パーソナル・サポート事業の多くを WISE が担い，生活困窮者自立支援法における中間的就労に関する厚生労働省のガイドラインにおいても当初は「社会的企業」類型が設定されていた。それでは，なぜ社会的アクティベーションにとって WISE が有効だと考えられるのだろうか。そもそも，経済的困窮のみならず，社会的に孤立し，多様な生きづらさを抱えた人びとの問題を解決するためには，就労のみに焦点を絞った就労アクティベーションでは限界があり，個々人に寄り添いながら，居場所としてのコミュニティを作り出し，かつ，地域の諸資源をつなぎ合わせながら，就労支援のみならず生活支援なども取り入れた包括的な支援のあり方が求められる。そ

して，そのような支援のあり方は，正に，抱樸（旧北九州ホームレス支援機構）など日本の WISE が実践の中で培ってきた「伴走型支援」に他ならない。逆に，日本の WISE によって培われてきた豊かな実践をモデルにして，社会的アクティベーションを志向するパーソナル・サポート事業や生活困窮者自立支援制度が構築されてきたとも言えるだろう。[3]

　それでは，以上のような社会的アクティベーションの担い手として成長してきた WISE は，日本社会において，どのように成立し，発展してきたのだろうか。また，今日，どのような課題を抱えていると言えるのだろうか。本章では，社会的企業，とりわけ WISE という概念をどのように捉えるべきかを論じた上で，日本の WISE の歴史的な発展過程を論じ，さらに，生活困窮者自立支援法が WISE にとっていかなる意義と課題を有しているのか考察していくことにしたい。

2　社会的企業の本質とは何か——ハイブリッド組織としての社会的企業[4]

■社会的企業概念のわかりにくさ

　ここでは，前提として，社会的企業をどのように把握できるかということから考えてみよう。社会的企業という言葉は，それをできるだけ正確に説明しようとすると，実際には，かなりわかりにくい言葉である。たとえば，社会的企業の「社会的」とは，何を指しているのだろうか。何か犯罪に手を染めているような「反社会的」営利企業でなければ，普通の営利企業であっても，社会の中で活動し，社会的な責任を果たしているという意味では，「社会的企業」と呼べるかもしれない。そして，そのように考えるなら，社会的企業には，非営利の組織だけでなく，営利企業も含まれることになるだろう。一方，NPO に関しても，そもそも事業を行っているものは多い。日本では，「非営利」である NPO は，儲けて利益を出してはいけないという誤解が未だに見受けられるが，「非営利」とは，株式会社のように，利益を株主に配当することができないこと，すなわち，「利益の非分配」を意味しているのであって，利益を出していけないわけではない。そもそも，日本で1998年に特定非営利活動促進法，通称 NPO 法が制定されたのも，NPO が事業を行う際に，さまざまな契約行

為が発生するので，法人格が必要になったからだった。だとすると，社会的企業は，既存のNPOとも一体どこが違うのだろうか。

　実際，社会的企業には非常に多様な組織が含まれている。NPO法人もあれば，任意団体，一般社団法人，協同組合，有限会社等もあり，単純に法人格で説明することはできない。また，事業領域としても，福祉，環境，まちづくり，仕事作り等，多様であり，こうした多様性が，社会的企業という事業体の輪郭を掴まえにくくしているのかもしれない。そして，場合によっては，貧困者を食い物にする貧困ビジネスが自らを社会的企業と偽って名乗ったり，大企業がマーケティング戦略の一貫として「ソーシャル」なイメージを用いたりすることもあるだろう。すなわち，社会的企業は，多様で曖昧なだけに，ある種，「悪のり」もされやすい言葉なのである。それでは，われわれは，この曖昧な社会的企業という概念を，どのように把握したらいいのだろうか。この問いに対する答えとして，本調査研究では，社会的企業の本質を「社会問題を解決し，社会を変えていくために，コミュニティの力も，ビジネス（市場）の力も，制度（政府）の力も，うまく組み合わせて用いながら，持続可能で自律的な経営のあり方を確保し，新しい問題解決のあり方（イノベーション）を生み出す組織のこと」として把握したい。別の言い方をするならば，社会的企業とは，コミュニティ形成，市場におけるサービス供給，政府とのパートナーシップや政策提言といった機能をミックスさせたハイブリッド組織であり，そこに社会的企業の可能性があるという捉え方である。

　このような社会的企業に対する認識は，一見すると奇異に聴こえるかもしれない。なぜなら，多くの社会的企業論者たちは，社会的企業を「社会問題をビジネスで解決する」というキャッチ・フレーズで語ってきた。そこでは，それが事実かどうかは別として，従来のNPOがボランティアや行政の補助金頼みであるがゆえに，経営が不安定で非効率であったという認識があり，そうした問題を乗り越えるため，端的にビジネスを導入することこそが，社会的企業の真髄として捉えられてきたからである。もちろん，社会的企業にとって，ビジネスを導入することの意味は大きい。具体的に，そのことが，どのような意味をもつのかについては，大雑把に言って，下記のようなポイントを挙げることができるだろう。

① 事業収入の確保による組織の持続可能性や自律性の上昇
② 成果を生み出すマネジメントの導入とプロフェッショナリズムの醸成
③ 経済的リスクを負うことが可能なコミットメントの強い主体の形成
④ 営利企業とのパートナーシップによる多様な資源の動員
⑤ 仕事の創出やマイクロ・クレジットによる経済的エンパワーメント
⑥ 市場の開放性を基盤とした関係性の拡大

■ハイブリッド組織としての社会的企業

　しかし，実際に，社会的企業が，社会問題を解決していく時には，市場での
ビジネス以外の要素，すなわち，コミュニティ形成や政府との関係（介護保険
などの公的な制度・政策の利用，行政との協働，新しい政策の提言等を含む）も重要
な意味をもっている。たとえば，社会的排除問題の現場で活動する社会的企業
を想像してみよう。さまざまな問題を抱えた当事者を軸にしてコミュニティを
作り出すことは，社会問題解決のために不可欠であるように思われる。なぜな
ら，当事者の「居場所」としてのコミュニティは，彼等が自らの自信や尊厳を
取り戻すことを可能にすることで，エンパワーメントの起点になるだろうし，
社会的企業にとっても，当事者のもつ潜在的なニーズを学習し，社会的目的を
確立する基盤となるからである。すなわち，社会的企業のミッションは，コ
ミュニティの中から立ち現れるのだ。一方，社会的企業は，政府との関係おい
ても，通常，さまざまな公共政策の政策形成プロセスに働きかけ，あるいは，
公共政策を利用しながら社会問題の解決に携わっている。そのようにすること
で，社会問題の現場から，多様なアクターとネットワークしながら，公共的な
議論の場を構築し，社会的に排除されてきた人びとの声を政策過程に反映さ
せ，彼等のニーズを社会的な権利として追求し，普遍化していくことが可能に
なる。また，公的資金が投入されることで，採算性の制約に縛られずに，貧困
者へのサービス供給も実施できるようになるのである。このように，社会的企
業は，市場のみならず，政府やコミュニティとの密接な関係性を基盤にして社
会問題の解決を図っていく存在だと見なすことができるだろう。そして，社会
的企業を成り立たせている経済という観点から言っても，社会的企業は，コ
ミュニティにおける互酬性，政府による再分配，市場での交換といった3つの
経済原理，いずれにも依拠して活動を展開しており，こうした社会的企業にお

ける経済基盤のあり方は「多元的経済」と呼ばれている。

　ただし，これは，逆に言えば，社会的企業が，市場，政府，コミュニティの中の一つの要素にだけ頼り過ぎると，さまざまな問題が生じてくることをも意味してもいる。たとえば，社会的企業が，市場的な要素を過度に強め，営利企業に接近しすぎれば，当初の社会的目的が後景に退いてしまったり，採算性を追求することにより貧困者が顧客から排除されたり，事業規模を拡大する中で官僚制化が生じ，市民参加やコミュニティ形成といった側面が阻害される危険がある。また，政府に過度に接近し，たとえば，行政からの事業委託のみに依存した経営を行っていけば（とくに，日本のように，事業委託が単年度で委託費用も低く，硬直的な仕様書を伴っている場合），行政から指示されたことしかできなくなるという意味で，行政下請け化を招く危険性もある。加えて，コミュニティの相互扶助的な要素にだけ頼っていれば，そもそもの資源不足，閉鎖性，アマチュアリズムといった限界性を克服できないかもしれない。つまり，社会的企業にとって，市場，政府，コミュニティは，いずれも長所もあれば，短所もある存在であり，それらの短所ではなく，長所をミックスさせてシナジーを生み出し，社会問題の解決に挑むところが，社会的企業の真骨頂と言っていいのかもしれない。[5]

■ 労働統合型社会的企業（WISE）とは何か

　さて，以上のような社会的企業は多様な事業領域で活動しているが，その中でも，労働市場における多様な不利を抱えた人びとを対象に，生産活動を通じて，彼らの社会的，かつ，経済的な自立を支援し，社会的包摂を目指す社会的企業のことを労働統合型社会的企業（WISE）という。WISE に関しては，ボルザガとロスが「単に職場であるだけではなく，関係性の構築とリハビリテーションの場にもなりうるもので，その結果，不利な状況にある人々にとって，経済的のみならず社会的な自立の回復にも寄与する[6]」と述べているように，単なる就労支援の機能を越えて，より広い社会的包摂機能が目指されている。欧州では，以上のような WISE が，アクティベーション政策と密接に結びついて発展してきた。EMES ネットワークによる PERSE 調査（2001〜2004年に実施された11ヶ国162団体の WISE と1000人程度の参加者に対する調査）によれば，欧州

図表12-2　欧州 WISE における統合モードごとの分類

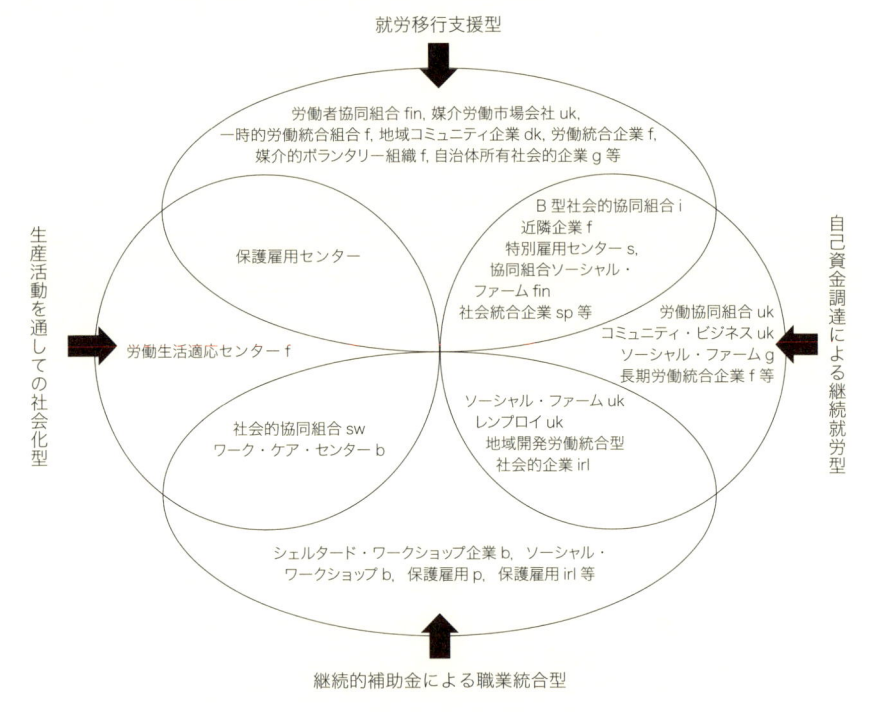

就労移行支援型

労働者協同組合 fin, 媒介労働市場会社 uk,
一時的労働統合組合 f, 地域コミュニティ企業 dk, 労働統合企業 f,
媒介的ボランタリー組織 f, 自治体所有社会的企業 g 等

B 型社会的協同組合 i
近隣企業 f
特別雇用センター s,
協同組合ソーシャル・
ファーム fin
社会統合企業 sp 等

保護雇用センター

生産活動を通しての社会化型

労働生活適応センター f

労働協同組合 uk
コミュニティ・ビジネス uk
ソーシャル・ファーム g
長期労働統合企業 f 等

自己資金調達による継続就労型

社会的協同組合 sw
ワーク・ケア・センター b

ソーシャル・ファーム uk
レンプロイ uk
地域開発労働統合型
社会的企業 irl

シェルタード・ワークショップ企業 b, ソーシャル・
ワークショップ b, 保護雇用 p, 保護雇用 irl 等

継続的補助金による職業統合型

出典：Davister et al. 2004 Work Integration Social Enterprises in the European Union: An Overview of Existing Models (WOno. 04/04), EMES Working Paper. の図を元に筆者が作成

の WISE は国ごとに多様な組織名称をもっており，ダビスター等は，それら
を 4 つの統合モードによって，**図表12-2**のように分類している。

　第 1 は，就労移行支援型であり，アクティベーション政策と結び付き，欧州
WISE における最大のグループである。就労困難者に対して OJT 等の職業訓
練を行い，就労能力（employability）を向上させることで，一般労働市場に送
り出してくてことを目的とする。第 2 は，自己資金調達による継続就労型であ
り，英国のソーシャル・ファームやコミュニティ・ビジネスは，多くの場合，
このタイプに当てはまる。このタイプの WISE では，立ち上げ当初に，一定
期間，公的補助金が投入されても，その後は，事業収入（行政からの事業委託を
含む）によって，継続的な雇用を確保する必要があり，もっとも事業性が要請

される類型と言えるだろう。第3は，持続的補助金による職業統合型で，主たる受益者は障害者であり，シェルタード・ワークショップなどが含まれる。労働者とは雇用契約が結ばれており，職業的な能力が養成されるものの，一般労働市場で職を見つけることは困難であることが多い。そして，第4は，生産活動を通しての社会化型で，受益者は，アルコール依存症や薬物障害等の深刻な問題を抱えた人びとが中心であり，雇用契約は結ばれておらず，生産活動を通じて，社会参加を可能にすることが主要な目的とされている[7]。

3 日本における労働統合型社会的企業（WISE）の展開過程

■日本における WISE の成立過程

　それでは，日本における WISE はいつごろ発生し，どのように発展してきたと言えるのだろうか。実は，「社会的企業」という言葉は使われていないものの，実態としての WISE は，日本では1960年代から存在してきた。以下では全労済協会の公募委託研究としてわれわれが2015年度に実施した WISE の中間支援組織調査を元に日本の WISE の展開過程について検討していくことにしたい[8]。1960年代から2016年の今日に続く長いタイムスパンで捉えた時には，大雑把に言って，日本の WISE は，高度経済成長期に発生し，1990年代のバブル崩壊以降，貧困や社会的排除問題の高まりの中で大きく変化を遂げてきたように思われる。そこで，まずは1960年代から1970年代にかけての日本のWISE の成立過程から見ていくことにしよう。

　日本の WISE は，戦後の高度経済成長期において，宮本太郎のいう日本型福祉レジームから排除された，あるいは，周辺化された人びとによって開始されたとみなすことができる。日本型の福祉レジームとは，社会保障支出の抑制された後発型福祉国家を家族と雇用レジームによって補完する福祉体制を指すものであり，性別役割分業を前提とした核家族，ならびに，①高生産性部門の民間大企業における日本的経営と②低生産性部門の第一次産業・地方建設業・自営業を支える公共事業（土建国家）によって構成される雇用レジームが重要な柱となってきた[9]。しかし，このような日本型の福祉レジームが形成される中で，その基盤となっている雇用レジームから排除されてきた人びとが居た。そ

れは，失対事業が縮小されていく中で，職場を失っていった中高年の失業者達であり，性別役割分業によって家庭に縛り付けられてきた専業主婦達であり，教育課程を終えた後の働き場のない多様な障害者達だったと言えるだろう。彼らを主体として，日本の WISE は発生した。

(1) 労働者協同組合の 2 つの潮流

　第 1 に，日本労働者協同組合連合会に結集した労働者協同組合は，戦後の失対事業を背景として成立した。熊倉ゆりえによれば，1963年の職業安定法・緊急失業対策法の改正により，政府の雇用創出の軸足が，失対事業から，公共事業へと移る中で，失対事業の労働者達を中心とした全日本自由労働組合（以下，全日自労と略）は，当初，政府の失対事業縮小の動きに反対運動を激化させた。しかし，1970年代に入ると，全日自労の中から，「中高年・雇用福祉事業団」を作り出し，自ら事業団を立ち上げて，雇用創出を目指す動きが出てくる。具体的には，1972年に西宮や京都の分会において，中高年・雇用福祉事業団が立ち上げられ，主として自治体からの仕事の受注を目指した。こうした事業団運動は，熊倉によれば，1970年代を通じて，地域社会における社会的正当性を獲得するために，社会的有用性と人間発達を含意した「良い仕事」として，あるいは，行政によって主導された高齢者事業団（後のシルバー人材センター）とは異なり，あくまでも雇用保障を重視するものとして，自らのアイデンティティを徐々に確立していった。そして，1979年には，全日自労から独立して，中高年雇用・福祉事業団全国協議会が結成される。さらに，1980年のICA 大会におけるレイドロー報告で，労働者協同組合が注目を集めるようになると，自らのアイデンティティを労働者協同組合として再認識するようになり，1986年には中高年雇用・福祉事業団全国協議会が労働者協同組合連合会へと改称されたのである。その後，1987年には，全国の地域事業団（地域労協）のモデルとなるような経営の安定した労働者協同組合を作る必要から，センター事業団が設立され，ほぼ現在の労働者協同組合連合会の基盤が形成されたと言えるだろう。[10]

　一方，日本におけるもう一つの労働者協同組合の系譜であるワーカーズ・コレクティブは，1968年に設立された生活クラブ生協を母体として生み出された。やはり1980年のレイドロー報告で労働者協同組合が注目されたことを契機

に，生活クラブ生協がワーカーズ・コレクティブの設立を方針化し，1982年に神奈川県で第1号の「にんじん」が設立された。ワーカーズ・コレクティブは，日本労働者協同組合連合会の労働者協同組合とは異なり，生活クラブ生協における活発な組合員活動を通じて主体化した専業主婦層を中心的な担い手として登場した。すなわち，ワーカーズ・コレクティブは，フルタイムの労働市場から排除されてきた専業主婦たちにとって，地域で自己実現が可能で，短時間でも働くことが可能なオルタナティブな仕事を意味していたと言えるだろう。また，そこでの仕事は，「コミュニティ・ワーク」や「コミュニティ価格」といった表現が用いられてきたことからもわかるように，地域に住む生活者としての当事者的な視点を重視した相互扶助的な仕事という性質を色濃くもっていたように思われる[11]。ワーカーズ・コレクティブでは，1989年に神奈川県と東京都で連合会が結成され[12]，同時に，全国レベルの市民事業連絡会も組織され，各種学習会やワーカーズ・コレクティブに関する法制化に関する活動も開始される。そして，1993年からワーカーズ・コレクティブ全国会議が開催されるようになり，1995年には，全国組織であるワーカーズ・コレクティブ・ネットワーク・ジャパン（WNJ）が誕生し，ワーカーズ・コレクティブの法制化運動も開始された。

　以上，2つの労働者協同組合の潮流について論じてきたが，2007年になると，これら2つの流れは連携を強め，「協同労働の協同組合法」の制定運動に取り組むようになった。2007年の「『協同労働の協同組合法』の速やかなる制定を求める」請願では，1年間で1万団体の署名を集め，2008年には，「協同労働の協同組合法」法制化の超党派の議員連盟ができた（当初，議員数96名で発足し，2011年には208名にまで増加）。そして，民主党政権下では，議員連盟において，「協同労働の協同組合法案要綱」もまとまった。しかし，その後の政局の混乱と自民党への政権交代により，この法制化運動は頓挫してしまい，現在も，「協同労働の協同組合法」は成立していない[13]。

(2)障害者雇用領域の WISE

　また，日本では，障害者雇用領域での WISE の歴史も古い。障害者雇用領域の WISE は，障害者福祉政策との関係が強く，上記の2つの労働者協同組合の潮流と比較すると，より制度化された特徴を有していると言えるだろう。

しかし，それは，身体・知的・精神といった三障害にタテ割りにされた障害者福祉政策に翻弄され，労働者性の弱い「福祉的就労」という課題に向き合い続けてきた歴史と言ってもいいかもしれない。

　そもそも，障害者雇用の領域では，1949年に成立した身体障害者福祉法において，身体障害者授産施設が初めて規定された。蟻塚昌克によれば，身体障害者授産施設の源流は，第二次世界大戦下における傷痍軍人援護事業であるが，戦災復興期の授産事業で不祥事が相次いだため，身体障害者授産施設は，公による強い規制を有する第1種社会福祉事業となり「無料または低額の料金でサービスを提供する社会福祉事業と規定」されることとなる。そして，1951年の社乙発170号厚生省社会局長通知「授産事業に対する労働基準法等の適用除外について」により，最低賃金の適用除外を受けたいわゆる「福祉的就労」が生じることとなった。

　しかし，以上のようにしてできた身体障害者授産施設の数はきわめて少なく（その他の知的障害者や精神障害者，とりわけ精神障害者の授産施設に関しては，制度化が非常に遅れた），教育課程を終えた障害者を受け入れる働く場が欠如していたことから，1960年代末以降，多くの小規模作業所が生まれることとなる。小規模作業所の嚆矢となったのが，全国障害者問題研究会を基盤として，1969年に名古屋で結成された「ゆたか福祉会」であり，障害者の親や養護学校教員が主体となって作られた。1977年に障害者共同作業所が国の補助事業となり，地方自治体で補助制度が始まると，ゆたか福祉会等を中心とした共同作業所のネットワークとして全国共同作業所連絡会（現在の「きょうされん」）が設立され，同時に，授産施設（社会福祉法人）のネットワーク組織である全国授産施設協議会（現在の社会就労センター協議会，略称はセルプ協）も設立された。一方，1971年には，「わっぱの会」が，障害者と健常者の共同生活体として，学生運動のワーク・キャンプ活動から生まれる。このわっぱの会が中核団体となり，1984年には，「障害がある人もない人も共に働く」共働作業所の拡大を重視した共同連が設立されている。加えて，1973年には，たんぽぽの家が設立され，その後の日本における障害者文化運動の中心的な担い手となり，そこから，やがて，エイブルアート・カンパニーのような障害者アートを扱う WISE も生まれることになる。

以上のように，日本では，多様な障害者の共同作業所が1960年代末から育っており，これらを，障害者雇用領域の WISE と認識することができるだろう。しかし，上記のように，雇用契約が結ばれず，労働法の適用されない「福祉的就労」をめぐって，障害者雇用領域の WISE の対応は，2つに分かれてきたと言えるだろう。一つの流れは，きょうされんやセルプ協の小規模作業所や授産施設である。これらの団体は，福祉的就労に対して，欧州の保護雇用（sheltered employment）のように，障害者の就労に対して，公的資金による賃金補填を行うことで，労働法の適用が可能な「社会支援雇用」を提言してきた[17]。しかし，政府は，保護雇用については，財政上の制約等から一貫して否定的な対応をしてきた。そのため，きょうされんやセルプ協の系譜に位置する小規模作業所や授産施設の少なからぬ部分は，福祉的就労に甘んじてきたと言わざるを得ない[18]。一方の共同連は，「障害がある人もない人も共に働く」を合言葉に，障害者と健常者スタッフの間の指導／被指導関係や能力主義の否定，一つの給与体系を前提とした配分の対等性（障害者は工賃，健常者スタッフは補助金からの人件費を前提とした二本立ての給与体系ではない）を重視し，障害者の労働権を保障した働き方を主張してきたと言えるだろう。このように，障害者と健常者の給与体系を一本化することで，リスクも利益も分かち合う，ある種の運命共同体を形成することで，障害者と健常者の間の連帯や当事者性を生み出すあり方は，作業所の事業性を高める一つの条件になったように思われる。また，共同連の以上のような社会実験は，2005年に滋賀県で「社会的事業所条例」という形で制度化され，その他の複数の地方自治体にも波及した。その後，民主党政権下では，共同連を中心に，社会的事業所の法制化運動が展開されたが，民主党政権の崩壊で下火になった。

■バブル崩壊以降における日本の WISE の変化

　以上のように，日本の WISE は，中高年の失業者，専業主婦，それに障害者といった特定の層の人びとを担い手とした運動として始まったと言えるだろう。しかし，今回の多くのヒアリング調査から理解できたことは，日本の WISE が対峙している社会状況が1990年代以降のバブル崩壊とリーマン・ショックという二度の経済危機，さらには，阪神淡路大震災と東日本大震災と

いう2つの大震災を経る中で大きく変化してきたということである。つまり，以上のような経済危機と大震災を経て，日本型福祉レジーム自体が大きく崩れ，労働市場の二極化が進む中で，日本社会の貧困や社会的排除といった問題が急速に進行したのである。そこから，日本のWISEの展開過程において幾つかの帰結が生じたと言えるのではないだろうか。

(1) WISE における領域の拡大

　第1に，WISEの支援対象，あるいは，担い手となる層の拡大が見られる。まず指摘できるのが，ホームレス問題の顕在化である。1980年代以前においても，寄場の日雇い労働者の労働問題が存在し，そこでは，日雇い労働者の労働運動が活発だった。しかし，菰田レエ也によれば，1991年のバブル崩壊以降，ホームレス状態の野宿者が急増する。そして，彼らを支援する炊き出しボランティア団体が1990年前後から数多く生まれた。1988年に北九州ホームレス支援機構（現抱樸）の前身となる北九州日雇越冬実行委員会，1990年に山谷のふるさとの会，1993年に大阪西成で釜ヶ崎反失業連絡会（現在の釜ヶ崎支援機構），1994年に新宿連絡会が設立等が生まれている。これらの団体は，ホームレス状態の人びとに対して，当初，炊き出し・夜回りパトロール・無料医療相談等の緊急支援を行い，かつ，生活保護の制度運用をめぐる異議申し立て等も行ってきた。1990年代後半には，青島都政において，新宿で段ボールハウスで寝泊まりしていた野宿者に対する強制排除が起こり，激しい反対闘争が生じたように，行政との激しい衝突が頻繁に起きていた。しかし，2000年代に入ると，北九州ホームレス支援機構が自立支援住宅事業を開始したように，居住支援が重要な課題として浮上してくる。その後，釜ヶ崎反失業連絡会，ふるさとの会，北九州ホームレス支援機構，新宿連絡会を中心としたホームレス支援団体が連携を組み，実効的な就労対策と住宅対策を政党や労働組合に要求することで，2002年にホームレスの自立支援等に関する特別措置法（以下，ホームレス自立支援法と略）を成立させた。そして，ホームレス自立支援法により，ホームレス自立支援センターが設置され，そこで就労支援事業が本格的に開始されるようになることで，ホームレス支援領域で活動する諸団体のWISEとしての性格も強められていったと言えるだろう[19]。

　また，若者支援領域においては，今井玲によれば，1970〜1990年代を通じ

て，不登校や引きこもりといった学校教育への不適応問題が重要な課題として浮上し，既存の学校教育とは異なるオルタナティブな教育のありようが，諸団体によって，長年，議論され，実践されてきた。そうした中で，フリー・スクールが多数生まれ，1998年には日本フリー・スクール連盟が発足している（1998年にはフリー・スクール協会と名称変更）。しかし，やはり若者支援の領域においても，バブル崩壊以降の貧困や社会的排除の広がりは大きな影響をもたらした。当然のことながら，フリー・スクールにおける若者の居場所の提供に留まらず，就労支援が重要な課題として浮上してくる。また，従来，不登校や引きこもりの若者を支援する団体は，K2インターナショナルに見られるように，当事者の保護者が資金調達上の重要な基盤だったが，「引きこもれる家すらない」ような貧困な家庭環境を背景とした若者が多くなってくると，保護者を基盤としたビジネス・モデルだけでは資金調達上困難にならざるをえない。そうした中で，多くの団体は，2003年の若者自立・挑戦戦略会議による『若者自立・挑戦プラン』を契機に生まれた若者自立塾（2005～2008年）や地域若者サポートステーション（2006年～現在まで）等，行政からの委託事業に依拠した事業展開を進めることになったのである[20]。いずれにせよ，以上のような趨勢の中で，バブル崩壊以降，ホームレス支援と若者支援という2つの領域が，日本のWISEにおける重要な構成要素として急速に浮上してきたと言えるだろう。

(2) 協同組合における変化

　第2に，協同組合陣営の日本労協連に所属する労働者協同組合やワーカーズ・コレクティブにおいても，「同質的結合から異質性を包摂した結合」へとでも呼べるような変化が見受けられるようになった。そもそも，1995年にマンチェスターで開催されたICA100周年記念大会で採択された「協同組合のアイデンティティに関するICA声明」において，協同組合原則に「地域コミュニティの持続可能な発展への貢献」（第7原則）が付加されたように，1990年代から，協同組合が純粋な共益組織から地域コミュニティの公共的利益を志向した公益組織へと変化すべきことが理念的には主張されてきた。

　しかし，2000年代に入ると，協同組合陣営においても，現実に，障害者や引きこもりの若者を自らの職場に一定程度包摂していることが認識されるようになる。たとえば，ワーカーズ・コレクティブ協会では，2005年の調査におい

て，神奈川の連合会に所属するワーカーズ・コレクティブ27団体で54名の障害者が就労していることを見出した。また，グリーン・コープでは，2004年から生活再生相談室を設置して生活再生相談事業に乗り出すが，それは，実際に自らの組合員の中に多重債務問題など，多くの貧困問題を抱えた人びとが存在していることを発見したことによって開始された。こうした中で，センター事業団では，若者自立塾や地域若者サポートステーションなど，若者支援の取組みを本格化させるようになり，一方のワーカーズ・コレクティブにおいても，2005年に開催されたWNJの全国会議等において，障害者，高齢者，ニートの若者らを包摂しうる「地域に開かれた仕事の場」の形成が志向されるようになった。そして，今日，センター事業団やワーカーズ・コレクティブ協会では，生活困窮者自立支援事業に積極的に参入しており，とりわけ，生活クラブのユニバーサル就労やグリーン・コープにおける家計相談事業は，生活困窮者自立支援法の中間的就労や家計相談事業のモデルとなっていった。このように，協同組合陣営のWISEは，かつてのワーカーズ・コレクティブが新中間層の主婦達による同質的な結合と捉えられてきたのとは異なり，多様な属性や階層の人びとを包摂した組織へと徐々に変容してきていると言えるだろう。

(3) アクティベーション政策の発展

　第3に，前述のように，2000年代に入って，日本でも徐々にアクティベーション政策が登場し出すが，2008年のリーマンショックを契機に，麻生政権下での『安心社会実現会議報告』以降，狭義のアクティベーション政策への志向性が急速に高まり出す。[21]そして，民主党政権において，内閣府参与となった湯浅誠等を中心にパーソナル・サポート・サービスが制度化され，実質的な社会的アクティベーション政策が開始された。パーソナル・サポート事業は，2012年度で終了するものの，その後，厚生労働省が恒久制度化をめざし，生活困窮者の「生活支援戦略」が政策提案され，2015年の生活困窮者自立支援法の施行へと結びついたのである。そして，生活困窮者自立支援法においては，社会的企業が就労準備支援事業と就労訓練事業（中間的就労）の重要な担い手として期待されている。以上のようなパーソナル・サポート・サービスやそれを基盤として制度化された生活困窮者自立支援法は，実際のところ，生活クラブのユニバーサル就労，グリーンコープの家計相談事業，抱樸の自立支援住宅事業等

が，法案作成の際に重要なモデル事業としての役割を果たしたように，多くのWISEと厚生労働省の革新官僚との連携の中で生まれてきたと言えるものである。

そして，こうした一連のアクティベーション政策の進展は，日本のWISEが，従来，前述のダビスター等のWISEの類型論で言えば，福祉的就労のような「生産活動を通しての社会化型」或は，労働者協同組合やワーカーズ・コレクティブのように，政策的な下支えのない中「自己資金調達による継続就労型」とならざるを得なかったのに対して，遅まきながら「就労移行支援型」のWISEが重視されるようになってきたことを意味しているだろう。

4　生活困窮者自立支援法と日本のWISE

ここまで日本のWISEの展開過程について包括的に論じてきた。本章の最後に，生活困窮者自立支援法が，日本のWISEにとって，どのような意義と課題を有しているのか検討しておくことにしたい。そもそも，生活困窮者自立支援法は，前述のように，社会的アクティベーションとしての性格が強いものの，WISEの観点から見た際には，かなり多くの問題点を孕んでいる。たとえば，①就労訓練準備事業と就労訓練事業（中間的就労）の違いの曖昧さ，②就労訓練事業（中間的就労）においては，受け入れ事業所に対しての公費補助がなく，WISEが参入するインセンティブが弱くならざるを得ないこと，③非雇用型と雇用型が存在し，両者の区別が曖昧なため，貧困ビジネスの温床になる危険性があること，さらには④2017年が期限の時限法であるホームレス自立支援法のホームレス対策事業が生活困窮者自立支援法に移管されることにより地方自治体で空洞化する危険性などが指摘されている。[22]

しかし，生活困窮者自立支援法を批判するにしても，重視するにしても，それが，日本におけるWISEの展開過程を考える時，いくつかの意味で，諸運動の一つの重要な収斂ポイントになっていることは否めないのではないだろうか。

■「生活困窮者」をめぐる WISE のネットワークの広がり

　生活困窮者自立支援法をめぐっては，対象となる「生活困窮者」が一体誰なのかということが常に問題になる。なぜなら，生活困窮者というコンセプトは，既存の制度のタテ割り構造における対象設定にはなじまない言葉であり，そこには，ホームレス，障害者，引きこもりの若者等々，多様な人びとが含まれうる。こうしたことは，法律上は曖昧さを意味しているが，一方で，日本における WISE の結集という点ではポジティブな意味をもっているのではないだろうか。なぜなら，生活困窮者という言葉は，当事者の経済的困窮と同時に社会的孤立を含意しており，社会的排除自体が WISE の解決すべき共通の課題として浮上してきたことを意味しているからである。

　そもそも，前節で論じたように，日本の WISE の展開過程は，日本型福祉レジームから排除され，周辺化された人びとによる運動として始まった。そこでは，中高年失業者，障害者，主婦といった特定のカテゴリーの同質的な集団による運動としての性格が強かったと言わざるを得ない。したがって，当初，相互の運動間の交流や連携が密接にあったわけではなかった。しかし，日本型の福祉レジーム自体が崩壊した今日，貧困や社会的排除といった通底する問題を基盤として，個々の WISE が連携をしやすい状況が生まれてきているのではないだろうか。実際，現場で日々問題解決に向き合っている WISE には，障害（精神障害や知的障害を含む），ホームレス，若者の引きこもり，犯罪者の社会復帰といった問題が実際には相互に密接に結び付いていることが認識されるようになってきた。そして，こうした流れを受けて，2014年に生活困窮者自立支援全国ネットワークが設立され，きわめて広範な WISE のネットワークが形成されているように，今日，日本の WISE は，元々の領域を越えた連携を今までになく深めていると言える。それは，たとえば，グリーン・コープと抱樸の関係に代表されるように，NPO と協同組合といった異なる企業形態の組織間での連携（東日本大震災後の公益財団共生創造財団のような共同事業等）としても表れており，こうした WISE の広範なネットワークの形成は，制度改革を可能にする政治的なパワーの源泉になる可能性をもっているように思われる。

■共通の問題解決方法としてのコミュニティ・エンパワーメント

　また，生活困窮者の自立支援という課題は，問題解決方法のレベルにおいても，ある種の共通性を有している。すなわち，WISE が問題解決をしていく際には，問題を抱えた個々人に寄り添いながら，コミュニティを作り出しつつ，生きづらさの根底にある複雑に絡まった問題の塊を一つひとつ解きほぐしていくような個別的な問題解決手法が必要となるだろう。そして，そのようにして見出された課題を，地域社会の多様なアクターと連携しながら，諸々の地域資源を開発・動員しながら解決していくといったプロセスが必然的に不可欠となる。ここに，共通の問題解決の手法として，「パーソナル・サポート」や「伴走型支援」が重視されるようになる理由があるのではないだろうか。

　こうした自立支援の方法は，M. テイラーにならって，コミュニティ・エンパワーメントと捉えることもできるだろう[23]。コミュニティ・エンパワーメントとは，当事者が承認される居場所としてのミクロなコミュニティと同時に，さまざまなアクターを巻き込んだ包摂的な地域コミュニティという 2 つのレベルで，コミュニティを形成しながら当事者をエンパワーメントしていくことを意味している。

　前者においては，当事者が安心して自らの「生きにくさ」を表出し，相互に共有できる場が作られることで，初めて彼等の集合的なニーズが顕在化し，社会問題として「意識化」される。そして，当事者によるニーズの表出と同時に，WISE における「社会的目的」も構築されるはずである。しかし，当事者を中心としたミクロなコミュニティが形成されるだけで問題が解決されるわけではない。当事者に対する共感の輪を広げつつ，後者の包摂的な地域コミュニティを作り出すことで，浮かび上がってきたニーズに対して，多様な資源や技術を動員することが可能になり，それによって多様なエンパワーメント・プロセスを展開していくことも可能になるだろう。こうした WISE によるコミュニティ・エンパワーメントを図式化すると，図表12 – 3 のように表現することができる。そして，このようなコミュニティ・エンパワーメントが基盤となってはじめて，就労アクティベーションのみに留まらぬソーシャル・アクティベーションが可能になるはずである。

　以上，生活困窮者自立支援法が，日本の WISE にとって，ネットワーク構

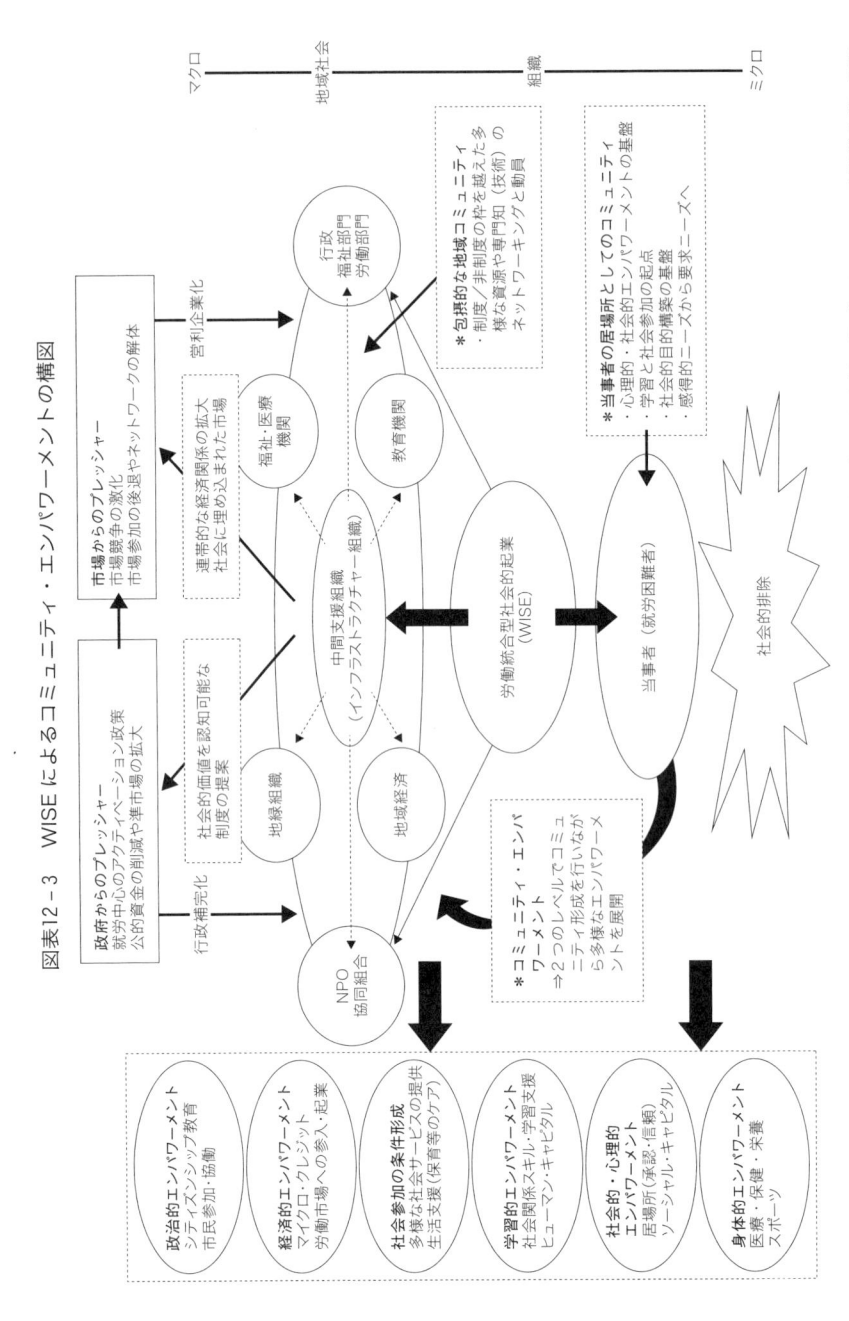

図表12－3　WISEによるコミュニティ・エンパワーメントの構図

出典：藤井敦史 2014「社会的企業とコミュニティ・エンパワーメント」坂田周一＝監修・三本松政之・北島健一編『コミュニティ政策学入門』誠信書房123頁の図を加工

築上の重要な収斂ポイントになっていること，また，そうした中でコミュニティ・エンパワーメントと呼べるような共通の問題解決手法を発展させてきていることを論じてきた。こうした中で，WISE が，コミュニティ・エンパワーメントを実質化させていくためには，何が必要だろうか。恐らく，今後，WISE に求められることは，地域社会や地域経済のありようそのものに働きかけ，新しい労働や経済のありようを生み出していくことだと思われる。すなわち，地域社会において，公共空間を創出し，自治の領域を拡大していきながら，経済循環の多様なレベルで連帯関係を組み込んだオルタナティブな経済を作り出していくことが必要なのではないだろうか。こうした経済のあり方は，欧州や南米においては，「連帯経済」と呼ばれてきた。紙幅の都合上，ここで連帯経済について詳述することはできないが，コミュニティ・エンパワーメントを志向する WISE が発展していくためには，以上のような連帯経済を地域社会で醸成していく必要があり，また，地域社会における多様なアクター間の連帯を紡ぎ出し，コーディネーションを行う中間支援組織の存在も重要な意味をもつだろう。これらの課題については，また改めて検討していくことにした[24]い。

1) 福原によれば，広義のアクティベーションの定義は「失業保険給付や公的扶助を受給している人，また稼働能力をもつその他の社会的困窮者に対して，積極的労働市場政策（職業紹介，職業訓練または職業教育）や各種の社会活動参加プログラムによる支援策を適用することで，就労またはそれ以外の社会活動への参加を促そうとする政策類型」。福原宏幸 2012「日本におけるアクティベーション政策の可能性——現状と展望」福原宏幸・中村健吾編『21世紀のヨーロッパ福祉レジーム——アクティベーション改革の多様性と日本』糺の森書房249-250頁を参照。

2) 福原宏幸 2015「日本における生活困窮者支援事業の到達点と課題——アクティベーション類型の視点から」平成26年度セーフティネット支援対策等事業補助金社会福祉推進事業『地域協働による多元的・多層的な就労支援・社会的居場所創出ネットワーク構築に関する調査研究報告書』一般社団法人協同総合研究所124-133頁を参照。

3) 奥田知志・稲月正・垣田裕介・堤圭史郎 2014『生活困窮者への伴走型支援——経済的困窮と社会的孤立に対応するトータルサポート』明石書店を参照。

4) 社会的企業に関しては，これまで，主として，米国と欧州の2つの理論潮流が紹介されてきた。米国の社会的企業論は，社会的起業家という個人の強いリーダーシップとそれに支えられたソーシャル・イノベーションを重視しており，営利企業の社会的責任（CSR）なども含み込んだ議論となっている。一方，欧州の社会的企業論は，社会的企業を，社会的排除や少子高齢化による社会サービス不足といった問題の解決という文脈で捉え，共益的な協同組合と公益的な NPO が接合する地点で登場してきたものとして論じてきた。前者

は，社会的企業と市場との関係性をより重視しており，後者は，社会的企業と制度との関係や基盤としての市民社会をより重視しているとも言えるだろう。こうした米国と欧州における 2 つの理論潮流と共に，英国，米国，イタリア，フランス，韓国をはじめ諸外国の社会的企業の事例がこれまでに数多く紹介されてきた。ちなみに，米国や欧州における社会的企業の理論潮流に関して，詳しくは，藤井敦史・原田晃樹・大高研道編 2013『闘う社会的企業──コミュニティ・エンパワーメントの担い手』勁草書房の第 1 章を参照いただきたい。また，本章での社会的企業についての捉え方は，基本的に欧州の EMES ネットワークの理論を土台としている。

5)　詳しくは，藤井・原田・大高編・前掲注 4) 第 3 章第 1 節を参照。

6)　Borzaga, C. and Loss, M. 2006 "Profiles and Trajectories in European Work Integration Social Enterprises", Nyssens, M. (ed.) *Social Enterprise: At the Crossroads of Market*, Public Policies and Civil Society, Routledge, p. 172 を参照。

7)　Davister et al. 2004 "Work Integration Social Enterprises in the European Union: An Overview of Existing Models (WP no. 04/04)", *EMES Working Paper*. Nyssens, M. 2006 "Social enterprise at the crossroads of market, public policy and civil society", Nyssens, M. (ed.) *Social Enterprise: At the Crossroads of Market, Public Policies and Civil Society*, Routledge, pp. 313-328. を参照。

8)　全労済公募委託研究『中間支援組織調査を通して見た日本の労働統合型社会的企業（WISE）の展開と課題』（研究代表者：藤井敦史）は，日本における WISE の展開過程を各イシューや運動の系譜のハブになっている中間支援組織に主として注目することで明らかにしようとした調査研究である。藤井の他に，菰田レイ也がホームレス領域の WISE，今井玲が若者支援領域の WISE，熊倉ゆりえが日本労働者協同組合連合会，原田晃樹が農村コミュニティビジネス，朴貞任が韓国の社会的企業について扱っている。詳しくは，藤井敦史（研究代表者）・原田晃樹・熊倉ゆりえ・菰田レエ也・今井玲・朴貞仁 2016『中間支援組織調査を通して見た日本の労働統合型社会的企業（WISE）の展開と課題（公募委託研究シリーズ58）』全労済協会を参照。

9)　宮本太郎 2008『福祉政治──日本の生活保障とデモクラシー』有斐閣を参照。

10)　藤井ほか・前掲注 8) 報告書内の熊倉論文を参照。

11)　中村久子 2005「ワーカーズコレクティブという働き方」月刊自治研47巻を参照。

12)　同じく，千葉県では1992年，埼玉県では1998年に連合会が結成されている。

13)　藤木千草 2013「共に働くことを促進する法制度の必要性──現場レポート(2)」藤井・原田・大高編・前掲注 4) 303-325頁，大門正彦 2014「日本における社会的企業の現状と課題」宮本太郎編『地域包括ケアと生活保障の再編──新しい「支え合い」システムを創る』明石書店を参照。

14)　蟻塚昌克 2002「授産施設の源流と展開」埼玉県立大学紀要 4 巻197頁を参照。

15)　川本健太郎 2015「社会参加を促進する社会的企業──障害者の労働参加の事例から」牧里毎治監修・川村暁雄・川本健太郎・柴田学・武田丈編『これからの社会的企業に求められるものは何か──カリスマからパートナーシップへ』ミネルヴァ書房46-67頁，藤井克徳 2010『見えないけれど観えるもの』やどかり出版を参照。

16)　伊藤綾香 2016「障害者運動における障害者と健常者の連帯的活動の展開──1970年代の『わっぱの会』の活動を事例に」福祉社会学研究13号を参照。

17)　大門・前掲注 13) を参照。

18)　ただし，和歌山県に位置する麦の郷のように，六次産業化を基盤にして事業性を高めて

いった作業所も存在しており，とりわけ2006年の障害者自立支援法の施行以降，工賃を上昇させる圧力が増してきたと言えるだろう。

19) 藤井ほか・前掲注8) 報告書内の菰田論文を参照。

20) 藤井ほか・前掲注8) 報告書内の今井論文を参照。

21) 福原・前掲注1) を参照。

22) 大高研道 2015「制度としての『中間的就労』の現状と課題（特集：「中間的就労」の場づくりへの可能性）」所報協同の発見276号6-14頁，ホームレス支援全国ネットワーク政策検討作業チーム 2016『なぜこれからもホームレス自立支援法が必要か――ホームレス自立支援法の政策効果を持続させるために』大阪市立大学都市研究プラザを参照。

23) Taylor, M. 2011 *Public Policy in the Community (2nd edition)*, Palgrave Macmillan，藤井・原田・大高編・前掲注4) を参照。

24) 連帯経済に関しては，藤井ほか・前掲注8) 報告書の第1章，小池洋一 2014『社会自由主義国家――ブラジルの「第三の道」』新評論，Laville, Jean-Louis 2013 "The Social and Solidarity Economy, A Theoretical and Plural Framework", Draft paper prepared for the UNRISD Conference, Potential and Limits of Social and Solidarity Economy, 6-8 May 2013, Geneva, Switzerland, RIPESS 2015 *Global Vision for a Social Solidarity Economy: Convergences and Differences in Concepts, Definitions and Frameworks.* 等を参照。

あとがき

　「新しい困窮」の広がり，「働き方」改革の矢面に立たされる雇用システム，培ってきた地域経済の先行きの不透明感……。生活困窮者自立支援制度（以下「制度」）が対応する世界はますます複雑になっている。この制度に期待を寄せ見守ってきた者にとって，制度そのものより，そのオペレーション，実施主体となる自治体やその政策運営への不全感が大きくなった。そういう中で制度の充実や今後の展開の可能性，新しい検討課題を提示したいという思いが論考のバネとなった。

　この制度が，従来からある「タテ型」相談支援の１つとして運営されれば，分立する相談支援の中に埋没するのではないか，と懸念されてきた。国は新規相談等の１年目の実績から，従来の制度では補足されなかったニーズに対応できている，新しい支援メニューも動きだしていると胸をなでおろしているかに見える。しかし，自治体の認識や動きには大きな開きがある。「わが町には困窮者はいない（＝生活保護制度などの既存制度で十分対応している）」とする自治体から，「臨時福祉給付金の受給実態や非正規雇用などの不安定層の拡大からも困窮リスクを抱える人の規模は想像を超える」と心配する自治体まで。したがって現場の窓口のあり方や支援方法なども実に多様だ。窓口を開いても，支援に必要なメニューや資源が見当たらない，とカウンターを挟んで頭をかかえているところも多い。相談者はまたぞろ行き場を失ってしまう。

　相談者はそれぞれ願う生活を切り開こうと，就労をはじめ多様で個別的なニーズをもっている。その相談支援は，従来のケースワークを超える政策と実践が問われている。福祉と労働，福祉と経済は，自治体政策だけでなく，中央政府の政策においても未だ絡み合う様子がないし，人材や人的資源をめぐる議

論も硬直し地域政策には位置づく見通しがない。「人口消滅可能性都市」が危機感を募らせた意義は大きかったが，問われるべきは，それぞれの地域，自治体がめざす人材や人的資源をめぐる「包括的な」政策，広義の人材の育成や開発ではなかったか。この出版が自治体のあり方，地域政策をめぐる議論に改めてつながることに期待したい。

　　2017年2月

西岡 正次

〔追悼文〕

　本書の出版を見る前に，編者の一人である岩間伸之先生が逝去された。
　「いよいよですね」。
　各章の原稿が出揃い，いよいよ本書の出版の実現が目に見えてきた時期，先生にそのように声をかけて頂いた。お会いしたのは，それが最後になってしまった。
　本書の企画は先生と一緒に1年あまり議論した。本書のコンセプト，タイトル，構成，すべてに先生のアイディアがつまっている。本書の最後の校正をされた後に先生は亡くなった。先生は生活困窮者自立支援制度の現状を常に気にかけていた。制度の運営に従事する行政の担当者や現場で支援に奔走する支援員をねぎらうことも忘れていなかった。先生はいつも相手のことを気遣っていた。先生は地域での支え合いの実現に情熱を注がれていた。先生のその情熱なくして，この本の実現はあり得なかった。先生が執筆された第1章にそのエッセンスが凝縮されている。第1章は本書の理論的中核である。
　われわれ編者一同は，先生のこの貴重な論文を世に送り出すことに重い責任を感じている。微力なわれわれは微力ながらも，先生のご意志を引き継いでいかなければならないと思っている。そうすることで，先生とまだ対話ができているような気がする。今でも先生の優しい表情が目に浮かぶ。先生の死がいまだ信じられない。受け入れることができない。

五石敬路・西岡正次・有田朗

執筆者紹介

＊五石 敬路　大阪市立大学大学院創造都市研究科准教授
（ごいし　のりみち）

＊岩間 伸之　大阪市立大学大学院生活科学研究科教授
（いわま　のぶゆき）

＊西岡 正次　A'ワーク創造館就労支援室長
（にしおか　まさじ）

＊有田 朗　特定非営利法人ぎふNPOセンター理事
（ありた　あきら）

山野 則子　大阪府立大学大学院人間社会システム科学研究科教授
（やまの　のりこ）

滝脇 憲　NPO法人自立支援センターふるさとの会常務理事
（たきわき　けん）

安尾 真美　特定非営利活動法人さらプロジェクト事業開発室
（やすお　まさみ）

関口 昌幸　横浜市政策局政策部政策課担当係長
（せきぐち　よしゆき）

切通堅太郎　一般社団法人北海道総合研究調査会調査部次長・東京事務所長
（きりとおしけんたろう）

筒井 美紀　法政大学キャリアデザイン学部教授
（つつい　みき）

藤井 敦史　立教大学コミュニティ福祉学部教授
（ふじい　あつし）

（執筆順／＊は編者）

Horitsu Bunka Sha

生活困窮者支援で社会を変える

2017年5月10日　初版第1刷発行

編　者	五石敬路・岩間伸之 西岡正次・有田　朗
発行者	田靡純子
発行所	株式会社 法律文化社

〒603-8053
京都市北区上賀茂岩ヶ垣内町71
電話 075(791)7131　FAX 075(721)8400
http://www.hou-bun.com/

＊乱丁など不良本がありましたら、ご連絡ください。
　お取り替えいたします。

印刷：中村印刷㈱／製本：㈱藤沢製本
装幀：谷本天志
ISBN 978-4-589-03844-9

全 泓奎著 # 包 摂 型 社 会 —社会的排除アプローチとその実践— A 5 判・206頁・2800円	プロセスとしての貧困とそのメカニズムに着目した社会的排除アプローチを用いて，都市空間におけるさまざまな「貧困」の解決策を実証的に模索する。生活困窮者を包み込む都市空間の構築を指南し，包摂都市への実践に向けた手引書。
全 泓奎編 # 包 摂 都 市 を 構 想 す る —東アジアにおける実践— A 5 判・214頁・2800円	東アジアにおける社会的不利地域の再生にむけた政策や実践を紹介。それぞれの経験を共有することで，包摂都市を実現するための議論の材料を提供する。各都市が抱えるさまざまな不利を乗り越えるために必読の一冊。
水内俊雄・福本 拓編 # 都 市 の 包 容 力 —セーフティネットシティを構想する— A 5 判・90頁・800円	「余剰人口」の受入れに際して，現代都市はどのようなスタンスをとるのか。「包容力のある都市」を理論的フレームワークに据え，都市空間に内在する多様な社会的変容を包括的に捉えなおし，新たなアプローチを提示する。
水野有香編 # 地域で支える出所者の住まいと仕事 A 5 判・90頁・800円	矯正施設等出所者の社会復帰に不可欠な「住まい」と「仕事」。社会的企業による働きかけに着目し，包摂的な地域づくりを提唱。出所者を生活困窮者としてとらえることで，地域に根ざした支援のあり方を考える。
山田創平・樋口貞幸編 # たたかうLGBT＆アート —同性パートナーシップからヘイトスピーチまで， 人権と表現を考えるために— A 5 判・76頁・800円	セクシュアルマイノリティの人が尊厳をもって生きるために，アートがもつ，社会の支配的な文脈や価値観をずらす「技」と「術」とを学びとる。侮辱的な言葉の意味合いをクリエイティブに変化させるためのたたかいの書。
井岡 勉・賀戸一郎監修 加藤博史・岡野英一・竹之下典祥・竹川俊夫編 # 地域福祉のオルタナティブ —〈いのちの尊厳〉と〈草の根民主主義〉からの再構築— A 5 判・250頁・2900円	戦後日本の地域福祉の展開と到達点を踏まえ，地域福祉が立脚すべき価値や目的・手法を明示し，理論・政策・実践のそれぞれにおける問題傾向と課題を考察する。地域共同体の再構築への方途を提供する。

———— 法律文化社 ————

表示価格は本体(税別)価格です